Printed in the United States
By Bookmasters

دراســــات في
الإدارة التربوية

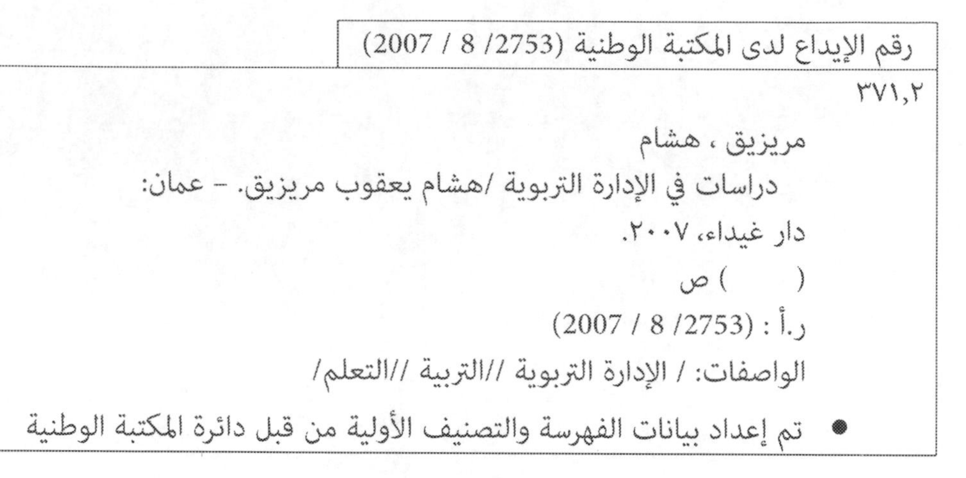
رقم الإيداع لدى المكتبة الوطنية (2753/ 8 / 2007)

٣٧١,٢

مريزيق ، هشام

دراسات في الإدارة التربوية /هشام يعقوب مريزيق. - عمان:

دار غيداء، ٢٠٠٧.

(   ) ص

ر.أ : (2753/ 8 / 2007)

الواصفات: / الإدارة التربوية //التربية //التعلم/

- تم إعداد بيانات الفهرسة والتصنيف الأولية من قبل دائرة المكتبة الوطنية

ISBN 978-9957-480-19-6

وسط البلد- شارع الملك حسين - مجمع الفحيص التجاري - الطابق الأرضي

تلفاكس : 96264615510+ -- ص.ب ٥٢٠٩٤٦ عمان ١١١٥٢ الأردن

E-mail: info@darghaidaa www.darghaidaa.com

دراســـــات في
الإدارة التربوية

تأليف
هشام يعقوب مريزيق
ماجستير إدارة تربوية / الجامعة الأردنية

تقديم
أ. سامي محمد هشام حريز
ماجستير دراسات عليا / الجامعة الأردنية

الطبعة الأولى
١٤٢٩ هـ / ٢٠٠٨ م

الإهداء

- إلى روح والدتي الطاهرة.
- إلى والدي العزيز.
- إلى أخوتي وأخواتي الأحبة.
- إلى رفيقة الدرب القادم و المستقبل الجديد.
- إلى زملائي أسرة مدرسة الإدريسي الثانوية.
- إلى القائد الذي أحببته في اللـه ورحل إلىالدار الآخرة دون وداع.

إليهم جميعا أهدي هذا العمل

هشام

الفهرس

تقديم الكتاب

الحمد لله، والصلاة والسلام على خير خلق الله، محمد بن عبد الله، المربي الأول، وعلى آله وصحبه ومن والاه إلى يوم الدين وسلم تسليما كثيرا.. أما بعد:-

فلم يعد خافيا على أحد، بأن واقعنا المعاصر - وللأسف الشديد - يزداد سوءا في مجالات التربية والتعليم، ويرجع ذلك لأسباب عدة لا مجال لحصرها في هذه العجالة، وقد يكون السبب المباشر في ذلك - على اختلاف وجهات النظر - هو (الإدارة)؛ لما لها من دور مهم في العملية التعلمية التعليمة، أضف إلى ذلك سلطتها المباشرة التي لها علاقة بالأمر والنهي، فهي أشبه بالقلب الذي إذا صلح صلح الجسد كله وإذا فسد فسد الجسد كله، وهكذا (الإدارة) إذا صلحت صلح التعليم بأكمله، وإذا فسدت فسد التعليم كله، والتاريخ بأسره شاهد على ذلك، وهذا بمفهومه العام بات قاعدة عبر العصور والدهور.

ومما يدعو إلى الاستغراب نرى بأن علم الإدارة التربوية أصبح يدرس في جامعاتنا المختلفة من دبلوم إلى بكالوريوس إلى ماجستير إلى دكتوراه، فهذا شيء جيد، ولكن الغريب يكمن بأن الأوضاع التعليمية - كما أسلفت - تزداد سوءا، وهذا يعود - بتصوري - إلى أن الإدارة لا يحكمها فقط مجموعة من النظريات، وإنما هي مجموعة من النظريات الممزوجة بالخبرات العملية (التطبيقية)، أي أن تكون هذه النظريات صالحة للتطبيق في واقعنا المعاصر المعاش، وهذا يجعلنا نستخلص بأن إدارة اليوم تختلف تماما بجميع المقاييس عن إدارة ما قبل ٥٠ سنة؛ فالبيئة التعليمية من حيث المتلقن والملقن متغايرة عن الآن، أيضا في المقابل بيئتنا التعليمية في الوطن العربي الإسلامي تختلف تماما بجميع المقاييس عن البيئة التعليمية في العالم الغربي، فنحن يضبطنا الدين الإسلامي الحنيف بأنظمته العادلة

السامية، وهم يضبطهم قانونهم الوضعي القائم على الشهوات والغايات والمصالح الذاتية، فشتان بين الطريقين..

ولذلك على الإدارات التربوية أن تدرك هذا الوضع من جانبيه السابقين، وأن تجعل مخافة الله تعالى نصب عينيها، وأن تعي بأن رسالتها عظيمة وأمانتها جسيمة، وأن تعمل ليوم لا ينفع فيه مال ولا بنون إلا من أتى الله بقلب سليم..

ولأهمية موضوع (الإدارة التربوبية) لا بد من عمل الدراسات اللازمة لميادينه المتنوعة.. وعليه يأتي هذا الكتاب المعنون بـ (دراسات في الإدارة التربوية)، ويتصدى له الأخ الصديق "هشام مريزيق" بكونه من خريجي تخصص الإدارة التربوية من جهة، وبكونه يعمل مرشدا طلابيا من جهة أخرى، فاجتمع فيه ما يؤهله لمثل هذا العمل الطيب والذي يشكر عليه..

و الله أسأل أن يجعل عمله هذا في صحائف أعماله يوم تعرض عليه، عز وجل، وأن يضع به عنه السيئات ويزيد له به الحسنات، وأن يتقبله منه قبولا حسنا.

وآخر دعوانا أن الحمد لله رب العالمين

سامي حريز

٧/ ٧/ ٢٠٠٧ م

مقدمة

الحمد لله رب العالمين، والصلاة والسلام على سيدنا محمد المبعوث رحمة للعالمين، وعلى آله وصحبه الطيبين الطاهرين، اللهم لا علم لنا إلا ما علمتنا إنك أنت السميع العليم

فهذا كتاب أضعه بين يدي كل قارئ وطالب علم ومختص في الميدان التربوي، عله يسهم في رفد المكتبة التربوية العربية بالجديد والمفيد إن شاء الله، فقد جاءت فكرة هذا الكتاب بعد ملاحظتي لبعض أوجه التراجع والروتين الضارب في أوصال النظم التربوية العربية، لذا كان لزاما طرح الأفكار ووجهات النظر التي قد تسهم بإذن الله في تنظيم عمل المؤسسات التربوية بما يفيد مخرجات تلك المؤسسات المتمثلة بالطلبة الحاليين، بالإضافة إلى إفادة العاملين في هذا الميدان الذي يتعامل مع شريحة واسعة من المجتمع، وقد حرصت من خلال مفردات هذا الكتاب على الخوض في القضايا الملحة في الواقع التربوي العربي والذي يعاني من قصور واضح فيها، فالتربية علم يهتم بتعديل سلوك الفرد، ومن المعلوم أن السلوك يتغير بتغير الزمان والمكان، فما يصلح في زمان ومكان معينين لا يعني بالضرورة صلاحه في غيرهما، ومن هنا كان لزاما على العاملين في الميدان التربوي من باحثين وممارسين البحث والتنقيب عن كل جديد ومتطور بما يخدم هذا العلم ويسهم في فائدة الآخرين وعلى وجه الخصوص الأجيال المتعاقبة التي شرفنا الله بحمل أمانة تنشئتهم والسير بهم نحو آفاق المعرفة الرحبة.

وقد جمعت في هذا الكتاب الذي يحمل عنوان " **دراسات في الإدارة التربوية** " عدة عناوين فرعية يجري الحديث عنها بين المهتمين في الميدان التربوي، لما لها من تأثير قوي في هذا الميدان إن تم توظيفها فيه، فإن حدث هذا التأثير سيكون بلا شك إيجابيا وسيسهم في تطوير العملية التربوية وتحسين جودة مخرجاتها من الناحية النوعية، وقد قسمت محتويات الكتاب إلى عشرين دراسة منها ما اعتمدت

فيه أسلوب البحث المكتبي ومنها ما قمت بترجمته من كتب ودراسات أجنبية حديثة، وفيما يلي عرض موجز لهذه الدراسات حسب تسلسلها في الكتاب، فالدراسة الأولى تعالج موضوع { **برامج تدريب المعلمين أثناء الخدمة** } فالمعلم هو أحد أهم عناصر العملية التربوية والركن الأهم فيها إلى جانب الطالب والمنهاج، فإن تم إعداده وتدريبه بالشكل الذي يتوافق ومتطلبات الواقع التربوي الراهن وتعريفه بالمستجدات العلمية في تخصصه، فإن ذلك سيسهم بدرجة كبيرة في تحسين نوعية التعليم، وقد تطرقت هذه الدراسة إلى مفهوم التدريب ومراحل بناء برنامج تدريب المعلمين، وأهمية بناء هذه البرامج في الحياة المهنية للمعلم، كما تم بحث أهداف هذه البرامج والخصائص التي ينبغي أن تتوفر فيها والتحديات التي تواجهها، بالإضافة إلى عرض الاحتياجات التدريبية للمعلمين وأساليب التدريب المتبعة في برامج التدريب وكيفية تقييم تلك البرامج.

أما الدراسة الثانية فهي بعنوان{ **تطور التخطيط التربوي عالميا** } حيث يعتبر التخطيط الجيد سببا هاما لنجاح النظم التربوية، لذا اهتمت دول العالم قاطبة بهذا المجال اهتماما كبيرا في سعيها الدؤوب للنهوض بالتربية والتعليم فيها، وفي هذه الدراسة تم استعراض التخطيط عبر التاريخ، ومعرفة خصائصه حتى الفترة التي سبقت الحرب العالمية الثانية، كما تم استعراض العوامل التي أسهمت في تطور التخطيط التربوي وكذلك الغايات التربوية في الدول المتقدمة والتي تولي التخطيط التربوي والميدان التربوي بشكل عام أولوية قصوى، كما ورد في الدراسة المشكلات التي واجهت تلك الدول في تخطيطها المستمر للتربية.

وفي الدراسة الثالثة { **الصراع التنظيمي: مفهومه، أسبابه، وآليات التعامل معه** } تم معالجة موضوعات عدة هي تعريف الصراع التنظيمي، النظريات المختلفة حول الصراع، وأسبابه ومستوياته، ومراحله وآليات إدارته بما يخدم المؤسسة، والاستراتيجيات اللازمة لذلك.

ومن منطلق التنويع في الدراسات المطروحة في هذا الكتاب تم ترجمة بعض الدراسات الأجنبية الحديثة والتي تتناول موضوعات قيمة في التربية، فكان ذلك حال الدراسة الرابعة والتي تحمل عنوان { **تقييم البرامج في الإدارة التربوية** } وقد تناولت مفهوم التقييم وأنواعه ودور المربين في تقييم البرامج، وكيفية إجراء التقييم وتقدير الفائدة منه، بالإضافة إلى معرفة من يقوم بالتقييم وما هي خطوات التقييم، وطرق وتقنيات جمع البيانات وكيفية تحليلها، هذا إلى جانب تعرف معنى العينة وكيفية اختيارها بأسلوب علمي وتحديد الحجم المناسب لها، وفي نهاية الدراسة تمت الإشارة إلى كيفية بناء أدوات التقييم والتأكد من صدقها وثباتها.

ومن ذات المنطلق كانت ترجمة دراسة أجنبية أخرى بعنوان { **القيادة في الإدارة التربوية** } احتوت على مواضيع مفيدة في مجال القيادة التربوية كمفهوم القيادة ووظائف القائد ومهاراته ومصادر قوة القيادة وأساليبها والنظريات التي يستطيع القائد الاعتماد عليها وذلك بوصف موجز، كما تم الاستشهاد بدراسات قامت بها جامعات غربية في هذا المجال.

وكذلك كان الحال في الدراسة السادسة التي استعرضت { **الإدارة التربوية في الإسلام** } وهي عبارة عن أجزاء مترجمة من كتاب تناولت مفهوم الإدارة في الإسلام وأصول الإدارة التربوية الإسلامية والأفكار المبكرة في الإدارة الإسلامية وفلسفة الإدارة التربوية في الإسلام وأهدافها وخصائصها.

وفي الدراسة السابعة { **من هو مدير المدرسة القيادي ؟!** } وللإجابة عن هذا السؤال العنوان تم التطرق إلى المهام التي إن قام بها مدير المدرسة فإنه سيكون قائدا فعالا ومؤثرا، هذا بالإضافة إلى المسؤوليات الفنية التابعة لتلك المهام، كما تم عقد مقارنة بين أعمال المدير التقليدي المتبع للتعليمات بكل حيثياتها وبين القائد المبدع.

أما الدراسة الثامنة والتي تتحدث عن { **الإدارة اليابانية** } كأسلوب إداري أثبت نجاحه وتفوقه على كثير من الأساليب الإدارية المعاصرة، فاليابان كما توضح الدراسة استطاعت لملمة جراحها بعد هزيمتها في الحرب العالمية الثانية، واستطاعت النهوض والانطلاق لتتربع على صدارة دول العالم المتقدم اقتصاديا، ولعل السر في ذلك يكمن في الجنود المجهولين الذين أداروا العملية التنموية الشاملة في هذا البلد، وقد تطرقت الدراسة إلى كيفية نهوض اليابان من قلب الأزمة إلى قلب التقدم، وذلك من خلال الخصائص التي تميز المجتمع الياباني وبيئة العمل فيه، كما بينت الدراسة مميزات الإدارة اليابانية في شتى المجالات، بالإضافة إلى استعراض النظرية الإدارية التي أرسى دعائمها " وليام أوتشي " الذي استطاع تطويع الإدارة اليابانية لتتناسب والبيئة الأمريكية، وهي ما اصطلح على تسميتها بنظرية Z في الإدارة، وقد تم استعراض هذه النظرية وأبرز ملامحها، فما أحوج النظم التربوية العربية إلى الانفلات من بيروقراطيتها التي عفا عليها الزمن وأضحت من أسوأ مظاهر العصر الحديث.

وفي الدراسة التاسعة { **نظريات في الإدارة التربوية** } تم تعرف مفهوم النظرية واستعراض النظريات الكلاسيكية في الإدارة كالنظرية العلمية لـ " فريدرك تايلور " ونظرية XY " لدوغلاس مكروجر "، بالإضافة إلى نظريات أخرى في الإدارة التعليمية، كما تم استعراض نظريات القيادة ومنها نظرية الرجل العظيم، ونظرية البيئة، ونظرية الموقف الشخصي- والنظريات الإنسانية، ونظرية السمات، والنظريات الموقفية، ونظرية الأنماط.

وفي الدراسة العاشرة تم بحث موضوع { **الاتصال في الإدارة المدرسية** } والذي يعد من القضايا الهامة والحساسة المساهمة في تطور أو تدمير المؤسسة التربوية، وقد تم توضيح ذلك في سياق الدراسة بالإضافة إلى توضيح جوانب

أخرى كمعنى الاتصال وأهميته وعناصره وأنواعه وأهدافه ووسائطه وعلاقة الاتصال بالإدارة المدرسية، وعوامل نجاح الاتصال ومعيقاته.

أما الدراسة الحادية عشرة والتي كانت قراءة في الواقع التربوي العربي قمت بتوليفها مما قرأت وشاهدت في هذا الواقع من خلال دراستي وعملي في الميدان التربوي، ولم أجد أبلغ من عنوان { **أزمة الثقة في النظم التربوية العربية** } للتعبير عما يجول في النفس تجاه التربية والتعليم، وقد تطرقت فيه إلى مفهوم الثقة ومجالاتها وأنواعها وكيفية إصلاح الخلل فيها.

وفي الدراسة الثانية عشرة والتي تحمل عنوان { **تقنيات في الإشراف على المعلمين** } تم استعراض تقنيات التعزيز والسلوك العام والابتكار والتنظيم المنطقي للأفكار والاستجواب وهياكل الإسناد، أما الدراسة الثالثة عشرة فقد تم فيها بحث { **العولمة والتعليم** } وما أحدثته العولمة في الميدان التربوي، ومدى تأثر الثقافة العربية بالعولمة، والعلاقة بين العولمة والإسلام، بالإضافة إلى توضيح دور التربية في التعامل مع العولمة، وفي الدراسة الرابعة عشرة تم استعراض { **الاتجاهات الحديثة في مجال التجديد التربوي** } وقد تم توضيح معنى التجديد التربوي وماهيته ودور اليونسكو فيه، كما تطرقت الدراسة إلى قضية عولمة التعليم، وقضية اللامركزية في الإدارة التربوية.

وفي الدراسة الخامسة عشرة { **التعلم التعاوني** } تم تعرف هذا النوع من التعلم وفوائده والشروط التي تسهم في تطبيقه بالإضافة إلى تعرف دور المعلم أثناء تطبيقه، وفي الدراسة السادسة عشرة وهي دراسة مترجمة بعنوان { **التوقعات قصيرة المدى في النظام التربوي** } تم استعراض مجموعة من الآليات والإجراءات التي تسهم في تحسين العملية التعليمية والتي كان لها فوائد جمة أثناء تطبيقها في بعض الدول المتقدمة.

وفي الدراسة السابعة عشرة وهي أيضا دراسة مترجمة بعنوان { **الاتجاهات**

الشاملة والتوقعات العالمية لإصلاح المدارس } تم الخوض في الإجراءات والإصلاحات المطبقة في عدة دول متقدمة أسهمت في إصلاح المدارس، أما الدراسة الثامنة عشرة فقد تناولت موضوع **{ إدارة الوقت في العمل الإداري والفني في المدرسة }** إذ لا يمكن إغفال ما للقضايا الإدارية والفنية من أهمية كبرى توازي أهمية القضايا التعليمية، فإدارة الوقت واستثماره بشكل مدروس ومنطقي يسهم في نجاح المؤسسة التعليمية وتنظيم عملها بالإعتماد على مبادئ وآليات تنسق هذا العمل، وفي المقابل تم تعرف معيقات العمل الإداري والفني ومضيعات الوقت واقتراح استراتيجيات لإدارة الوقت في المدرسة.

واحتوت الدراسة التاسعة عشرة **{ نموذج مقترح للتربية المستقبلية في الوطن العربي }** محاور قد تسهم في الوصول إلى تربية ذات أثر فاعل، كما اشتملت على سياسات تربوية يحتاج المجتمع العربي والإسلامي إلى إقرارها، بالإضافة إلى أهداف إجرائية ينبغي العمل على تحقيقها، أما الدراسة العشرين والأخيرة **{ تربية المعلم لمجتمع ديموقراطي }** فقد اشتملت على أفكار ومقترحات لتحسين البيئة التعليمية وذلك بإعداد المعلم الذي ينمي لدى الأجيال القادمة التربية الديمقراطية التي تسهم في انطلاقهم بإبداع وتميز، بحيث يكون التعليم الحديث مغايرا لنظيره التقليدي المعتمد على التلقين فحسب.

وبعد،،،

أرجو الله العلي القدير أن يتقبل هذا العمل خالصا لوجهه الكريم، وأن يكون هذا الكتاب رافدا للمكتبة التربوية وخادما للمجتمع الإسلامي الذي ننشد تنشئة أبنائه وتربيتهم التربية السليمة التي تصنع منهم أناسا صالحين ومحبين لمجتمعهم ومساهمين في رفعته وتقدمه، رافعين بذلك صرح الحضارة الإسلامية التي آن لها أن تستعيد أمجادها وبريقها وتفوقها على غيرها.

والحمد لله رب العالمين

هشام مريزيق تموز / ٢٠٠٧ م

الدراسة الأولى
برامج تدريب المعلمين أثناء الخدمة

تمهيد

ساد اعتقاد واسع منذ القدم لدى طبقات المجتمع كافة بأن المعلم يمثل قدوة لغيره من أطفال وشباب وشيوخ، وأن على يديه وبسببه يتخرج الأطباء والمهندسون، وغيرهم من أصحاب المهن الحيوية، فهؤلاء هم نتاج تربية صحيحة وتعليم قوي، فالمعلم ينمي التفكير والمهارات لدى الطلاب، وهو المدرب والمرشد إلى الصواب لتلاميذه، فنال بذلك حب واحترام المجتمعات، هذا مع وجوب الاعتراف بتغير تلك النظرة إلى المعلم بفعل (الانهيار الخلقي والتربوي الخطير الحاصل في وقتنا الحاضر).

ويسهم التأثير الإيجابي للمعلم في تلاميذه على قيام هؤلاء بالتأسي به والإقتداء بأفعاله وأقواله في شتى أمور حياتهم، فإن حصل هذا يكون المعلم قد نجح في كسر جمود الطريقة التعليمية التقليدية، والأساليب الثابتة للتلقين، فيسهم بذلك في السير بالأجيال نحو الانفتاح الفكري الإيجابي، وسيسعى التلاميذ إلى الإقتداء به في أساليب كلامهم وطرق تفكيرهم ولباسهم وتعاملهم مع الأخطاء، وغير ذلك كثير.

ولإطلاق وصف الإبداع على المعلم، لا بد من تمتعه بمقدرة ومهارة خاصة في إيصال الفكرة والمعلومة بطريقة صحيحة لتلاميذه، معتمدا في ذلك على سعة خياله وربط أفكاره من خلال طاقة خلاقة متميزة تشجع الطلاب على السير على نهجه في التفكير الإبداعي، فمثل هذه الصفات تمنح فرصة ممتازة لتنمية المقدرة على إشاعة الرضى والارتياح بين الطلاب للعمل المبدع.

إن جوهر عملية التعليم يكمن في وجود منهاج متبع يتطلب نقل ما فيه من معرفة إلى الطلاب، لكن هذا لا يكفي للحصول على مخرجات ذات جودة عالية للنظام التعليمي، فهناك أمور لا منهجية تسهم إلى حد كبير في بناء شخصية الطالب المستقلة المهيأة للانخراط في مجتمع ما بعد المدرسة، وتتمثل في زرع القيم الفاضلة التي تعتمل في نفسه كشخص، وهنا تبرز مقدرة المعلم على إنقاذ أحسن ما في الطلاب من ميزات، وقد يصل الأمر به إلى إنقاذ الطالب من نفسه.

وتقوم برامج إعداد المعلمين في الدول المتقدمة اليوم على التعاون بين المدارس وهذه البرامج وبمساعدة أساتذة الجامعات ومعلمي المدارس والموجهين وغيرهم وذلك بهدف تقوية العلاقة بين النظرية والتطبيق في برامج إعداد المعلمين، ويتخذ هذا التعاون أشكالا عدة مثل مراكز إعداد المعلمين أو مراكز التدريب المهني أو مدارس التنمية المهنية، والهدف من هذه المراكز إيجاد مدارس تطبيقية ونموذجية ومعملية.

ومن الضروري أن تستند البرامج التدريبية للمعلمين أثناء الخدمة على أسس معينة يمكن إيجازها بما يلي:

- اعتماد إطار أو نموذج نظري للتدريب.
- وضوح وتحديد أهداف برنامج التدريب.
- اعتماد منهج التدريب متعدد الوسائط.
- المرونة وتعدد الاختيارات في برنامج التدريب.
- توجيه برنامج التدريب نحو الكفايات التعليمية.
- تحقيق البرنامج التدريبي للتوافق بين الأفكار النظرية.
- استمرارية عملية التدريب.
- مساعدة المعلمين على تحقيق ذواتهم.

فالمعلمون كغيرهم من العاملين يحتاجون إلى من يمد لهم يد العون والمساعدة في الكشف عن حاجاتهم التدريبية وتشخيصها والعمل على تلبيتها ولا شك أن للمشرف التربوي الدور الفاعل في ذلك، ولعل من أبرز السمات التي يشترط توفرها في معلم التعليم المستقبلي مقدرته على التكيف الإيجابي مع المتغيرات، وحرصه على التواصل مع مراكزالمعلومات[1]

تتصدر مشكلة ضعف التطبيق العملي للمعلمين (أثناء الدراسة الجامعية) والفجوة الكبيرة بين الجانب النظري والجانب العملي برامج إعداد المعلمين، حيث أن الخبرات العملية التي تقدم للمعلم المتدرب قليلة نسبيا وليست على درجة عالية من الجودة، فالتطبيق العملي في الجامعات لا يتعدى مادة أو مادتين جامعيتين الأمر الذي لا يكفي لاكتساب المهارات والخبرات اللازمة، وبالمقابل فإن الخبرات الميدانية تهدف إلى ربط النظرية بالتطبيق والاهتمام بالبحث والاستقصاء والتدريب على مهارات التدريس وتحليل الأداء والتقييم الذاتي وغيرها.
و تقع مهمة تحديد الحاجات التدريبية للمعلمين على عاتق المشرف التربوي [1] الذي يقوم بثلاثة أدوار رئيسة في تدريب المعلمين وهي:

- تشخيص الحاجات التدريبية للمعلمين وتصنيفها.
- تخطيط برامج تدريبية من مستويات معينة وتنفيذها وتقويمها.
- المساهمة في تخطيط البرامج التدريبية الشاملة وتنفيذها وتقويمها.

ومن الضروري تنظيم الخبرات الميدانية في إعداد المعلمين بشكل يتوافق وبداية العام الدراسي في المدرسة والجامعات، وبإشراف مكتب خاص للخبرات الميدانية لتوثيق الصلة بين الجامعات ووزارة التربية والتعليم، وذلك بوضع خطة محكمة للخبرات الميدانية تتضمن تكثيف التدريب لكسب خبرات واسعة

[1] إبراهيم علي، الحاجات التدريبية أثناء الخدمة، ص٢.

واكتساب المعلم المتدرب مهارات التخطيط واستخدام الوسائل وزيادة عدد الساعات المعتمدة المخصصة للميدان، بهدف زيادة اهتمام الطلبة بها، وتفريغ الطالب تماما للتطبيق وهذا وتتضمن برامج التربية العملية اشتراك عدة جهات أو عناصر لنجاحها، إذ لا بد أن تتكامل جهود أعضاء هيئة التدريس في الجامعة وجهود موجهي وزارة التربية، بالإضافة إلى مديري المدارس المستضيفة للمعلمين المتدربين، ولا يخفى ما لدور المعلمين المتعاونين من ذوي الخبرة في إفادة المتدربين على المهارات والطرق المتنوعة في التدريس، ويبقى العنصر الأخير وهو جوهر العملية المتمثل في المعلمين المتدربين.

مفهوم تدريب المعلمين أثناء الخدمة

يقصد بالتدريب أثناء الخدمة أي تدريب يتلقاه المعلم أثناء عمله، الأمر الذي يسهم في تطويره وإكسابه مهارات وخبرات جديدة، ومع التوسع المتزايد في النظم التربوية، أصبح لزاما على الجهات المسؤولة في التربية أن تزود المعلمين بأشكال متعددة من التدريب، لتوظيفها في إدارة الصفوف وإتباع أساليب تدريسية تواكب التطورات والمستجدات في الميدان التربوي، وقد واكب هذا التطور الآنف الذكر تطور في مفهوم مسمى التدريب، فظهرت تسميات عدة لعل من أهمها برامج تنمية المعلم.

ولا بد أن يكون مفهوم التدريب واضحا ومحددا بالنسبة للمسؤولين عن سياسة التدريب والمدربين وكذلك المتدربين، حتى يكون هناك اتفاق بين جميع هذه الأطراف على ماهية التدريب ومفهومه، حتى يمكن لكل منهم أن يؤدي واجبه في العملية التدريبية وفقا لهذا المفهوم الذي اتفق عليه الجميع [1].

ولقد عرف { هاندرسون Handerson } برنامج تنمية المعلم بأنه يشتمل على أي شيء قد يحدث للمعلم من أول يوم يلتحق فيه بالمهنة إلى اليوم الذي

---

[1] مشعل القاضي، دور التدريب المهني في إعداد القوى العاملة، ص ١٣.

يتقاعد فيه عنها، بحيث تسهم هذه الأشياء وبصورة مباشرة أو غير مباشرة في الطريقة التي يؤدي بها واجباته المهنية، ويتضمن هذا علاقة وطيدة بين التعلم والفعل مما يسهل معه قياس نتائجه [١].

وعرفه كل من { كاتز و راثز Katz and Raths } بأنه مجموعة من الظواهر يقصد بها مساعدة المرشحين في تحصيل المعرفة والمهارات والاتجاهات والنماذج الخاصة بمهنة التدريس، أما { مورانت Morant } فقد عرف هذا البرنامج بأنه أوسع من التدريب بمعناه القريب، ويطلق عليه لفظ التعليم، وهو يتعلق بالنمو المهني الأكاديمي والشخصي- للمعلم من خلال تقديم سلسلة من الخبرات والنشاطات الدراسية التي يكون فيها التدريب بمعناه القريب مجرد جانب واحد منها، ويبدأ هذا التعليم بمجرد انتقال المعلم من مرحلة الإعداد الأولي في مؤسسات الإعداد ودخوله إلى مهنة التدريس، ويستمر حتى ينتهي بالتقاعد أو الموت.

وستتبنى هذه الدراسة تعريفا يعتبر أن برنامج تدريب المعلمين أثناء الخدمة عبارة عن **مجموعة من النشاطات المنتظمة التي يطورها النظام التربوي لمساعدة المعلمين على النمو المهني خلال سنين خدمتهم**، بمعنى أن هذا البرنامج يشتمل على مجموعة من المهارات والخبرات التي تهدف إلى تنمية وتطوير المعلمين العاملين حاليا، وتأهيلهم لمواجهة ما يعترضهم من مستجدات ومشكلات، ولا يخفى أن برامج تدريب المعلمين أثناء الخدمة هي برامج منظمة ومخطط لها، إذ تعتمد على التخطيط العلمي، وكيفية التنفيذ، والتقويم المستمر.

ومما سبق يمكن استخلاص عناصر مفهوم برنامج تدريب المعلمين ومنها:

[١] محمود شوق، تربية المعلم للقرن الحادي و العشرين، ص٢٢٩.

* أنه يخص المعلمين الموجودين على رأس عملهم، وأنه لا يهدف للتحسين فقط ولكن إلى الوصول بالمعلم إلى الحدود القصوى لأدائه المهني.
* هناك فرق واضح بين التعلم الذاتي أثناء الخدمة كنشاط فردي يبذل من جانب المعلم، وبرامج تنميته التي تقوم على التخطيط المسبق من قبل السلطات التربوية.
* أنه يشتمل على المراحل الثلاث التي يمر بها برنامج تنمية المعلم الكفء، وهي التخطيط والتنفيذ والتقويم المستمر لكل مرحلة.
* أنه يحتوي أنشطة تدريبية متنوعة وشائعة من مثل الدورات التدريبية، والبرامج الجامعية، والدروس التدريبية ليوم واحد، والحلقات الدراسية والورش... .

مراحل بناء برنامج تدريب المعلمين أثناء الخدمة

كما سبق وذكر فإن هذا البرنامج يعتمد على ثلاث مراحل أساسية هي: التخطيط والتنفيذ والتقويم المستمر، علما بأن هناك اختلافات عديدة بين المعلمين من حيث المؤهلات والاحتياجات التدريبية والجوانب التي يتطلب تنميتها وتطويرها لدى المعلم، والاختصاصات والمراحل التي يقوم المعلمون بتدريسها، وفيما يلي عرض مختصر لهذه المراحل:

أولا: التخطيط

لقد أصبح التخطيط أمرا مسلما به في كافة مجالات الحياة، فحسن التخطيط في أي تخصص أو مشروع يؤثر في استغلال الإمكانات البشرية والمادية المتاحة على خير وجه، والسير بثبات نحو تحقيق الأهداف، فإذا كان هذا هو حال التخطيط في مجالات الحياة المختلفة، فإنه في مجال تدريب المعلمين وتنميتهم أكثر

أهمية، ويسهم في تجنب الكثير النتائج السلبية التي قد تحدث، والسيطرة على المستجدات والمتغيرات وحسن التعامل معها بفضل المرونة التي يوفرها التخطيط.

والتخطيط لبرامج تنمية المعلم محاولة علمية واعية ومنتظمة تقوم على أساس عدد المعلمين المراد تقديم البرنامج إليهم، ومجموعة من الإجراءات والبدائل والأسس والمؤشرات التي ينبغي إتباعها لتحقيق أفضل النتائج انطلاقا من دراسة واقع الظروف الاقتصادية والاجتماعية والسياسية في المجتمع، مع الاستفادة من الإمكانات المتاحة والتي يمكن أن تتاح في فترة زمنية معينة [1].

ثانيا: التنفيذ

وهو المرحلة الثانية لبرامج تدريب المعلمين، ويتضمن القيام بالعديد من الإجراءات العملية وتوفير المتطلبات اللازمة للمضي قدما في سير البرنامج، كتوفير المصادر والأجهزة، والقوى البشرية المؤهلة للتدريب، والهيئات الإدارية والإشرافية.

ثالثا: التقويم

وهو ضمانة للتأكد من تحقيق الأهداف ومدى تنفيذ ما تم التخطيط له، وهو عملية مستمرة يجب أن تبدأ ببداية البرنامج وتنتهي بنهايته، على أن تتسم هذه العملية بالشمول والموضوعية ومواكبة البرنامج التدريبي في جميع مراحله، وسيتم مناقشة موضوع التقييم ببعض التفصيل في بند لاحق من هذه الدراسة.

أهمية برامج تدريب المعلمين أثناء الخدمة في حياتهم المهنية

يعد التدريب وسيلة هامة لإعداد الكوادر البشرية المتطورة وذات الإنتاج النوعي المتميز، كما يعد استثمارا مجديا إذ يحقق نموا اقتصاديا واجتماعيا وتكنولوجيا، ويمكن الأفراد من مواكبة مستجدات العصر المتسارعة، هذا العصر المتطور الذي يحتم على الأفراد مسؤوليات ومهام جديدة وكثيرة ينبغي القيام بها.

---

[1] المرجع السابق نفسه..ص٢٣٥.

ويؤكد { ديوي Dewey } على أهمية تدريب المعلمين بقوله إن كافة الإصلاحات التعليمية مرتبطة بنوعية وشخصية العاملين في مهنة التعليم، ويرى العديد من المربين أهمية تدريب المعلمين أثناء الخدمة، وذلك من أجل تجديد معلوماتهم وتنمية مهاراتهم وخبراتهم باستمرار [(١)].

ويمكن تبرير أهمية التدريب أثناء الخدمة للمعلمين بشكل عام بما يلي:

- وجود شكوى عامة عن المستويات المتدنية للمعلمين في كثير من النظم التعليمية وخاصة في البلدان النامية، إضافة إلى وجود اتفاق بين القائمين على تربية المعلمين مفاده أن الطرق التقليدية في إعداد المعلمين قد أصبحت عديمة الجدوى، ومن ثم يجب الاهتمام أكثر فأكثر بتدريب المعلمين أثناء الخدمة.
- هناك افتراض ضمني مؤداه أن مواصلة تعليم المعلمين وتدريبهم يحضهم على الاهتمام لبلوغ أعلى مستويات الأداء المهني.
- تأتي برامج التدريب أثناء الخدمة بعد أن يكون المعلم قد عايش وواجه المشكلات الميدانية الواقعية بشكل مباشر.
- لا تحدث تحسينات ذات دلالة في مجال التعليم دون بذل الجهد لإرساء برامج موسعة لتدريب المعلمين أثناء الخدمة.

ولما للتدريب من أهمية متزايدة في أثناء الخدمة، ونظرا لدوره البارز في إنجاح العملية الإدارية، فإن الحاجة لاعتماد أساليب حديثة باتت ملحة في تدريب الكوادر البشرية، سواء في قطاع التربية والتعليم، أم القطاعات الحكومية والخاصة الأخرى، لتنسجم والإمكانات الجديدة وتطورات العصر الذي نعيش فيه [(٢)].

---

[١] نزار الأحمد، أثر برنامج المعلمين أثناء الخدمة، ص٢.

[٢] حسن الطعاني، التدريب مفهومه و فعاليته، ص١٥.

أهداف برامج تدريب المعلمين أثناء الخدمة

تهدف برامج إعداد المعلمين إلى إكساب المعلمين المهارات اللازمة لمواكبة المستجدات في القرن الحادي والعشرين، وتوسيع آفاقهم وتنمية شخصياتهم وقدراتهم واهتماماتهم، والعناية يرفع مستواهم الأكاديمي ومستوى أدائهم التربوي كنشاط أساسي لمهنة التدريس، إضافة إلى تنمية مقدرتهم على التطبيق والربط بين الجانب النظري والعملي، وإعداد المعلم للتعليم المستقبلي جزء من منظومة شاملة تستهدف تطويع كافة عناصر العملية التعليمية الأساسية منها والمساند لها للبحث والتطوير والتجديد [١].

ويرتبط مفهوم التدريب أثناء الخدمة بمفهوم النمو المهني للمعلم، فإعداده قبل الخدمة يشكل بداية مسيرة نموه المهني وتدريبه هو الضمان لاستمرار هذا النمو[٢].

وهناك أهداف أخرى كثيرة لبرامج تدريب المعلمين أثناء الخدمة منها:

- تطوير مهارات المعلمين إلى مستوى مناسب.
- علاج أوجه النقص أو القصور في برامج إعداد المعلمين قبل الخدمة.
- إطلاع المعلمين على الجديد والمستحدث في طرق وتقنيات التدريس.
- مساعدة المعلمين الجدد على التأقلم مع العمل المدرسي وفهم متطلبات العمل.
- تحقيق النمو المستمر للمعلمين لرفع مستوى أدائهم المهني وتحسين اتجاهاتهم وصقل مهاراتهم التعليمية وزيادة معارفهم.
- تعميق الأصول المهنية عن طريق زيادة فعالية المعلم ورفع كفايته الإنتاجية إلى حدها الأقصى.

---

[١] المرجع اليابق نفيه، ص٣١.

[٢] إبراهيم علي، المرجع اليابق نفيه، ص٢-٣.

- تجديد معلومات المعلمين وتنميتها وإيقافه على التطورات الحديثة في تقنيات التعليم وطرق التدريس.
- مساعدتهم في تطوير كفاياتهم من أجل مواجهة بعض المشكلات الخاصة
- تدريبهم على الأساليب التي تمكنهم من تحقيق أهدافهم الوظيفية.
- تهيئة الظروف التي تساعدهم على معالجة مواطن الضعف في المواقف التعليمية.

الاحتياجات التدريبية للمعلمين

يمكن تعريف الاحتياجات التدريبية بأنها المؤشرات الدالة على وجود فرق بين الواقع والمرغوب فيه من حيث الأداء والاتجاهات والمعلومات وغيرها، ويمكن تعريفها أيضا بأنها المعلومات والمهارات التي يمكن إحداثها وتنميتها لدى المعلم بحيث تسهم في تطويره وتجعله يواكب التغيرات المعاصرة، وتسهم عملية تحديد الاحتياجات التدريبية للمعلمين في زيادة كفاءة تخطيط البرامج التدريبية، كما تعتبر الخطوة الأولى التي تنطلق منها العملية التدريبية، وتسهم أيضا في الأداء المناسب وتقدير الاحتياجات التدريبية، فنجاح عملية التدريب يعتمد على النجاح في تحديد الاحتياجات التدريبية.

هذا ويمكن تحديد الاحتياجات التدريبية للمعلمين بعدة طرق من أهمها:

١- تحليل المنظمة

ويقصد بها تحديد الحاجات التدريبية لأعضاء التنظيم (المؤسسات التربوية)، وذلك من خلال دراسات مسحية للأوضاع التنظيمية والأنماط الإدارية، وبالتالي تحديد نوع التدريب المطلوب، وبمعنى أخر تحليل المنظمة من حيث الأهداف والمناخ العام والتغييرات المتوقعة فيها.

فمن بين المهمات الأساسية في تخطيط برامج تطوير المعلمين تعيين ما تحتاج إليه المدرسة وما ترغب فيه، ذلك لأن برامج تطوير المعلمين الجيدة تبنى على تصور الحاجات، وتسمى عملية الحصول على هذه المعلومات التي تصبح أساسا للتخطيط عملية تقدير الحاجات need assessment [1].

٢- تحليل المهمات

وتتناول مؤهلات وخبرات ومهارات المعلمين، بالإضافة إلى مهمات المؤسسة، وتبيان معايير قياس الأداء ومدى صحته، ويكون ذلك بهدف تعريف المعلمين بمهامهم وواجباتهم ونطاق صلاحياتهم في وظائفهم وإكسابهم المهارات التي تلزمهم لتطبيقها بحرفية ومهنية، إضافة إلى تعرف جوانب الضعف ومحاولة علاجها، ويكون تحليل المهمات من خلال عدة أساليب من أهمها: المقابلات والاختبارات ودراسة التقارير والسجلات وتقويمها، وغيرها من الأساليب.

٣- تحليل خصائص الفرد (المعلم)

ويقصد بذلك تحديد ما يلزم المعلم من مهارات ومعارف وأفكار لأداء وظيفته، وذلك من خلال معرفة مؤهلاته العلمية وخبراته العملية، والأنشطة التدريبية التي شارك فيها، وخصائصه الفكرية والجسدية ومزاياه الشخصية، ودوافعه التي يود إشباعها أو تعديلها، فحاجات ورغبات المعلمين يجب أن تؤخذ بعين الاعتبار، وأن تعطى أهمية قصوى، إضافة إلى ضرورة معرفة الوقت الذي يفضله المعلمون لعقد الاجتماعات، إذ يختلف الأمر إن كان وقت التدريب بعد انتهاء دوام المعلم مباشرة - حيث ينخفض نشاطه إلى أقل مستوى ممكن - عنه إن كان الوقت في ساعات الصباح أو في أوقات أخرى ممكنة.

---

[1] إيزابيل فيفر، الإشراف التربوي على المعلمين، ص٨٥.

إن تحديد الاحتياجات التدريبية بدقة ووضوح وموضوعية، تمثل حجر الأساس للعملية التدريبية ككل، ويتحقق من خلالها التدريب الفعال فيؤدي بذلك إلى تحسين أداء المعلمين وتطوير مهاراتهم وتحسين اتجاهاتهم.

الخصائص [السمات] الواجب توافرها في برامج تدريب المعلمين أثناء الخدمة

من الضروري أن تتسم برامج تدريب وتنمية المعلمين بجملة من الخصائص أهمها:

- أن يكون التدريب بشكل متواصل ومتكامل، بحيث يكون البرنامج التدريبي مكملا للذي سبقه.
- التركيز على الممارسات العملية للنهوض بالمستوى الإجرائي للمعلم.
- مواكبة التطورات والمستجدات في المادة العلمية.
- تنويع أساليب البرامج التدريبية، كالدورات القصيرة، والرحلات التعليمية، والمؤتمرات التربوية، والنقاش الجماعي، والورشات التربوية، والمحاضرات العامة، والدراسات المسحية، والتدريب الميداني، ومجموعات تبادل الخبرات، والمسابقات التربوية، والمواسم الثقافية وغيرها.
- إكساب المعلمين مهارات تدريسية خاصة كتفريد التعليم، وتعليم المجموعات الكبيرة، ومهارات الاتصال.

ويرى القاضي (١٩٩٨) [1]بأنه ينبغي أن يتسم برنامج التدريب أثناء الخدمة بما يلي:

* أن يكون هادفا
* أن يكون مستمرا

---

[1] المرجع السابق نفسه.

* أن يكون شاملا
* أن يكون واقعيا يلبي حاجات المجتمع والبيئة المحيطة.
* أن يكون متطورا يواكب قدر الإمكان كل التطورات والمستجدات والظروف.

التحديات التي تواجهها برامج تدريب المعلمين أثناء الخدمة

لعل الصفة الأكثر ثباتا في عالم اليوم هي التغيير، إذ تعيش البشرية في ظل متغيرات ومستجدات شتى ينبغي على الجميع مواكبتها والتكيف معها، والمعلم بحكم عمله لن يستطيع ذلك إلا باكتساب الخبرات الملائمة والمهارات التي تمكنه من متابعة عمله بنجاح وتميز، فالعلاقات وأساليب العمل وأنماط الحياة تتغير بإستمرار.

فالتربية ليست ببعيدة عن هذه المتغيرات والتطورات، إذ تتأثر بكل جديد وتحاول مواكبة التطورات والمستجدات، فهناك تطوير مستمر للأساليب التربوية وطرق التعليم والتعامل مع التلاميذ، فلقد أصبحت متابعة التطورات والمستجدات التربوية تشكل التحدي الأهم للمعلم أثناء خدمته، لذا كان لا بد من تقديم برامج شاملة ومتكاملة لإكساب المعلمين أثناء الخدمة مهارات تمكنهم من مواجهة المشكلات اليومية في عملهم، مع التأكيد على أنه لا بد من أن يحرص المعلم على النمو المتواصل وتنمية نفسه مهنيا باستمرار.

إن برامج إعداد المعلمين مهما كانت على درجة من الجودة لا يمكن لها في عصر يحفل بالتطورات والتغيرات المستمرة أن تمد المعلم بحلول للمشكلات العديدة التي تعترض العمل التعليمي، ولا تستطيع أن تسد الفجوة التي يحدثها التفجير المعرفي سواء في مجال التخصص العلمي أم في الجانب التربوي، فالتطورات السريعة في مادة التخصص وطرق تدريسها وفي العلوم التربوية على وجه العموم، تحتاج إلى برامج تدريب مستمرة للمعلم وتحتاج في الدرجة الأولى

إلى تزويده بمقومات النمو الذاتي، الأمر الذي يلقي على برامج إعداد المعلم مسؤولية تأهيله لهذا النمو أثناء تعليمه [1].

وبناء على ما سبق، فقد تغيرت أدوار المعلم، فلم يعد يمثل تلك السلطة المسيطرة والمرعبة للطلاب، بل أصبح دوره توجيهيا يساعد الآخرين على تطوير قدراتهم الأكاديمية واكتساب مهارات جديدة في ظل علاقة ودية بين المعلم وتلاميذه، ولعل هذه التغيرات كانت نتيجة طبيعية لخطط رفع مستوى وكفاءة المعلمين وتحسين أدائهم من خلال برامج التدريب أثناء الخدمة، التي تهدف إلى الوصول نحو درجة مرضية من الإنتاجية والتميز وتحقيق التنمية الشاملة من خلال الاستثمار في الموارد البشرية.

أساليب التدريب المتبعة في برامج تدريب المعلمين أثناء الخدمة

للبرامج التدريبية أساليب عدة، تتراوح بين البسيطة والمعقدة من جهة، وبين التقليدية والحديثة من جهة أخرى، فالأساليب البسيطة لا تحتاج إلى بذل مجهود كبير من قبل المدرب على عكس الأساليب المعقدة التي ينبغي التحضير الجيد لها، أما الأساليب التقليدية فتركز على المادة النظرية، بينما تهتم الأساليب الحديثة بتغيير اتجاهات وتعديل سلوك المتدرب، وعليه ولضمان الجودة في التدريب ينبغي التنويع في الوسائل المستخدمة للارتقاء بمستوى المتدرب، وستتناول الدراسة عدة أنماط للأساليب التدريبية، إذ يمكن تصنيفها إلى:

- الأساليب الفردية: كالتدريب أثناء الوظيفة، والتلمذة المهنية، والمحاكاة [وتتضمن إيجاد ظروف قريبة من الواقع]، حيث تركز هذه الأساليب على الفرد المتدرب بهدف إكسابه مهارات لرفع مستوى أدائه.

[1] المرجع السابق نفسه، ص٣٨.

- الأساليب الجماعية: ولها عدة أشكال منها

١- **المحاضرات**: وهي الأكثر شيوعا بين الأساليب التدريبية، حيث تتضمن قيام المدرب بإلقاء كم معين من المعلومات النظرية دون إشراك المتدربين في فعالياتها، ومن إيجابياتها شمولها لأعداد كبيرة من المتدربين، وتوفير الوقت والجهد والتكاليف، أما سلبياتها فتتمثل بعدم إشراك المتدربين في النقاش، والملل الذي يعتري المتدربين معظم الأحيان.

٢- **الورش التدريبية [المشاغل]**: وتقوم على توزيع الموضوعات المراد التدريب عليها، على مجموعات من المتدربين بقصد تحليلها وعرضها والنقاش فيها مع المشاركين في الورشة التدريبية، ومن إيجابيات هذا الأسلوب أنه قد يؤدي إلى الإبداع واكتشاف مقدرات وتحسين اتجاهات المتدربين، أما سلبياته فتتمثل بضرورة اهتمام وتعاون المتدربين، وفي كثير من الأحيان لا يتوفر ذلك لدى شريحة واسعة من المتدربين.

٣- **المؤتمرات**: وتكون على شكل اجتماعات لبحث مشكلات مهنية معينة، وهذا يتطلب توفير مناخ ديمقراطي، والتحلي بروح الحوار البناء واحترام الرأي الآخر.

٤- **القراءات والنشرات**: وتتضمن موضوعات معينة ترسل للمعلمين لتطبيق مضامينها، والإطلاع عليها- بما تتضمنه من خبرات سابقة - للاستفادة منها في الحياة المهنية.

ويمكن تصنيف أساليب التدريب إلى:

- **الأساليب التأهيلية:** وتصمم لتدريب المعلمين غير المؤهلين تربويا.

• **الأساليب التجديدية:** وتهدف إلى تنشيط المعلمين القدامى وتجديد معلوماتهم وإطلاعهم على الجديد في مجالات التخصص الأكاديمي أو المهني.

كما يمكن تصنيف أساليب التدريب إلى:
- **الأساليب الاستهلالية:** وتختص بالمعلمين المبتدئين في مهنة التدريس.
- **الأساليب الامتدادية:** وتفيد المعلمين ذوي الخبرة القليلة أو المعلمين الذين ينتقلون لتدريس مرحلة أو مادة لم يعتادوا على تدريسها.
- **الأساليب الإنعاشية:** وتستخدم لإنعاش اكتساب المهارات والخبرات الميدانية المتكررة في نفس الوظيفة ونفس المرحلة ومع أنماط متشابهة من التلاميذ.
- **الأساليب التحويلية:** وتعقد في فترة توقع الحصول على ترقية أو في الفترة التي تسبق سن التقاعد.

تقييم برامج تدريب المعلمين أثناء الخدمة

يعتبر تقييم البرامج التدريبية أمرا ضروريا للغاية، وذلك لأن هذه العملية تتصل بجميع مراحل البرنامج التدريبي، وهي عملية معقدة وصعبة لعل ما يزيد من صعوبتها أن المقيم يصدر أحكاما تتعلق بالمدربين والمتدربين والأساليب التدريبية والوسائل المستخدمة، والنتائج القريبة والبعيدة المترتبة على عملية التدريب، ويمكن تعريف تقييم التدريب بأنه تلك الإجراءات التي تقاس بها كفاءة البرامج التدريبية ومدى تحقيقها لأهدافها المرسومة [1].

وتمر عملية تقييم البرنامج التدريبي بالخطوات التالية:

---

[1] جودت عطوي،الإدارة التعليمية و الإشراف و أصولها و تطبيقاتها، ص ٣٢٥.

- تحديد الهدف من عملية التقييم، حيث يجب أن تكون الأهداف واضحة ودقيقة.
- جمع المعلومات وتنظيمها وفق معايير محددة.
- تحليل المعلومات والبيانات وتلخيصها بطرق إحصائية بسيطة.
- استخلاص النتائج وعرضها بصورة توضح الغرض من التقييم.

لذا يجب أن تخضع البرامج التدريبية لسلسلة من الاختبارات القياسية للتأكد من مدى نجاح هذه البرامج في تحقيق الأهداف المرجوة من وراء التدريس، ويمكن النظر إلى تقويم برامج التدريب أثناء الخدمة من حيث وقت عملية التقويم إلى:

- **تقويم تحليلي**: ويكون عند تخطيط وتطوير برنامج التطوير.
- **تقويم مرحلي بنائي:** ويتم خلال تنفيذ البرنامج مع المعلمين، ويهدف إلى تعرف كفاية التحصيل ومدى ملائمة ظروفه للمعلمين ومن ثم توجيه عمليات التدريب بما يلزم.
- **تقويم نهائي [كلي]**: ويهدف إلى معرفة درجة تحصيل المتدربين للأهداف التربوية للبرنامج، ويكون عادة عند انتهاء البرنامج.
- **تقويم ميداني:** ويكون بعد فترة من انتهاء التدريب بهدف التحقق من كفاية وصلاحية ما اكتسبوه من البرنامج.

ولمعرفة وتقويم أثر البرامج التدريبية تتبع عدة أساليب، إلا أنه يمكن قياس مدى نجاحها من خلال جانبين هامين هما:

- الأحكام الصادرة من المعلمين أنفسهم.
- نتائج قياس أثر البرنامج على سلوك المتدربين [١].

[١] مصطفى القمش، إعداد برنامج تدريبي أثناء الخدمة لرفع كفاءة معلمي الأطفال المعوقين عقلياً في مجال أساليب التدريس وتقييم.

وأخيرا فإن البرامج التدريبية أثناء الخدمة تسهم في تطوير أداء المعلمين وتحسين العملية التعليمية التعلمية، إذ تأخذ برامج تدريب المعلمين أثناء الخدمة مكانة متميزة في برامج وزارات التربية والتعليم في معظم بلدان العالم المتقدمة منها والنامية، حيث تحاول هذه البرامج التدريبية تنمية الكفايات التربوية التي تتطلبها الأدوار المتعددة للمعلم.

الدراسة الثانية
تطور التخطيط التربوي عالميا

يواجه العالم تحديات متزايدة أوجدتها الثورات المعرفية العالمية المتزامنة وتطور العلم والتكنولوجيا في شتى المجالات، وباعتبار التربية نظاما رئيسا في أية دولة، ويرتبط مع أنظمة أخرى بعلاقة تكاملية، يؤثر فيها ويتأثر بها ويلبي احتياجاتها، ضمن شبكة العلاقات بين الأنظمة المختلفة،فقد برز الاهتمام بالتخطيط التربوي وأصبح لزاما على المجتمعات كافة اعتماده كعنصر أساسي في توفير الوسائل لتحقيق الأهداف المرجوة من مخرجات النظام التربوي بفاعلية وكفاءة.

إن الارتباط بين التخطيط التربوي والتخطيط القومي أصبح أكثر تأكيدا، ذلك أن تخطيط التربية لا يمكن أن يتم إلا في إطار التخطيط الشامل للدولة، فإذا كان التخطيط القومي أداة للتنمية، فإن التخطيط التربوي يعد من أهم عناصر تحقيقها، فتجويد التعليم وتحسين نوعيته يجعله أكثر قدرة على الوفاء باحتياجات خطط التنمية، و يسهم في إمداد الأفراد بوسائل تحسين أوضاعهم [1].

ومن مصلحة أي مؤسسة تربوية كانت أم غير تربوية، أن تقوم بالتخطيط الحذر والواقعي لكل الاحتمالات في ظل التغيرات الهائلة والأحوال المتقلبة التي يشهدها العالم، إذ يصعب معرفة ما سيحدث مستقبلا، فالتخطيط الذكي يمثل جسرا بين المشاكل الحالية والنتائج المستقبلية غير المتوقعة، ونشاطا ضروريا لإنجاز الأهداف التربوية بمساندة عناصر عملية التخطيط ومن بينها الموارد البشرية والأموال [2].

---

[1] خولة عليوة، تقييم كفاءة العاملين في التخطيط التربوي في الأردن، ص١١.

[2] Saeleh , Ali mahmood, educational Administration, p92.

أما المخطط التربوي فهو قبل كل شيء مرب مختص، ومؤهلا تأهيلا عاليا في حقل من حقول المعرفة، وممارس للعملية التربوية لمدة كافية من الزمن، ومن الضروري تمتعه بصفات عامة وخاصة تساعده مع فريق المخططين في وضع تصميم الخطة الشاملة، وتحسين العمل المشترك، وممارسة التفكير العلمي[١]، وعليه فإن وجود مثل هذا المخطط في سائر أنظمة الدولة ومنها النظام التربوي، يسهم في قيام أجهزة تخطيط كفؤة وقادرة على تحمل أعباء المسؤوليات المنوطة بها، وأداء مهامها على أكمل وجه.

ومنذ مطلع القرن الماضي أخذت دول العالم المتقدم على عاتقها التخطيط لمستقبل مجتمعاتها و أفرادها وإيصالهم إلى درجة عالية من التحضر والتقدم، فكانت ولا زالت ذروة اهتمامهم بالفرد، حيث تساهم الدولة إلى حد كبير في الرعاية والاهتمام به منذ ولادته، فينشأ في ظل ظروف مريحة، تسهم في خلق شخصية مبدعة ومتفتحة.

التخطيط عبر التاريخ

التخطيط بمعناه العام قديم، مارسته المجتمعات البشرية بأشكال وأنماط مختلفة، فمورست أشكاله البدائية بصور عفوية وتلقائية[٢]، إلا أن التخطيط التربوي وبحسب تقارير اليونسكو {١٩٧٠} شهد تطورا ونال إهتماما لدى الشعوب، فقد خططت الصين في عهد [هان]، والبيرو في عهد [إنكاس].

وفي عصر النهضة وجدت كتابات حول أهمية التخطيط وظروفه، فمن المفكرين الذين أشادوا بأهمية التخطيط المفكر الإنجليزي [موريس دوب]، والنرويجي [شوتهيد] بالإضافة إلى [كارل ماركس و فريدريك إنجلز]، وتعتبر هذه

---

[١] المرجع السابق نفسه، ص١٠.

[٢] نواف الليمون، التخطيط للإحتياجات البشرية و المادية المستقبلية لأقسام التربية في وزارة التربية و التعليم في الأردن ص١٢.

الاهتمامات أبرز المحاولات لاستخدام التخطيط في حدوده الدنيا، والتي انتهت بانتهاء الحرب العالمية الأولى[١].

وتعد الخطة القطاعية التي قام بها الاتحاد السوفييتي عام ١٩٢٣ - لكهربة روسيا لمدة ١٥ عاما - أول خطة في العالم للتطور بعيد المدى، و أتبعتها عام ١٩٢٨ بخطة خمسية للتنمية، ثم دخلت فرنسا في تجارب محدودة حول التخطيط الاقتصادي فوضعت خطة تارديو عام ١٩٢٩، وفي المملكة المتحدة أعدت سلطات التربية خطة لتطوير التربية عام ١٩٤٤، ثم أحدثت فرنسا عام ١٩٥١ هيئة لتخطيط التجهيز المدرسي والجامعي[٢]، في حين بدأت دول كثيرة منذ عام ١٩٥٠ تقيم وزنا للإمكانات التي يوفرها التخطيط للإسراع في تطوير التربية.

وأدركت كذلك منظمة اليونسكو ضرورة التخطيط التربوي، فأخذت على عاتقها زيادة الاهتمام به والتشجيع على نشره من خلال تنظيمها لسلسلة من المؤتمرات الإقليمية تشترك فيها هيئات اقتصادية إقليمية في كثير من الأحيان، ويجتمع فيها وزراء التربية والوزراء المعنيون بالتنمية الاقتصادية.

خصائص التخطيط التربوي قبل الحرب العالمية الثانية

تميز التخطيط التربوي حتى نشوب الحرب العالمية الثانية بعدة خصائص منها أنه كان:

١. قصير المدى ولا يمتد لأكثر من عام دراسي إلا في حالات محددة مثل إنشاء مزيد من المباني أو عند إضافة برامج جديدة.

٢. يفتقد إلى الترابط، بمعنى أن النظام التعليمي كان يصمم على شكل أجزاء متفرقة لا يضمها نظام تعليمي واحد.

---

[١] المرجع السابق نفسه، ص١٢.

[٢] المرجع السابق نفسه، ص١٣.

٣.غير متكامل مع النظام الاجتماعي والاقتصادي سواء في أهدافه أو اتجاهاته.
٤.غير فعال لأنه كان يشتق مقوماته ومعالمه في سنة ما بطريقة تختلف تماما عن مقوماته ومعالمه في سنة أخرى.

العوامل التي أسهمت في تطور التخطيط التربوي

أسهمت عوامل عدة في تطور التخطيط التربوي في الدول المتقدمة ومنها:

أولا: الحركة التقدمية في التربية

تأثرت عملية التخطيط التربوي بتطورات العصر والتقدم في شتى العلوم، وبروز تقنيات جديدة لم تكن موجودة من قبل، فتم وضع خطط وسياسات لإدخال مواد دراسية جديدة في التعليم تتواءم مع التطورات الحاصلة، فمنذ الحرب العالمية الثانية تسارعت حركة التغيير الاجتماعي والاقتصادي مما استوجب إعادة النظر المستمرة في المناهج وأساليب التعليم وإنتاج مواد ومقررات جديدة، ويواكب ذلك وييسر معه توفير المعلمين وتدريبهم بالقدر الكافي لتحمل عبء التغيير [1].

ثانيا: برامج التعليم المستمر مدى الحياة

أدرك المخطط التربوي الغربي ضرورة التسلح بكل جديد من المعرفة والعلم، ونظرا للمقولة التي تؤكد أن ما هو صحيح اليوم ليس بالضرورة أن يكون كذلك في الغد، فقد سعت أجهزة التخطيط التربوي إلى إعطاء أولوية خاصة لبرامج التعليم المستمر لمواكبة التطور التكنولوجي، ومواجهة المشكلات الاجتماعية والاقتصادية وفي مقدمتها ظاهرة البطالة، ويرتبط بهذا المعنى فكرة التدريب أثناء الخدمة الذي ازدهر مع المفاهيم الجديدة والتي دعت إلى استمرارية التعليم و التدريب طوال فترة العمل لزيادة التأهيل ومواكبة

[1] مجلة النبأ.

المستجدات[1] وقد ازدهرت الفكرة في العصر الحديث في بداية السبعينيات حيث ظهرت مفاهيم التعليم مدى الحياة أو التعليم المستمر [Continuing and lifelong education]، وقد وجد مخططو المناهج في التدريب أثناء الخدمة ضالتهم التي تمكنهم من إدخال أفكار ومشروعات جديدة.

ثالثا: الربط بين البحث التربوي وحاجات النظام التعليمي

رابعا: إحداث تغييرات أساسية في التقاليد التعليمية المستقرة

فقد سعت الدول المتقدمة إلى التركيز على تلقي الفرد للتعليم بأسلوب حضاري يخلو من الإرباك والتعقيد، بحيث يتواءم التعليم مع ميول الفرد والمجال الذي قد يبدع من خلاله، فكان تعديل نظام إمتحان شهادة التعليم الثانوي أبرز الأمثلة على هذه التغييرات، بالإضافة إلى وضع قائمة بالمواد الإختيارية التي قد يرى فيها الطلبة تلبية لميولهم العلمية والفكرية.

خامسا: الرعاية الخاصة للطلاب المتعثرين، وأبناء المهاجرين والأقليات

فكان إنشاء فصول علاجية، وفصول للقراءة وأخرى للملاحظة، كما تم إنشاء عيادات تعليمية إكلينيكية،وإنشاء نظام المعلم المرافق ويكون مختصا بالتربية الخاصة[2] وقد نالت هذه الإجراءات أهمية كبرى في السويد إذ دعمت بقرارات برلمانية.

سادسا: الاعتماد على التكنولوجيا المتطورة في عمليات التعليم

الغايات التربوية في الدول المتقدمة

- خلق الوحدة من بين التباين، وتنمية المثاليات وإفادة التقدم القومي.
- تطوير الواقع الاجتماعي وتحقيق الهوية الوطنية، وتربية أفراد بمقدورهم العيش في المجتمع الدولي.

---

[1] مختار الصديق، تدريب المعلمين عن طريق التعليم المفتوح، ص١١١.

[2] سعد الدين مطاوع، مستقبل النظام العالمي تجارب تطوير التعليم، ص٩١.

- اكتساب القدرات اللازمة لإيجاد حلول إبتكارية للصعاب.
- بناء شخصية تركز في تفكيرها على المصلحة العامة، وتربية عقول وقلوب منفتحة معطاءة وروح خلاقة مبدعة.[1]
- احترام الذات، والآخرين، والإنسانية كافة.
- فهم الشعوب والثقافات المختلفة.
- تنمية استعداد الطلاب على تحمل المسؤولية تجاه أنفسهم،ومجتمعهم.
- زيادة الوعي بالمشكلات والقضايا المحلية والعالمية
- *تكوين الاتجاهات الخاصة بعملية السلام والتفاهم الدولي [2]

دوافع الدول المتقدمة للإهتمام بالتخطيط التربوي

١. نهاية الحرب العالمية الثانية، ودخول الدول في سباق مع الزمن، وتنافس محموم فيما بينها لترتيب أوضاعها الداخلية والسعي بمجتمعاتها نحو التقدم والإزدهار، فإتخذت من الأنظمة التربوية لديها نقطة إنطلاق للتطوير والتحديث.

لقد أفرزت هذه الحرب حالة طارئة تمثلت بالنقص الكبير في الموظفين والأجهزة والأبنية، وسارعت الدول في وضع مخططات تدريب طارئة لسد النقص في أعداد المعلمين، كما قامت بوضع برامج قصيرة الأجل تتسم بالتفكير العميق والتفاؤل والحذر الشديد، لمعالجة المشكلات التربوية الأساسية [3]

---

[1] المرجع السابق نفسه، ص ١٤٥ + ص ١٩٤.

[2] مجلة المعرفة.

[3] The high school journal

٢. انخفاض جودة خريج التعليم العام، فظهرت الحاجة إلى الاهتمام بالتخطيط من أجل زيادة كفاءة مخرجات النظام التعليمي. [١]
٣.التسارع ا لكبير في تطورات العلم الحديث بكافة مجالاته، وتحول العالم إلى دوامة تشمل كل جديد، وازدياد متطلبات الحياة بشكل يستدعي الاهتمام بإيجاد إنسان متعلم مدرب قادر على الانطلاق والإبداع والتميز.
٤. **انخفاض مستوى التعليم [أمة في خطر]**، فقد تسبب التحدي الياباني في مجال التكنولوجيا المتقدمة، بحدوث ثورة في الولايات المتحدة لمراجعة أنظمتها التعليمية، وكان حافزا لأجهزة التخطيط التربوي لمراجعة أوضاع التعليم، ووضع خطط شاملة لإصلاح وتطوير النظام التربوي [٢].

فمثلا، يعد صدور التقرير المعروف { أمة في خطر anation at risk } عام ١٩٨٣في الولايات المتحدة الأمريكية، أهم وثيقة عن التعليم في أمريكا خلال العقود الماضية، فقد أكد أن مشكلات الأمة الأمريكية في التعليم ترجع بالدرجة الأولى إلى انخفاض المستويات الأكاديمية للطلاب، وإلى تدني نوعية التعليم وأشار أيضا بأصابع الاتهام للمعلم نفسه، ومهد هذا التقرير أيضا لظهور الخطوة التي رسمها جورج بوش الأب عام ١٩٩٠ بعنوان {أمريكا عام ٢٠٠٠ } استراتيجية للتعليم متضمنة الكثير من اتجاهات الإصلاح التي نادى بها تقرير ١٩٨٣[٣].

---

١ المرجع السابق نفسه، ص ١٥٧.
٢ المرجع السابق نفسه، ص ١٥٧.
٣ المرجع السابق نفسه، ص ١١٤.

المشكلات التي واجهت التخطيط التربوي

١. التقاليد الطويلة والمستقرة في معظم الجوانب المتعلقة بالتربية والتعليم، مثل إمتحان الشهادة الثانوية، ووجود مواد أكاديمية أساسية، وعدم إدخال مواد جديدة.

٢. وجود بعض الظواهر السلبية في المؤسسات التربوية كظاهرة العنف وتعاطي المخدرات، الأمر الذي أدى لأن تسعى أجهزة التخطيط إلى وضع خطط وسياسات لتوفير بيئة مدربة باعثة على التعلم [١].

٣.التباين الحاصل في الكثير من الدول الغربية بفعل الفروق الإقتصادية والثقافية بين طبقات المجتمع.

٤.الهجرة إلى هذه الدول، وما تسببه من إرباك في الأوضاع الإقتصادية وتفاقم مشكلة البطالة.

إسهام التخطيط في تجديد الأنظمة التربوية

١. تطوير أساليب إعداد المعلمين وتدريبهم ليكون بمقدورهم القيام بواجباتهم بكفاءة عالية وتحقيق الأهداف التي جاءوا من أجلها، الأمر الذي ساهم في تحسين أوضاعهم الاجتماعية والمهنية والمعيشية.

٢. تحقيق المساواة في الحق بالتعليم ولجميع المراحل، وأهمية ذلك في تحقيق الأمن والاستقرار وحياة أفضل للجميع.

٣. إعطاء المعلم قيمة اجتماعية عليا، ومرتبة متقدمة في سلم القيم الوظيفية، واحترام مجتمعه له احتراما عاليا [٢].

٤. التحول إلى مجتمع أكثر عالمية، من خلال برامج التبادل الثقافي والعلمي والإهتمام برعايا الدولة في كافة أنحاء العالم.

---

[١] المرجع السابق نفسه، ص ١٤٠.

[٢] المرجع السابق نفسه، ص ١٨٥.

٥. الإستثمار في التعليم

فقد نجحت الـدول الغربيـة عمومـا في رفـع مسـتوى سـكانها في المعرفـة العلميـة، مسـتخدمة أفضـل طـرق التخطـيط للإستثمار في التعليم، ومن أبرز المراكز المهتمة بهذا الموضوع المعهد الدولي للتخطيط التربوي[١].

٦. تنمية القدرات الإبداعية والإبتكارية للأفراد وتنمية مهاراتهم.

٧. التعليم المفتوح

ويأخذ ثلاثة أشكال:

- (الكورسات القصيرة Sandwich Course)، ومن الأمثلة ما وجد في البرازيل وناميبيا.
- الفصول المسائية
- التدريب الذي اعتمد نظام التعليم المفتوح.

وهذا الأخير هو أكثرها فعالية وانتشارا؛ إذ لا تخلو دولة من ممارسته وقد تعددت أشكاله [٢]، كما أوضحت الدراسـات أن التعليم المفتوح انتشر على كل المستويات التعليمية، فنجده عـلى المسـتوى الجـامعي في شـكل الجامعـات المفتوحـة وغيرها، وكذلك على مستوى التدريب الإدارى، والتعليم الثانوى، ومستوى محو الأمية والتنمية الريفية إلا أنـه كـان أكثر انتشارا ونجاحا على مستوى تدريب المعلمين.

---

[١] www.Barnesandnoble.

[٢] المرجع السابق نفسه، ص ١١٢.

الدراسة الثالثة
الصراع التنظيمي

مفهومه، أسبابه، وآليات التعامل معه

تتطور الحياة يوميا، ويخرج إلينا العلم كل يوم بالجديد والفريد من الصناعات والإبتكارات التي تزيد من رفاهية البشر، وأصبحت الحياة دوامة من الأنشطة والفعاليات جذبت إليها عقول وأفئدة الناس بشكل فاق حدود العقل، وفي ظل هذه الدوامة أضطر الإنسان المعاصر إلى لعب عدة أدوار في اليوم الواحد والقيام بالعديد من النشاطات والأعمال يوميا، الأمر الذي أدى إلى تعدد المؤثرات النفسية والإجتماعية الداخلية والخارجية عليه نتيجة للتعارض الذي يحصل بين هذه الأدوار، مما يؤدي بالضرورة إلى الصراع داخل هذا الفرد لإنشغاله المستمر في أداء الأدوار الموكولة إليه والتي قد يكون بعضها غير ذي قيمة تذكر.

هذا على الصعيد الفردي وما يتسبب فيه الصراع من تناقضات داخل الشخص والتي قد تؤثر على سير حياته الشخصية، أما على مستوى التنظيمات، فقد يكون الصراع بين الفرد والجماعة - التي تضع قيودا كثيرة عليه - أوبين الجماعات داخل المؤسسة، وقد يأخذ الصراع شكل الإختلاف في الرأي وتعدد الآراء، الأمر الذي يسير بهذه العملية إلى أحد اتجاهين:

- التغيير نحو الأفضل وتقبل أحد الأطراف لرأي الطرف الآخر، وذلك بإيجاد صيغة توفيقية ترضي الجانبين وبالتالي خدمة مصلحة التنظيم.
- وصول الحوار إلى طريق مسدود وتحيز كل طرف لرأيه وبالتالي إرباك وتعطيل العمل.

إذا فيمكن أن يكون الصراع داخل الفرد مثل الإحباط وصراع الأهداف أو يمكن أن يكون خارجيا داخل محتوى المؤسسة، ويحدث الإحباط عندما يصطدم

تحقيق الأهداف مع بعض الحواجز، أما صراع الأهداف فينتج عن الرغبة وعدم الرغبة في أي من الاختيارات المتاحة للفرد في حالة الاختيار، والصراع بين الأفراد داخل المؤسسات أصبح ظاهرة عالمية وبالتالي فإن إدراك أفضل الحالات والمواقع المهمة للصراع سوف يساعد المدير في استخدام الناس في المؤسسة بفاعلية من أجل الوصول إلى أهداف المؤسسة [١].

والصراع التنظيمي ظاهرة لا تخلو منها منظمة من المنظمات المجتمعة فهي تحدث بداخلها في أشكال متعددة من خلاف أو جدال كرد فعل لتلك التفاعلات وسطها، والمنظمة جهاز له أهداف محددة تسعى إلى تحقيقها في البيئة الاجتماعية التي توجد بها من خلال تنظيم الأدوار والعلاقات والمهام وتوزيع السلطات والمسؤوليات، وتوجد المنظمة داخل بناء محدد له معاييره وقوانينه ونظمه، ويطلق عليها حينئذ (مؤسسة) ومن خلال نشاطها تتولد عمليات تفاعلية ينتج عنها ظهور الصراع التنظيمي.

ويعاصر الإنسان على مر الأيام منذ طفولته، ومراحل النمو والتطور في الأسرة والمدرسة والعمل وحتى لقاء ربه، لحظات صراع مستمر، وذلك بين الخير والشر، بين آماله وواقعه، طموحه وقدراته، رغباته وعاداته وقيم المجتمع التي تحكمه، بين مصالحه ومصالح الآخرين الذين يعيشون معه، بين التعبير عما بداخله من صراع والفرص المتاحة لذلك، وهكذا يستمر الصراع الإنساني على مراحل متعددة وبصور مختلفة تبعا لمحددات الشخصية واختلاف العوامل البيئية المحيطة[٢].

---

[١] جمال فارس الحضور، أنماط إدارة الصراع أدى مديري المدارس الأساسية في محافظة المفرق في ضوء متغيرات الخبرة و الجنس و المؤهل العلمي،ص١.

[٢] سعيد ياسين و علي محمد عبد الوهاب، الفكر المعاصر في التنظيم و الإدارة، ص٢٦٧.

ينشأ الصراع متى ما تعارضت المصالح، وردة الفعل الطبيعية للصراع في المنافسات التنظيمية هي في الغالب أن ينظر إليه كقوة اختلال وظيفي يمكن أن تعزى إلى مجموعة ظروف أو أسباب مؤسفة، ويعتبر الصراع حالة من الحظ التعيس التي تختفي أثناء الظروف أو المناسبات السعيدة [1].

لذلك تبرز أهمية الإدارة في توجيه دفة الصراع، بحيث يمكن الاستفادة منها إيجابيا ومنع وصولها إلى مرحلة الإرباك أو تعطيل العمل، فنتيجة الصراع تختلف باختلاف نمط التعامل معها.

تعريف الصراع التنظيمي

يقف الصراع كمفهوم وممارسة بين مستويين، الأول: الاختلاف الطبيعي منه أو المصطنع، والناجم عن التباين في العقائد أو الرؤى أو المصالح بين الجماعات الإنسانية، وهنا فان الفشل في إيجاد مساحات من الفهم والقبول والتناغم المشترك يحول الاختلاف إلى صراع بين تلك الجماعات للدفاع عن ذات ومصالح كل طرف، والمستوى الثاني: الأزمة، وهي مرحلة متقدمة ومعقدة من الصراع بين المجموعات المختلفة يصل بها إلى حد الاقتتال أو الإنهيار العام للنظام الاجتماعي.

وعليه يمكن تعريف الصراع التنظيمي بأنه **سلوك يقوم به الفرد أو الأفراد بناء على شعور داخلي بخطر يداهمهم من الآخرين ما من شأنه أن يهدد استقرارهم،** وقد يؤدي هذا السلوك إلى إبعاد هذا الخطر وينهي الصراع، أو يؤدي إلى تطورات أخرى واستمرار الصراع.

وقد عرف [بولدينج Boulding] الصراع بأنه موقف يتصف بالمنافسه، تصبح فيه الاطراف المتصارعة على وعي بتناقضاتها، ويسعى كل طرف منها الى تحقيق غايته على حساب الطرف الاخر، كما يعرفه المحدثون الإداريون بأنه حالة

[1] ريتشارد هال، المنظمات: هياكلها، عملياتها، و مخرجاتها، ص٢٩٢.

تفاعلية تظهر عند عدم الاتفاق أو الاختلاف أو عدم الانسجام داخل الأفراد أو فيما بينهم، أو داخل الجماعات،أو فيما بينها [1].

وعرفه[بوندي Pondy] بانه تعطل او انهيار في سبل ووسائل صنع القرار المعياري او في تقنياتها، مما يجعل الفرد يعيش صعوبة اختيار بدائل الفعل أو الأداء، ويمكن تعريف الصراع من وجهه نظر إدارية بأنه تعطل أو انهيار في سبل وميكانزمات صنع القرار المعياري أو في تقنياتها، مما يجعل الفرد يعيش صعوبة اختيار بدائل الفصل أو الأداء، كما أنه عبارة عن عملية تتضمن بذل جهد مقصود من قبل شخص ما لطمس جهود شخص آخر باللجوء الى شكل من العوائق ينجم عنها إحباط الشخص الآخر وتثبيطه عن تحصيل أهدافه وتعزيز ميوله [2].

كما عرف [دزلر Dessler] الصراعات التنظيمية بأنها نزاع أو خلاف ينشأ بين الأفراد أو الجماعات في التنظيم على قضايا متعلقة بالعمل مثل المهمات و الأهداف التنظيمية أو الخلافات على قضايا شخصية، كما عرفها [روبنز Robbins] بأنها جهد يبذله فرد بقصد تعطيل أو إفساد جهد فرد آخر بغية إعاقته من تحقيق أهدافه وواجباته [3].

النظريات المختلفة حول الصراع

أولا: النظرة التقليدية للصراع

يعتبر رواد هذه النظرة الصراع بأنه خلل إداري، ويمثل ظاهرة سلبية تعرقل وصول الفرد أو المنظمة إلى الأهداف المنشودة، ويزيد من عوامل الفرقة

---

[1] مجلة المعلم.

[2] هاني عبد الرحمن الطويل، الإدارة التربوية و السلوك المنظمي، ص٢٩٧.

[3] موسى توفيق المدهون و إبراهيم محمد الجزراوي، تحليل السلوك التنظيمي سيكولوجيا و إداريا للعاملين و الجمهور، ص٥٠٨-٥٠٩.

والإختلاف بين الأفراد، ويقلل من ثقة الأفراد ببعضهم واتجاههم نحو النزعة الفردية والأنانية وقلة التواصل مع الآخرين، وهذا يشكل سلوكا لا عقلانيا يضر بالصالح العام لأي مؤسسة أو جماعة.

وإن تناولنا الصراع بين الأفراد فإن أصحاب النظرة الكلاسيكية ينظرون إلى الصراع على أنه نوع من النقص والقصور الناتج عن الهيكل التنظيمي وعدم قدرة الإدارة على تكوين الهيكل التنظيمي المناسب وضعف قنوات الاتصال وعدم وضوح الأهداف، ويزداد الصراع حدة داخل المنظمة عندما تبتلى ببعض المديرين غير الأكفاء الذين يفتقدون إلى الخبرات والمهارات القيادية المطلوبة ويعتمدون في قراراتهم على الاجتهادات الشخصية بدلا من جمع المعلومات واتباع الخطوات العلمية لاتخاذ القرار إضافة إلى عدم التقيد بالقوانين والإجراءات التنظيمية وتهميش التسلسل الإداري ووحدته[1].

إفتراضات النظرة التقليدية

١. هناك إمكانية لتجنب الوصول إلى مرحلة الصراع.
٢. هناك أشخاص معينين يتسببون في إحداث الصراع [محدثو الإضطرابات].
٣. للسلطة دور فعال في منع حدوث الصراع.
٤. إن الحل الوحيد للصراع -إن حدث- هو أن تتجاهله الإدارة وتتركه لأن مجرد الحديث عنه غير مرغوب.

ولكن في المقابل فإن الصراع أمر طبيعي وحتمي في هذه الحياة، وهو أمر لا يمكن تجنبه وذلك بسبب الرغبة داخل أي إنسان بأن يكون أفضل من غيره ورأيه هو النافذ والصحيح، والإفتراضات السابقة تعيق حل الصراعات بطريقة ايجابية،

---

[1] محمد القريوتي، السلوك التنظيمي: دراسة السلوك الإنساني الفردي و الجماعي في المنظمات المختلفة، ص٢٤٨.

إنما ترى بضرورة إهمالها وتركها بمعنى إلزام الفرد بإخفاء شعوره بعدم الرضى وعدم التعبير عن رأيه، الأمر الذي يؤدي إلى كبته وتجاهل وجوده مما يؤدي إلى نتائج أكثر سوءا بسبب عدم إفساح المجال للأفراد بالتنفيس عن رفضهم لقضايا معينة وتوضيح مواقفهم وفهم المواقف المضادة.

ثانيا: النظرة الحديثة للصراع

يرى رواد هذه النظرة بأن الصراع داخل التنظيمات أمر لا بد منه، وضروري لحيوية المنظمة، وهو ظاهرة مطلوبة لأنها تقلل من سيادة أفكار قد لا ترضي الكثيرين، لذا وضع أصحاب هذه النظرة عدة افتراضات تدعم رأيهم ومنها:

١. الصراع عامل من عوامل التجديد.
٢. بالإمكان إدارة الصراع بسهولة ويسر.
٣. توفر الحد الأدنى من الصراع شئ عادي بل وضروري.

فأصحاب النظرة الواقعية العلمية ينظرون إلى الصراع على أنه ظاهرة تنظيمية ينبغي إدارتها وتحقيق أقصى استفادة ممكنة منها وأن مسببات الصراع الأساسية هي الاختلاف حول أساليب الرقابة واختلاف الأهداف وعدم توفر المقاييس الموضوعية لقياس النتائج وعدم الاتفاق حول الأدوار والمسؤوليات الأساسية للعاملين.

ومن النتائج السلبية للصراع تفتيت جهود العاملين وخفض درجة التعاون فيما بينهم وتقليل روح الجماعة وارتفاع معدلات دوران الوظائف وزيادة درجة التباين والاختلاف بين العاملين والمديرين وبين العاملين بعضهم البعض، وعدم القدرة على تحقيق الرضا الوظيفي للعاملين وضعف الانتماء للمنظمة وتكون

النتيجة النهائية تكبيد المنظمة تكاليف مرتفعة والفشل في تحقيق أهدافها ومن ثم تتهاوى على نفسها[1].

لا ينظر للصراع في مستوى معين منه بأنه مقبول فقط، بل ضرورة لا بد منها داخل التنظيم لبعث النشاط والإثارة في العمل الأمر الذي يؤدي غالبا إلى التطور، وهذا التطور والتغيير يعتبر سمة للمنظمات الناجحة والمبدعة، ويرى مؤيدوا هذا الرأي بأن المنظمات الأخرى التي تعتمد النظرة التقليدية للصراع لا تتوفر لها إمكانية التطور والتجديد،ويدللون على ذلك بأن الصراع يخلق نوعا من الحركة والتحدي، والإطلاع على كل جديد ومحاولة تعديل المواقف والأفكار السائدة، فهم بذلك يفضلون توفر الصراع بدرجة معينة وعدم وصوله إلى مستويات عالية، لتجنب الوصول إلى نتائج عكسية مدمرة للتنظيم.

فالمطلوب من الإدارة ضبط الصراع عند حد معين والتحكم في ذلك بأن لا يكون بدرجةمتدنية جدا كأن لم يكن، وبالمقابل أن لا يصل إلى درجة العنف والسير بالمنظمة إلى الدمار، فالصراع الحاد والعنيف يضر بمصالح أي منظمة كانت.

أسباب الصراع

في كثير من المؤسسات والتنظيمات تظهر صفة تتميز بها هذه المنظمة أو تلك، تتمثل بالتناقض والتعارض بين أهداف المنظمة وأهداف العاملين، فهذا التناقض إما أن يتطور إيجابيا وتتم إدارته بشكل سوي وبالتالي الإستفادة منه، أو يتطور سلبيا فتصل المنظمة بذلك إلى حالة التدهور والفشل، ويجدر القول هنا بأن للصراع أسباب تنظيمية وأخرى شخصية، وفيما يلي تبيان لكل منها على حدة [2].

---

[1] http:// www.Bab.com

[2] محمد القريوتي، المرجع السابق نفسه، ص٢٥٢.

أولا: الأسباب التنظيمية

- غياب المؤسسية في العمل، أي عدم وجود توضيح وتحديد للأدوار والمهام لكل فرد، وهذا يسبب جدلا واسعا فيما يخص صلاحيات بعض الأفراد وأحقيتهم في إتخاذ قرار ما أم لا، وهذا ما يحدث غالبا في المراحل الأولى لقيام التنظيم حيث يطغى طابع العلاقات غير الرسمية على سير العمل في المنظمة.
- محدودية الموارد وتشارك عدة أطراف في إقتسامها فقلة الموارد تؤثر بدرجة كبيرة على الوصول للأهداف المؤمل تحقيقها، وهنا تتزاحم الأطراف فيما بينها وتتنافس بغية الحصول على نصيب أكبر من مثيلاتها، ولعل أهم مثال على هذا هو توزيع موازنة الدولة على الوزارات المختلفة.
- إختلاف معايير تقييم الأداء والمكافآت ويظهر ذلك جليا في المؤسسات التجارية [الربحية] حيث يعتمد تقييم أداء العاملين على معايير تختلف من قسم إلى آخر، وبالتالي يختلف أسلوب المكافأة والعقاب، الأمر الذي يثير الإحتقان داخل الهيكل التنظيمي،فيحاول البعض البحث في نقاط الضعف للأقسام الأخرى والإختلاف معها.
- تعدد المستويات الإدارية وهذا أمر مواز لتعدد الأهداف وتشويه نمط الإتصالات بسبب المرور بكافة المستويات الإدارية، وبالتالي إخفاء بعض المعلومات والقضايا، مما يؤدي إلى ظهورالخلافات والصراعات بين هذه المستويات.

ثانيا: الأسباب الشخصية

وجود شخصيات متفردة لا ترغب في التعاون مع الآخرين، ولا تحبذ العمل الجماعي، إما لكسب الرضى من الإدارة أو لعدم الإنخراط في مشاكل هو في غنى عنها.

عدم رضى البعض عن العمل ككل لعدم ملائمته للمؤهلات التي يمتلكونها أو للمستوى الثقافي والإجتماعي لهم، وبالتالي لا يكون العمل والمنظمة مصدر إهتمام لهم، ولا يثيرهم نجاح أو فشل المنظمة، لذا فهم لا بتفاعلون مع الأحداث الدائرة من حولهم، وبحثون عن فرص أخرى مواتية للإلتحاق بأعمال تناسبهم.
إختلاف المستوى الثقافي والإجتماعي والتعليمي بين العاملين فوجود مشكلة ما قد تثير إهتمام البعض، ولكنها قد لا تعني شيئا لأفراد أخرين، فيتجنبوا الخوض فيها أو التعرف عليها.

كما يصنف (المدهون والجزراوي)[1] أسباب الصراع إلى أسباب تنظيمية عملية وأخرى شخصية كالتالي:

الأسباب التنظيمية العملية وهي:

- عدم وجود تحديد واضح لمسؤوليات وصلاحيات الموظفين.
- تداخل إختصاصات ومسؤوليات الموظفين.
- عدم الإتفاق على طرق وإجراءات العمل.
- عدم تقيد الموظفين بخطوط السلطة الرسمية.
- إشتراك أكثر من شخص في إنجاز العمل أو إتخاذ القرار.
- تعارض أهداف المديريات والأقسام والوحدات الغدارية الأخرى.
- عدم الإتفاق على أهداف العمل.
- عدم تفويض السلطة الكافية للموظفين.
- إتساع نطاق الإشراف.

الأسباب الشخصية وهي:

- المعاملة غير العادلة للموظفين.

[1] موسى توفيق المدهون و إبراهيم محمد الجزراوي، المرجع السابق نفسه، ص٥١٠.

- النزاع على السلطة والسيطرة.
- وجود أنماط من الموظفين يتصفون بعدم التعاون أو عدم الإنضباط.
- سوء العلاقات الشخصية بين الموظفين.
- تعارض أهداف ومصالح الموظفين.
- الإختلاف في الإنتماء الجغرافي بين الموظفين.
- الإختلاف في الدين بين الموظفين.

مستويات (أنواع) الصراع

إذا حصل الصراع وأصبح أمرا واقعا، فإن ذلك لا يثير اهتمام المدرسة التقليدية، كون الحل لديها يتمثل في التخلص من المتسببين بهذا الصراع بطردهم من العمل واختيار آخرين أكثر إلتزاما وانضباطا بالسلوك التنظيمي، وقد إعتبرت هذه النظرة السلبية مأخذا على المدرسة التقليدية، الأمر الذي حدى بالنظريات الإدارية الحديثة إلى اعتبار أن هذه العملية ظاهرة إنسانية طبيعية و حاصلة لا محالة، وأنه بمقدور الإدارة الناجحة أن تجعل مثل هذه الصراعات تصب في مصلحة التنظيم وخدمته، وذلك بتحويلها إلى قوة إيجابية من خلال استيعاب جميع الأفكار والآراء ومناقشة أصحابها فيها، والتوصل من خلال إقناعهم أو الإقتناع بآرائهم إلى حل مناسب للمشاكل.

هذا ويمكن تقسيم الصراع إلى أربعة مستويات رئيسة هي:

الصراع داخل الفرد نفسه

ويحدث الصراع داخل الفرد عند تعدد الأدوار أو الواجبات أو الطموحات التي يرغب في تحقيقها، حيث تختلط عليه الأمور وتتشابك فلا يستطيع تكوين فكرة أو رأي حاسم لحل المشكلة، فيكون بذلك جوهر الصراع وجود العديد من الأبدال ولكن كل بديل له إيجابياته وسلبياته وغير مضمون

النتائج، فهذا شكل من أشكال الصراع، إلا أن هناك أشكالا أخرى له من مثل تناقض الأهداف من مثل:

- تناقض الأهداف الإيجابية، فقد يحدث صراع داخلي عند توفر بديلين إيجابيين أو أكثر ليفاضل بينهما الفرد، كالإختيار بين وظيفتين وكلاهما ذات راتب جيد.

- تناقض أهداف ينبغي تجنبها [سلبية]، ويحدث ذلك عندما يضطر الفرد للإختيار بين أمرين غير مرغوب فيهما، كإن يضطر شخص ما إلى مبلغ مالي، فتتوفر له فرصة الحصول على قرض بنكي مقابل فائدة ما وفترة سداد طويلة، وفي ذات الوقت يعرض عليه أحد أصدقائه المساعدة مقابل تسديد المبلغ كاملا بعد فترة وجيزة.

- تناقض بين تحقيق هدف إيجابي أو عدم تحقيقه لنتائجه السلبية، كأن تعرض وظيفة ما على فرد عاطل عن العمل، ولكنها تتطلب ساعات عمل طويلة وبأجر زهيد، الأمر الذي يتعارض مع إكماله لدراساته العليا،مما يوقعه في حيرة من أمره.

الصراع بين الأفراد

ومن أمثلة ذلك:

- الصراع بين المدير ومرؤوسيه.
- الصراع بين مدراء الأقسام لتحسين صورتهم أمام المدير.
- الصراع بين العامل والمشرف.
- الصراع بين العامل والعامل.

الصراع بين الجماعات

كالصراع القائم بين الأفراد في قسم ما مع أفراد من قسم آخر، بحيث يشكل كل منهما فريقا، أو في حالة التنظيمات الكبيرة فقد يتقوقع عدة أفراد في

قسم ما ويشكلون جماعة واحدة ويحدث الصراع بينهم وبين زملائهم الآخرين الذين يلجأون إلى نفس الطريقة[1]

الصراع بين المنظمات

ويأخذ هذا الصراع شكل المنافسة المحمومة بين المنظمات، إما لجذب الموارد اللازمة لبقائها، أو لتحقيق أرباح تزيد عن منافساتها، أو للإنفراد بتقديم خدماتها للناس، ومن الأمثلة على هذا النوع من الصراع [المنافسة]:

- المنافسة بين الأسواق التجارية.
- المنافسة بين شركات الإتصالات.
- المنافسة بين شركات المشروبات الغازية.

وقد قسم (سزلجي Szilagyi) وآخرون الصراع إلى أربعة أنواع هي[2]

١- الصراع داخل الفرد وله نوعان:
أ- صراع الهدف الذي ينشأ عندما يكون الفرد في موقف الاختيار بين هدفين إيجابيين أو سلبيين.
ب- صراع الدور الذي ينشأ عندما يعاني الفرد من مجموعتين من الضغوط في نفس الوقت.

٢- الصراع بين الأفراد، وينشأ بسبب تمسك كل فرد بوجهة نظرة أو بمصلحته، وبصفة عامة فإن الصراع بين الأفراد يمكن رده إلى سببين أساسيين هما:
- عدم الاتفاق على السياسات والخطط العامة.

---

[1] محمد القريوتي، المرجع السابق نفسه، ص٢٥٨.
[2] .http:// www.Mcs.gov

- المسائل العاطفية، مثل المشاعر السالبة من طرف لطرف آخر بسبب تضارب المصالح تنعكس في صورة الغضب وعدم الثقة والخوف والرفض.

٣- الصراع بين المجموعات: حيث يظهر بين الوحدات التنظيمية مثل (الإدارة أو القسم في عدة مجالات في المنظمة) منها:
- الصراع بين مستويات السلطة (العليا والوسطى والتنفيذية).
- الصراع بين الإدارات الوظيفية.
- الصراع بين الوظائف التنفيذية والاستشارية.

٤- الصراع بين المنظمات أو المؤسسات ذات المهمات المتماثلة ببواعث المنافسة والتفوق.

مراحل الصراع

يمكن تتبع مراحل الصراع وتطوره على الصعيد التنظيمي على النحو الآتي:
تبدأ هذه العملية عند شعور شخص أو مجموعة من الأشخاص بعدم الرضى عن وضع ما، مما يثير حفيظتهم ويرغبون بالتخلص من هذا الوضع، فيحدث شيء من سوء الفهم وعدم تقبل الآخرين المعارضين في الفكر، وإذا لم يوضع حد لهذا الأمر فإنه قد يتطور إلى محاولات لتحدي الآخرين، فتبدأ مرحلة الحوار الحاد أحيانا، وتظهر نبرات الكلام الهجومية والتهديد في أحيان أخرى، وفي ظل غياب إدارة قادرة على حل الخلافات، فإن الأمور ستصل إلى مرحلة التضارب والعنف بمعنى الإيذاء الجسدي وصولاإلى مرحلة تحطيم الطرف الآخر.
ويستعرض (الخضور) [1] خمس مراحل للصراع هي:

[1] جمال فارس الخضور، المرجع السابق نفسه، ص١٥-١٦.

١- **مرحلة الصراع المستتر أو الكامن:** ويكمن تطور الصراع في هذه المرحلة في الإختلاف والنزاع الذي يكون متوقعا من قبل الأطراف ويكون في مرحلة التخمين، والصراع في هذه المرحلة يبدأ بسبب ظروف سابقة مثل الإعتماد المتبادل والسياسات غير المحددة وفي التنوع الموجود في المهام وهي جميعها تؤدي إلى التأسيس للجدال والمنافسة والصراع في النهاية، وفي بعض الأحيان تنجم هذه الظروف عن صراع سابق، وفي هذه المرحلة لا يكون الصراع ظاهرا لجميع الأطراف.

٢- **الصراع المدرك:** وفي هذه المرحلة يبرز تطور الصراع في المشاكل التي تدرك وتلاحظ من قبل كل الأطراف المشاركة والذين يعرفون بأن الصراع موجود وعادة ما تختار المجموعات تجاهل المشكلة، ولكن إذا ما قررت التفاعل فالمفاهيم قد تتغير، وسوء الفهم يمكن أن يسوى وبالتالي فإن الصراع يحل قبل الإنتقال إلى مرحلة أخرى.

٣- **مرحلة الشعور بالصراع:** وفي هذه المرحلة لا تشعر الأطراف بالمشكلة فقط ولكنهم يشعرون بالتوتر والغضب أو الإنزعاج، وتظهر هذه المشاعر عندما تشخص الأطراف المشاركة الحالة ثم التمحور نحو الذات ومن ثم محاولة التعامل مع الضغوطات التي بنيت بين مجموعاتهم.

٤- **مرحلة الصراع الظاهر أو البارز:** حيث تصمم الأطراف قصدا وبشكل واضح وجلي على كبح أو منع الأطراف المقابلة من تحقيق أهدافها، وذلك عن طريق التدرج من رفض التعاون، أو الشتم إلى الضرب والعدوان الجسدي، وتكون العلاقات بين المجموعات في هذه المرحلة في أوج خطرها، كما أن الأداء المؤسسي يهدد بشكل خطير.

٥- **مرحلة ناتج أو أثر الصراع:** فإذا ما إنتهى الصراع فإن الأسس لعلاقات تعاونية يمكن أن تؤسس مما يؤدي إلى تقليل حدوث الصراع مرة

أخرى، ولكن إذا ما كبت الصراع يمكن أن تبرز سلسلة جديدة من الصراع.

آليات تنظيميةللتعامل مع الصراع

من مصلحة إدارة إية منظمة كانت أن تتعامل بقدرة واقتدار مع الصراعات الدائرة فيها، وتجنب وصولها إلى مراحل الصراع العنيف والذي يضر بمصالح المنظمة، لذا فهناك عدة آليات وطرق لتوجيهالصراع وضمان إبقائه في المستوى الذي يوصل المنظمة إلى تحقيق أهدافها المرجوة، ومن هذه الآليات:

- التأكيد على أولوية الأهداف العليا بغض النظرعن الصراعات بين الأفراد والجماعات داخل التنظيم، وباعتبارها أمرا حاصلا لا محالة، إلا أن على أطراف الصراع أن تعي بأن هناك خطوطا حمراء وحدودا لا يمكن تجاوزها تمثلالهدف العام للتنظيم، وأن يكون هذا الهدف نصب أعينهم في تعاملهم مع بعضهم البعض.
- إتاحة الفرصة للعاملين لتقديم الشكاوى والتظلمات الأمر الذي يوجد فرصة للتنفيس عن الهموم والمشاكل التي تعترضهم، والإحتفاظ بحق الإستئناف لإعادة النظر في قرار جائر قد يطبق بحق أحدهم.
- تعريف الموظفين بواجباتهم وواجبات زملائهم في الأقسام المختلفة، الأمر الذي يزيد من تفهمهم لأعمال بعضهم وتقدير ظروفهم، وبالتالي تقليل التناقض فيما بينهم.
- ممارسة الرئيس لسلطته الرئاسية فعند عدم نجاعة الوسائل السابقة تكون المنظنة بحاجة إلى قرارات حاسمة بحق المعارضين - من أجل المعارضة وتعكير صفو العمل - ففي هذه الحالة يتدخل الرئيس بإتخاذ قرارات بنقل الموظف أو إنذاره أو الإستغناء عن خدماته كإجراء أخير.

- تنظيم استطلاعات تقيس رضى العاملين والتعرف على مشاكلهم ومقترحاتهم، والعمل على الإستجابة لها.

كما أن لإدارة الصراع بين أفراد التنظيم أو الجماعات داخل التنظيم أساليب واستراتيجيات مختلفة أهمها:

١- استراتيجية التعاون (Collaborative)

وهي تعني الجهود التي يبذلها مدير المنظمة بغية تدعيم اعتقاد العاملين بأن أهدافهم متناغمة أكثر منها متنافسة ويكمن مردود ذلك في دفع العاملين إلى مناقشة الاختلاف الموجود بينهم بصراحة ووضوح، الأمر الذي يكون مفاده توظيف الصراع لمصلحة الأطراف المختلفة أي العمل معا بصورة ابتكارية للوصول إلى تسوية أو حلول اتفاقيات يستفيد منها الجميع.

٢- استراتيجية التنافس (Competitive)

يقول تجو سفولد Tjo svold)) بأن المدير يحاول من خلال تلك الاستراتيجية إجبار المرؤوسين على الامتثال لوجهة نظره ومقترحاته وقوته وغالبا ما يعتقد المرؤوسون في هذه الحالة بوجود ارتباط سلبي بين أهدافهم وأهداف مديرهم، وقال جوهانز (Johns) قد يترتب على إدارة الصراع من خلال تلك الاستراتيجية أن يتنازل أحد الأطراف عن شيء مقابل الحصول على شيء آخر ومن ثم فإن الهدف في هذه الحالة هو تحديد محكات التبادل بين الطرفين والتي يمكن أن تساعد على إدارة الصراع(١١).

هذا ويمكن الاعتماد على هذه الاستراتيجية في الحالات التي يكون الصراع فيها ناتجا عن نقص الموارد، في حين تقل فعاليتها كاستراتيجية لحل الصراع في الحالات التي يكون فيها التنازل عن السلطة نظرا لأن الطرف الأضعف لا يوجد لديه ما يتنازل عنه.

---

١ .http:// www.Mcs.gov.sa

٣- استراتيجية التجنب أو الإغفال (Avoiding)

وهي تعني تجاهل مسببات الصراع بالرغم من استمرار حدوثه. وبالرغم من أن تجاهل الصراع يقوم على فرضية مؤداها إن الإغفال والتجاهل يمكن أن يساهم في حل الصراع فإن بعض الباحثين يخشون من إمكانية زيادة الصراع ضراوة وقسوة.

بينما يرى آخرون بأن الإغفال والتجنب يمكن أن تكون لها نتائج إيجابية في تلك الحالات التي يحتاج فيها المرؤوسون إلى مدة زمنية كافية للتفكير والتروي وإعادة النظر في الأمور التي أدت إلى حدوث الصراع.

٤- إستراتيجية المجاملة،

وهو ترك أحد أطراف الصراع لإهتماماته الخاصة به مقابل تحقيق رغبات الطرف الآخر، فصاحب هذا النمط يضحي بنفسه من أجل الطرف المقابل ويتصف بالكرم والطاعة لأمر الآخرين، وهو غير حازم ولكنه تعاوني.

٥- إستراتيجية التسوية:

وهو إيجاد حل وسط يرضي جميع الأطراف في الصراع، وصاحب هذا النمط متوسط الحزم ومتوسط التعاون، حيث يواجه المشكلة بطريقة مباشرة أكثر من الجنب ولكن ليس بعمق التعاون.

ويلخص (المدهون والجزراوي)[1] إستراتيجيات التعامل مع الصراع بما يلي:

- إستراتيجية التجنب Avoidance
- إستراتيجية الإستيعاب Accommodation
- إستراتيجية المنافسة Competitive
- إستراتيجية الحلول الوسط Compromitse

---

[1] موسى توفيق المدهونو إبراهيم الجزراوي، المرجع السابق نفسه، ص٥١٢.

- إستراتيجية التعاون Collaboration

وفيما يلي شكل يوضح هذه الاستراتيجيات عند حدوث الصراعات التنظيمية:

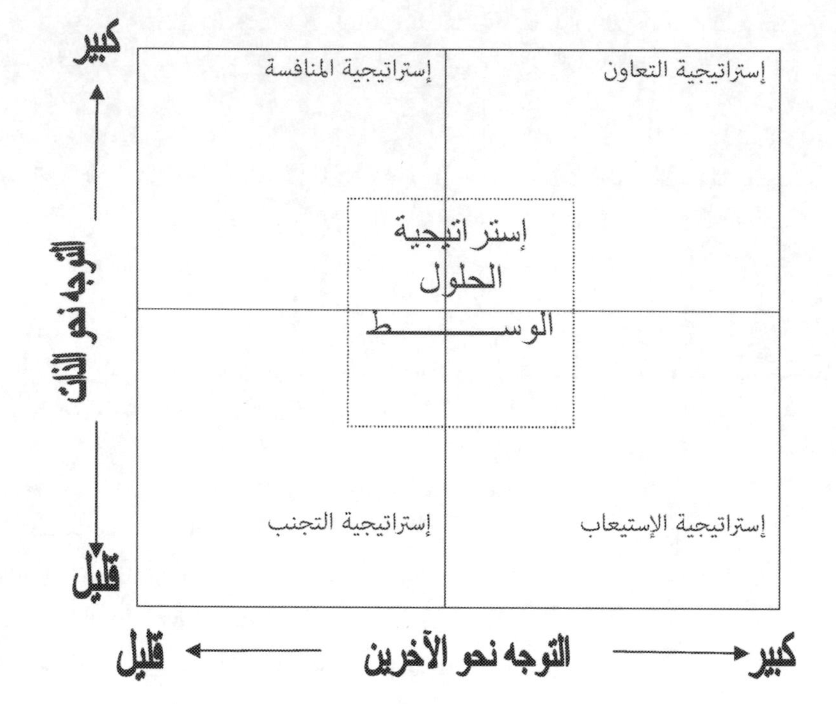

وأخيرا لعل ما سبق أسهم في تعرف ماهية الصراع التنظيمي في المؤسسات المختلفة، وتعرف أسبابه ومستوياته ومراحله والآليات والإستراتيجيات التي يمكن استخدامها من قبل القادة لإدارة وتوجيه الصراع بما يفيد المؤسسة ويسهم في تحقيق أهدافها.

الدراسة الرابعة "دراسة مترجمة"
تقييم البرامج في الإدارة التربوية [1]

نحن في عصر المسؤولية والمحاسبة، إذ يتنامى الطلب على معلومات وبيانات تقييم البرامج وذلك بسبب الحاجة المتزايدة لدعم البرامج التطويرية في ظل الموارد المحدودة، والمنافسة المحمومة بين الوكالات والمنظمات، الأمر الذي أدى إلى تعاظم التطلعات تجاه الكفاءات والأداء الرفيع في المنظمات المختلفة، فقد أضحى المسؤولون وأجهزة الإعلام والجمهور أكثر مطالبة – من ذي قبل - بالمحاسبة وضمان الجودة مقابل ما يدفعوه من ضرائب وتبرعات لمؤسسات الخاصة، لذا فإن الكونغرس الأمريكي والسلطات التشريعية الرسمية والهيئات التشريعية المحلية والمؤسسات ووكالات التمويل تطالب باستمرار وبشكل متزايد بمعلومات حول حجم الأموال التي أنفقت على البرامج وماذا أنتجت هذه البرامج...

وفيما يلي أمثلة لبعض الأسئلة المتكررة والتي تطرحها الجهات السابق ذكرها على القائمين على البرامج ومنها:

- " أعطيناك [٥٠٠,٠٠٠ دولار] في السنوات الثلاث الماضية، ماذا فعلت وكالتك بهذا المبلغ ؟ ".
- " لقد دعمنا وكالتك لمدة خمسة عشر عاما مضت، لماذا يجب أن نستمر في هذا الدعم ؟ ".
- " هل برامج وكالتك فعالة ؟ ".
- " ماذا تفعل لتحسين أو إنهاء برامج غير مؤثرة ؟ ".
- " ما هي البرامج الجديدة والتي من الضروري تطويرها لتلبية حاجات ومشكلات الناس تنوي القيام بها ؟ ".

---

[1] المصدر: http:// www.Academicleadership.org
Introduction to program evaluation

يساعد التقييم في الإجابة عن هذه الأسئلة، فالغرض الرئيسي للتقييم هو تحسين نوعية برنامج أو مشروع ما، وذلك من خلال تمييز جوانب القوة والضعف فيه، والتقييم جزء مهم لبرمجة الإمتداد والتوسع مهما كان كبيرا أو صغيرا، فمن الضروري أن يراجع البرنامج ويقيم لتعرف درجة إنجاز الأهداف المحددة، فمن خلال عمليات التقييم نتعرف إلى مدى تأثير البرنامج موضع التقييم على الجمهور، وكيف إستجابوا له وماذا تعلموا، وهل يستحق هذا البرنامج ما أنفق لأجله من مال ووقت وموارد، وهل يجب أن يستمر البرنامج أم نتوسع به أم هل يجب إلغاؤه ؟، كما يزودنا التقييم بمعلومات للقرارات المتعلقة بالبرمجة المستقبلية، فهذه المعلومات مفيدة لتعديل البرامج وإيصال حقائق مهمة لتنظيم الأفراد أو المجموعات.

ما هو التقييم ؟

ليس هناك تعريف موحد وواضح للتقييم، فبعض المؤلفين يساوون بين التقييم والقياس، ويرى آخرون أن التقييم يعني تقدير إلى أي مدى تم تحقيق أهداف البرنامج، ويرى البعض أن التقييم مرادف للتقييم الذاتي المهني، بينما ذهب آخرون إلى أن التقييم في جوهره نشاط سياسي، وبعد مراجعة حذرة لهذه التعريفات التي تعبر عن وجهات نظر أصحابها، عرف (وورثين وساندرز، ١٩٨٧) التقييم بأنه عملية تقرير قيمة شيء، وقدم (أندروز و ويرنر، ١٩٨٨) تعريفا شاملا للتقييم مفاده أن التقييم يعني صنع قرار واضح حول نجاح البرنامج ككل أو جزء منه، وذلك من خلال جمع أدلة لتقرير ما إذا كان قد تم مواجهة المعايير المقبولة أم لا، ويتضمن هذا التعريف مصطلحين رئيسين هما: المعايير وتعني نماذج أو نوعيات أو شروط مطلوبة تستخدم لقياس أهداف فعلية، و المصطلح الآخر هو الأدلة وتعني معلومات ضرورية تساعد على التأكد من مواجهة هذه المعايير المطلوبة في البرنامج أم لا.

فالتقييم هو عملية تحديد أو تقرير قيمة برنامج أو نشاط ما، فعندما نقوم بالتقييم فإننا نجمع المعلومات حول المدخلات والمخرجات الحقيقية للبرنامج، وبعد ذلك تتم مقارنة هذه المعلومات مع بعض المعايير أو التوقعات ومن ثم إتخاذ القرار حول البرنامج أو النشاط، وينبغي ملاحظة أن المعايير أو الشروط المطلوبة قد قوبلت بنتائج صادقة وحقيقية تقيس أهداف البرنامج.

أنواع التقييم

يمكن تصنيف التقييم إلى نوعين رئيسين وذلك لخدمة الأغراض العملية:

- تقييم العملية: ويركز على الحصول على معلومات لتحسين وتعديل وإدارة البرنامج، ويسمى هذا النوع من التقييم أحيانا بالتقييم الشكلي.
- تقييم التأثير: ويركز على النتائج وتأثير البرنامج الحاسم والفعلي، ويسهم هذا التقييم في إتخاذ قرارات رئيسية حول الاستمرار في البرنامج و التوسع فيه، أو إلغائه، أو التعديل عليه، وتمويله

دور المدراء والمربين في تقييم البرامج

يلعب المدراء والمربين دورا أساسيا في تقييم البرامج التربوية، ففي الوقت الذي يتم فيه التخطيط للبرنامج، يتم تعريف البرنامج وصياغة أهدافه المراد إنجازها، وإقرار خطة عمل لمواجهة هذه الأهداف، ومن ثم تطوير خطة تقييم لمعرفة فيما إذا تم تحقيق الأهداف، وأي خطة تقييمية ذات مغزى تلخص بشكل واضح معايير التقييم، وتحدد التعليمات حول طبيعة المعلومات المراد جمعها حول البرنامج، ومن الذي سيقوم بجمع المعلومات وأين وكيف ومتى؟ ويجب أن يكون المبرمج التربوي حسن الإطلاع على القواعد الأساسية لعمليات التقييم، كما يجب تفويض الأفراد لأداء الكثير من الوظائف التقييمية للبرامج التربوية،

فالعديد من المربين يخططون ويجرون تقييماتهم الخاصة، وعلى أية حال علينا أن نؤمن بالنمط التشاركي في البرمجة التربوية، وهنا يجب توجيه الآخرين ليكونوا قادرين على تحسين أوضاع عملية التقييم وتوظيف نتائج التقييمات الخارجية.

متى يتم إجراء التقييم ؟

في أي وقت من البرنامج يجب إجراء التقييم، قبل التفكير بالبرنامج، أم قبل تنفيذه، أم أثناء مرحلة التخطيط، أم أثناء تطبيق البرنامج، أم بعد إقرار البرنامج والحصول على النتائج ؟ في الحقيقة يكون التقييم ملائما لجميع هذه المراحل، وعليه يتم جمع بيانات ومعلومات التقييم في المراحل التالية:

- مرحلة تصميم البرنامج: وهذه المرحلة هي الأكثر أهمية في إجراء التقييم، إذ يتطلب نموذج بيانات التقييم في هذه المرحلة تقدير الحاجات، وتستخدم هذه البيانات لتحديد محتوى البرنامج وصياغة أهدافه.

- مرحلة البدء بالبرنامج: إذ تساعد البيانات التي يتم الحصول عليها في بداية البرنامج في وضع مقياس لقياس مدى التغير الذي يمكن أن يحدثه البرنامج على الأفراد المشاركين، أو تأثيره على المجتمع موضع التقييم، وهذا يتضمن عادة تنفيذ إختبار ضمن المؤشرات [المعايير] المختارة.

- مرحلة التقييم المستمر: ويتم هذا النوع من التقييم أثناء تخطيط وتطبيق البرنامج، وذلك للمساعدة في إجراء التغيرات والتعديلات الفورية في البرنامج والاستعداد للتقييم النهائي، كما يساعد هذا التقييم في تحديد نقاط القوة والضعف في البرنامج أثناء تنفيذه، وبإختصار يسهم هذا التقييم في تحسين البرنامج.

- التقييم النهائي: ويحدث في نهاية البرنامج، حيث يلخص ما حدث في البرنامج، ويحاول معرفة درجة تأثير البرنامج وفاعليته، ويقوم بتقييم النجاح في تحقيق الأهداف.
- التقييم التتبعي [تقييم المتابعة]: ويجري هذا التقييم بعد إنتهاء البرنامج وتطبيقه في الميدان الذي وجد من أجله، حيث يبحث هذا التقييم في المنافع طويلة المدى للبرنامج.

وهنالك الكثير من مستويات التقييم إبتداء من التقييمات اليومية العادية والبسيطة، وإنتهاء بالبحث العلمي، لكن الدقة المثالية والقصوى ليست ضرورية إلا أنها في الوقت نفسه ليست سهلة المنال، ويجب بناء التقييم للعمل به كعملية التعليم، بحيث يمكن تطبيق مبادئه من قبل جميع الأفراد، ولكن يجب توخي الحيطة والحذر في ذلك، وعلى أية حال فإن إستخدام مبادئ التقييم بشكل صحيح يسهم في تحسين الأحكام وإتخاذ القرارات.

تقدير الفائدة العملية والمحتملة من عملية التقييم

يتضمن تقييم البرنامج قياس أداء هذا البرنامج، كما يتضمن صلة المعلومات بصانعي السياسة والمدراء والموظفين، وتعتمد سهولة التقييم على طبيعة البرنامج، فهناك برامج يكون تقييمها أسهل بكثير من غيرها، وهذا يعتمد على تعدد الأهداف والعناصر التي تزيد من صعوبة التقييم.

وعند التخطيط للتقييم ينبغي أن نطرح الأسئلة التالية:

❖ هل يمكن تقييم البرنامج، وهل للبرنامج أهداف واضحة ونشاطات واضحة، وهل نمتلك المال والوقت والخبرة للقيام بعملية التقييم، وهل معايير التقييم واضحة، وهل يمكن إستخدام المعلومات والبيانات التقييمية ؟ إذا كانت الإجابة [لا] فلن يكون بالإمكان القيام بعملية التقييم بشكل عملي وناجح دون توضيح هذه القضايا.

❖ ما هي المعلومات التي نحتاجها للقيام بعمليات التقييم، ومن الذي يحتاجها ؟ لقد قدم (روكيل وبينيت، ١٩٩٤) نموذج تقييم أسمياه [إستهداف نتائج البرنامج " TOP "] ويتضمن هذا النموذج نظرة متكاملة للتخطيط والتقييم، وإستعمال نموذج واحد لإستهداف النتائج، ومتابعة مدى الإنجاز وتقييم أداء البرنامج، ويجب على المقيم أن يقرر فيما إذا كان التقييم سيركز على تقييم العملية { التركيز على البيانات المتراكمة حول تطبيق البرنامج مثل المصادر المستخدمة والنشاطات والمشاركين في البرنامج }، أو التركيز والاهتمام بالتأثير من خلال جمع المعلومات حول استجابات الأفراد والتغير في المعرفة والموقف والسلوك، إضافة إلى التأثيرات البيئية والاقتصادية والاجتماعية.

❖ كيف نحصل على المعلومات والبيانات، وما هي الطريقة أو مجموعة الطرق اللازمة لذلك ؟ ثمة عدة طرق لجمع بيانات التقييم، وكل طريقة لها حسناتها وسيئاتها، وليس هناك طريقة أفضل من أخرى، فالأفضلية هنا نسبية، حيث يتأثر اختيار الطريقة المناسبة بما يلي:

- نوع المعلومات المراد الحصول عليها.
- الوقت المتاح.
- التكلفة.
- مستوى الخبرة التي يتطلبها إستخدام طريقة معينة.

من يشترك في إجراء التقييم ؟

أي برنامج له مكونات وخصائص مختلفة، ولمعرفة أي من هذه الخصائص والمكونات يحتاج إلى التقييم لابد من الإجابة عن السؤال التالي: من الذي يريد معرفة التصميم وغرضه ؟ وتتضمن الإجابة عن هذا السؤال ما يلي:

١. معرفة أصحاب المصلحة من البرنامج.
٢. معرفة وضعهم من المشروع.
٣. تحديد أهداف التقييم الواضحة في ضوء اهتمام أصحاب البرنامج.
٤. معرفة الفائدة المتوخاة من التقييم لأصحاب البرنامج.

ويحتاج المقيم منذ البداية إلى معرفة أصحاب البرنامج، فهل هم جهات حكومية، مدراء، مربون، متبرعون، مواطنون، زعماء محليون، ممثلي وكالات مهتمة بنتائج البرنامج،...، فيجب تضمين ذلك منذ البداية لضمان معالجة التقييم لإهتماماتهم، فهذا يزيد من فرص توظيف نتائج التقييم في تحسين البرنامج.

خطوات التقييم

أولا: التخطيط
ويبدأ بتقدير الحاجة، إذ لابد من معرفة الغرض والنتائج المرجوة من البرنامج، ومن ثم تحديد النشاطات المناسبة لإنجاز الأهداف المرجوة ويكون ذلك من خلال طرح أسئلة مثل هل يمكن للمشروع أن يقيم ؟ وما هي المعلومات التي نحتاج إليها ؟ وكيف نحصل عليها، وكيف يمكن إستخدامها ؟

ثانيا: جمع المعلومات
ويتضمن ذلك قرارا حول استعمال المصادر الأصلية [الأساسية] للمعلومات مثل الوثائق الأصلية والتقارير الأولية للحقائق، أو استعمال المصادر الثانوية مثل جمع الحقائق من المصادر الأصلية، كما تتضمن هذه الخطوة قرارا بخصوص أنواع المصادر المناسبة لاستعمالها في جمع المعلومات مثل الأفراد المستجيبين والمواضيع والوثائق.

ثالثا: تلخيص المعلومات
فمن الضروري تلخيص المعلومات التي تم الحصول عليها بدقة، وذلك على شكل مخططات، وجداول، دراسة حالة....الخ، ذلك أن ترجمة المعلومات

بهذه الأشكال بدقة ودون تحيز هي المفتاح إلى التقييم الناجح.

رابعا: مقارنة المعلومات بالمعايير

ففي كثير من الأحيان نميل إلى جمع الأدلة وإصدار الأحكام حول برنامج معين دون أن نأخذ بعين الاعتبار معايير واضحة وضمنية في تقييمنا، ولكن ينبغي تحديد المعايير في وقت مبكر لضمان إدراك الجميع للمعايير التي سيقوم التقييم بناء عليها، فلا ينبغي إهمال المعايير من قبل المقيم، ونحن كمقيمين علينا أن نكون موضوعيين وحياديين للحكم فيما إذا حقق البرنامج ما أعد لتحقيقه، فالمعايير تؤدي بالتقييم إلى أن يكون هادفا بشكل أكبر، هذا ويتضمن المعيار كلا من المؤشر ومستوى درجة التغيير، حيث يعني المؤشر الدرجة التي يمكن أن تدل على التغيير في أمر معين، أما مستوى درجة التغيير فتشير إلى النسبة المئوية للتغيير.

خامسا: الدرجة الحاسمة [الحصول على النتائج]

يتضمن التقييم في جوهره تقرير القيمة للبرنامج، ويأتي هذا التقرير من خلال مقارنة النتائج التي تم الحصول عليها مع المعايير المحددة مسبقا، وتقدم النتائج لأصحاب البرنامج بصيغ مختلفة وأشكال متعددة، فقد تكون على شكل تقرير مكتوب، مقالة، شريط فيديو، حديث مسجل...الخ

يمكن القول أن التقييم عملية فنية وعلمية، حيث يتضمن فن التقييم العمل مع الغدارة للإتفاق على الأهداف، ونتائج العاملين، وإبتكار التصاميم، وجمع المعلومات الملائمة لموقف معين، وصنع سياسة معينة، أما التقييم كعملية علمية فتتضمن معايير ومؤشرات، حيث يتم اختيار الطرق المناسبة لجمع المعلومات على نحو منظم، كما يتم تحليل المعلومات للإسهام في تقرير قيمة البرنامج وبأسلوب موضوعي.

طرق جمع بيانات التقييم

يمكن جمع معلومات وبيانات التقييم من المصادر الأساسية والثانوية، حيث تشتمل المصادر الأساسية على الوثائق الأصلية والمعلومات الخام حول موضوع معين، أما المصادر الثانوية فهي تتضمن الطرق التي يتم من خلالها جمع الحقائق والمعلومات من المصادر الأساسية.

كما يمكن جمع بيانات التقييم بشكل عام من خلال:

- المستجيبون: وهم المشاركون في البرنامج، والمدراء، والسكان المحليين، والخبراء... الخ.
- طرح الأسئلة وجمع الإجابات عنها: سواء أكان ذلك بشكل شفهي أم كتابي.
- ملاحظة السلوكيات التي تحدث في موقف معين.
- الوثائق: وقد تكون مواد يطورها العاملون في البرنامج، أو وثائق الاجتماعات، أو المراسلات.

تحديد المصدر الذي ينبغي إستخدامه

ويعتمد هذا على عدة عوامل، إذ علينا أن ندرس كيفية توفير المعلومات وهل بالإمكان الوصول إليها من خلال طريقة ما، وهل من السهولة بمكان إستخدام طريقة معينة، وهل سنلقى تعاونا عند استعمال تلك الطريقة، كما نحتاج إلى النظر في مصداقية المصادر، فهل تلك المصادر هي أفضل من سيزودنا بالمعلومات، وهل هناك شك بأن ثمة مبالغة أو تحفظ على الحقيقة من البعض، وهل من الممكن أن تكون المعلومات غير مكتملة، وهل يمتلك الأفراد الخلفية المعرفية العامة المطلوبة للإستجابة للتقييم، بمعنى هل هم مؤهلون للإستجابة ؟.

ليس ثمة طريقة أفضل من أخرى، أو ليست هنالك طريقة تعتبر أفضل الجميع، فكما ذكر سابقا فإن الأفضلية نسبية، ويتأثر اختيار طريقة جمع المعلومات

بنوع المعلومات المراد الحصول عليها، وبتوفر الوقت لاستخدام هذه الطريقة، وبتكلفة استعمال الطريقة، فيمكن للمقيم إستخدام العديد من الطرق، لكن يجب عليه أن يختار الطرق التي تزوده بأكبر قدر من المعلومات المفيدة، كما يجب أن يتوفر لدى الكادر التقييمي المهارات اللازمة لإستعمالها لهذا الغرض وضمن الإمكانات المتاحة، فالمعلومات الدقيقة والموثوقة تكون مفيدة للمنظمة.

تقنيات جمع المعلومات

أولا: الإحصاءات

تتيح الإحصاءات السكانية والإحصاءات في الجوانب الحياتية الأخرى والتي تقام عادة كل عشر سنوات معلومات دقيقة وتكون في متناول الجميع للاستعمال العام وبتكلفة قليلة جدا، ويمكن الحصول على قاعدة بيانية منتظمة وعلى جميع المستويات.

ثانيا: تحليل المحتوى

ويتضمن الإطلاع على المعلومات والوثائق المتوفرة حاليا كالمفكرات والصور والسجلات والإيصالات والتقارير ومحاضر الاجتماعات والمقالات... الخ، حيث تبصر هذه البيانات بالبرامج وهي متوفرة بسهولة وغير مكلفة، ويمكن استعمالها كقاعدة للعمل.

ثالثا: ملاحظة المشاركين

وقد تم تطوير هذه التقنية من قبل العلماء الإنسانيين، فبدلا من بقاء المشترك منفصلا فإن الملاحظ يعيش معه في جميع المواقف، وبذلك يسجل الملاحظ وبشكل منظم جميع النشاطات والملاحظات التي يشاهدها، ويتطلب هذا الأسلوب أن يندمج الملاحظ في حياة مجتمع الدراسة، فهذه الطريقة مفيدة جدا وخصوصا في تقييم التأثيرات بعيدة المدى على الأفراد موضع التقييم، كما أنها

مفيدة جدا في تحديد أسباب الصراع أو سوء التفاهم داخل المجتمع موضع التقيـيم، وفي تحديـد حاجـات ومشـكلات المجتمع، وفي إيجاد حلول لهذه المشكلات.

ولا ينبغي الاكتفاء بهذه الطريقة فحسب لتزويد مقيم البرنامج بالمعلومات، إذ أن هنـاك معلومـات أكـثر تفصـيلا يمكـن الحصول عليها عادة من خلال المقابلات، التي قد تكون ثمينـة لمعرفـة اعتقـادات الأفـراد المشـاركين في البرنـامج وقـيمهم ومحفزاتهم... إلخ، هذا وينبغي أن يمتلك الملاحظ مهارات عالية المستوى بحيث يقـوم بتوثيـق السـلوك البشري المعقـد بدون تحيز.

وخلال القيام بملاحظة المشـاركين ثمـة قضـايا أخلاقيـة هامـة تـرتبط بـذلك، فالعديـد مـن الأفـراد لا يرغبـون في أن تـتم ملاحظتهم فقد يحرجهم ذلك ويقيد حركتهم، وقد يكون بعضهم خجولا، وبالتالي فإن لهم الحق في رفض ملاحظـتهم إذا رغبوا في ذلك، لذا فمن المهم الالتزام بالتعليمات التالية من قبل الملاحظ عند مزاولته لهذه المهمة:
١) أن يقوم الملاحظ بأخذ موافقة الأفراد لملاحظتهم، حيث يمكن للملاحـظ أن يقـول " أنـا مهـتم ببحـث موضـوع كـذا، وأريد ذلك منك، هل لي أن أدون بضعة ملاحظات حول محادثتنا ؟ "، بمعنى آخر يجب طمأنة الأفـراد بـأن أسـماءهم أو أي معلومات عنهم لن تستعمل في التقرير.
٢) في بعض الحالات قد لا يكون بالإمكان الحصول على الموافقة مـن الأفـراد، وفي هـذه الحالـة يقـوم الملاحـظ بتسـجيل السلوك العام والممثل علنا والذي لا يتعرض لخصوصيات الأفراد.
٣) إذا اعترض أحدهم على عملية التسجيل أو الملاحظة، يجب احترام رغبته والتوقف عن ذلك فورا.

جدول [برنامج] الملاحظة

يعتبر جدول الملاحظة قائمة أو مقياسا تسجل فيه النشاطات والفعاليات والبرامج التي لم تعرف بعد ويمكن ملاحظتها، حيث يمكن جمع المعلومات مباشرة حول ما يحدث في الحقيقة ضمن الأماكن الطبيعية، فينتج عن ذلك معلومات موضوعية، وعليه يعتبر هذا الجدول الطريقة الأسهل والأكثر تنظيما لتلخيص وتحليل البيانات، إلا أن هذه الطريقة قد تعتريها بعض المحددات إذ قد لا يستطيع المقيم السيطرة على الموقف في محيط طبيعي، فقد يؤثر أسلوب الملاحظة على المجموعة التي تتم ملاحظتها ويحدث ما يعرف بـ " أثر هاوثورن " وبالتالي قد لا يسجل الملاحظون الأحداث بثبات، وبالتالي قد تفقد العملية موضوعيتها.

رابعا: دراسة الحالة

وقد تزود هذه الطريقة بمعلومات دقيقة ومتعمقة حول حالة محددة أو مجموعة أو منظمة وذلك من خلال المناقشة الشخصية والتفاعل المتبادل والملاحظة ومراجعة الوثائق، وبالتالي فإن المقيم يحيط بالموقف الكلي للحالة، ويصف (دين، ١٩٨٤) دراسة الحالة بأنها استطلاعية أو وصفية أو توضيحية، فمن خلال الغرض التوضيحي تصمم دراسة الحالة لاختبار وتوضيح الصلات السببية في البرامج الواقعية التي يحول تعقيدها دون الإحاطة بها عن طريق المسح والاستطلاع، أما الغرض الوصفي فإنه يمكن دراسة الحالة من وصف السياق الواقعي للبرنامج، كما أن دراسة الحالة يمكن أن تكون استطلاعية فإذا لم يكن للبرنامج مجموعة معينة ومحددة وواضحة من النتائج فإن ذلك يمكن أن يساعد على تمييز مقاييس الأداء أو تشكيل الفرضيات لما هو أبعد من العمل التقييمي.

ولدراسة الحالة مزايا عدة منها أنها تؤدي إلى فهم عميق للعلاقات والمشاعر الشخصية، ويمكن استعمال معلوماتها بفاعلية مع الطرق الأخرى كالمسح والملاحظة، ويمكن تصميمها لموقف معين، أما مساوئها فتتمثل في

خصوصية المعلومات، وقد يدخل فيها تحيز المقيم، كما أنها تتطلب وقتا طويلا، وتتطلب كما كبيرا من البيانات، ولا يمكن تعميم نتائج دراسة الحالة إلا في حدود الحالة نفسها التي تمت دراستها.

خامسا: المخبرون الرئيسيون

وتستند على الحصول على المعلومات بمرور الوقت من أحد أفراد المجتمع موضع التقييم، ممن يعرفون هذا المجتمع بشكل جيد، وقد يكون هؤلاء الأفراد مدراء مدارس، أو مربين، أو زعماء محليين، أو مسؤولو كنيسة، أو كبار رجال أعمال محليين، أو أعضاء نوادي الخدمة.... إلخ، فمثل هؤلاء الأفراد قد يزودوا المقيم بمعلومات ممثلة إلى حد كبير حول البرنامج وبما يخدم المستفيدين منه، ويجب على المقيم أن يدرك محددات هذه الطريقة التي لا تتضمن إختيارا عشوائيا وبالتالي قد يكون الأمر خاضعا للتحيز في إعطاء المعلومات، وقد تكون المعلومات غير دقيقة.

سادسا: الإستطلاعات [المسوح الإستبانات]

أبحت هذه الطريقة شائعة جدا لجمع البيانات التقييمية، حيث تستعمل لقياس رأي الناس ومواقفهم واعتقاداتهم وسلوكياتهم وردود أفعالهم حول أسئلة معينة، ويمكن للاستطلاعات أن تزود بخصائص سكانية معينة، هذا بالإضافة إلى إنجاز أعمال أخرى قد لا تستطيع إنجازها بعض الطرق النوعية الأخرى كالمقابلات ودراسات الحالة وغيرها.

وللاستطلاعات مزايا عدة منها:

- التكلفة المعتدلة.
- سهولة الوصول إلى أعداد كبيرة من الأفراد.
- سرية الإجابة.
- يمكن سؤال أسئلة معقدة جدا حول مواقف وسلوكيات المستجيبين.

ويمكن تحسين بيانات ومعلومات الاستطلاع إذا تم دمجها مع الطرق الأخرى كالملاحظة ودراسة الحالة، ويمكن إجراء الاستطلاع من خلال البريد أو عن طريق الهاتف أو بكليهما معا، أو بتوزيعه في أماكن معينة، وكل طريقة لها مزاياها ومساوئها.

ويكون اختيار طريقة البريد عندما:

- ✓ يكون حجم العينة كبيرا.
- ✓ تتطلب الأسئلة عرضا بصريا.
- ✓ يكون المستوى التعليمي للمستجيبين عاليا.
- ✓ يكون المستجيبين متفرقين في منطقة جغرافية كبيرة.
- ✓ تكون الميزانية قليلة.

وقد كانت استطلاعات البريد شائعة جدا في العقدين الماضيين، وإذا كانت الاستطلاعات مصممة بشكل صحيح يمكن أن تؤدي إلى معلومات صحيحة وموثوقة، ومن المهم جدا في هذا النوع من الاستطلاعات تفادي المستجيبين ذوي المستوى التعليمي المنخفض، وكذلك الاستطلاعات غير المحدودة أو العينات الناقصة.

أما الإستطلاعات عبر الهاتف فيتم العمل بها عندما:

- ✓ يكون المستجيبين متفرقين جغرافيا على نحو واسع.
- ✓ تكون الحاجة ماسة لمعلومات موضوعية وبسرعة.
- ✓ يكون حجم العينة صغيرا.
- ✓ لا تكون التكلفة عاملا كبيرا [عندما تكون الميزانية عالية].

وقد تؤدي الاستطلاعات الهاتفية إلى نسبة استجابة أعلى من استطلاعات البريد، وينبغي في استطلاعات الهاتف تفادي الأسئلة الطويلة والمعقدة، وقد تكون تكلفة هذه الطريقة أكبر من استطلاعات البريد، كما أنها تتطلب مهارات

اتصال جيدة وذلك من خلال طرح أسئلة واضحة وبسيطة، ومراعاة المستجيب غير المعتاد على هذا النوع من الاستطلاعات، والانتباه إلى أن المستجيب قد يكون لا مباليا أو غير متعاون.

ويمكن للمقيمين أن يدمجوا طرق الاستطلاع من خلال ما يسمى [استطلاعات الطريقة المختلطة]، حيث يتم جمع بعض البيانات من خلال البريد وبعضها الآخر من خلال الهاتف، ويحدث هذا عند التأكد من استعمال طريقة واحدة فقط لن يؤدي إلى الحصول على استجابات كافية، وكذلك إذا واجه المقيمون مشكلات في أخذ العينات بإحدى الطرق، ويحذر (ديلمان، ١٩٩٤) من أنه وعند استعمال استطلاعات الطريقة المختلطة، يجب تفادي أن تتضمن أسئلة التقييم الرئيسية اتجاها أو مرغوبية اجتماعية.

وقد تؤدي الاستطلاعات إلى نتائج خاطئة وذلك بسبب أخطاء قد ترتكب في جمع البيانات، ومن هذه الأخطاء:

خطأ التغطية

والذي ينتج من عدم السماح لكل شخص في مجتمع الدراسة بفرصة مساوية لغيره للتواجد ضمن عينة الدراسة، ويمكن التقليل من هذا الخطأ من خلال تحديد موعد وقائمة دقيقة من الأفراد الذين سيشاركون في الدراسة.

خطأ اختيار العينات

والذي ينتج من انتقاء بعض أعضاء مجتمع الدراسة للإستجابة، ويمكن السيطرة على هذا الخطأ من خلال استعمال طريقة العينات العشوائية.

أخطاء القياس

والتي تنتج من الحصول على إجابات غير دقيقة لأسئلة الاستطلاع، والتي تحدث بسبب:

- أن نص السؤال غير واضح.

- أن التعليمات غير واضحة.
- ميل المستجيبين لإعطاء إجابات مقبولة إجتماعيا.
- عدم إمتلاك المستجيبين للمعلومات الصحيحة.
- الكذب المتعمد من قبل المستجيبين.

ويمكن السيطرة على هذه الأخطاء وذلك باستعمال الآليات الصحيحة والموثوقة والمناسبة.

خطأ عدم الإستجابة

والذي ينتج من أن بعض الأفراد في عينة الاستطلاع قد لا يستجيبون، ويعتبر هذا الخطأ أحد أهم مشكلات استطلاعات البريد.

ويقترح (ديلمان، ١٩٩٤) مفهوم [التبادل الاجتماعي] وذلك لتوجيه تصميم الاستطلاع نحو تحسين نسبة الإستجابة، والفكرة الرئيسية من وراء هذا المفهوم هي زيادة الإدراك بالمكافآت الممكنة للمستجيبين، وتشجيع الثقة بالاستطلاع لدى المستجيبين، كما يقترح (ميللر و سميث، ١٩٨٤) الخيارات التالية عند عدم الحصول على استجابات:

☒ الإنخفاض المزدوج: بمعنى حصر أعداد غير المستجيبين وسحب عينة عشوائية منهم { ١٠ - ٢٠ } وأخذ استجاباتهم بالهاتف أو المقابلات...إلخ، ومن ثم مقارنة المستجيبين بغير المستجيبين بشكل إحصائي، فإذا كانت هنالك فروق ذات دلالة إحصائية فإن البيانات تعتبر غير موثوقة، أما إذا لم يكن ثمة فروق ذات دلالة فينبغي تطوير صيغة متحيزة لتصبح بيانات معدلة، ومن ثم يمكن القول أن النتائج حقيقية للعينة، وبما أن العينة يجب أن تكون ممثلة للمجتمع، فإن النتائج تكون صحيحة بالنسبة للمجتمع.

- ☒ مقارنة المستجيبين المبكرين بالمتأخرين، فإذا لم يكن هنالك فرق فإنه يمكن تعميم النتائج للمجتمع.
- ☒ مقارنة المستجيبين إلى غير المستجيبين على الخصائص المعروفة، فإذا لم يكن هناك فرق فإنه يمكن تعميم النتائج.
- ☒ مقارنة المستجيبين إلى المجتمع على الخصائص المعروفة، وإذا لم يكن هناك فرق يمكن تعميم النتائج.

ويجب على المقيم بذل جهود خاصة للتقليل ما أمكن من الأخطاء الأربعة الواردة سابقا، أو على الأقل رفعها إلى المستويات المقبولة عندما يقوم بتصميم التقييم.

وأخيرا يمكن أيضا تطبيق الاستطلاعات والاستفتاءات في مواقف جماعية مختلفة مثل الحلقات الدراسية، وقاعات الدروس، و ورشات العمل...الخ، وهذه الطريقة لها ميزتان:

- أن هنالك تكلفة قليلة إن لم تكن معدومة للوصول إلى المستجيبين.
- أن الغرض من الحصول على المعلومات يمكن توضيحه بشكل أفضل وأوضح.

إلا أن لها مساوئ تتمثل في:

- محدودية تعميم نتائج الاستطلاع إلى مجتمع أكبر.
- أنها تأخذ وقتا من البرنامج المنتظم للمجموعة [المستجيبين].
- قد تتأثر الإستجابات بمزاج المجموعة في ذلك الوقت.
- أنها لا تأخذ بعين الاعتبار الاستجابات والتغيرات بعيدة المدى.

سابعا: المقابلة الشخصية

وتتضمن هذه الطريقة الجمع الشفهي للمعلومات من فرد واحد في كل مرة وذلك من خلال الإتصال الشخصي- ومن مزايا هذه الطريقة:

- إمكانية رؤية المستجيب وسماع إستجاباته.
- أن هذه الطريقة أكثر شخصية من غيرها، ويمكن من خلالها إلتقاط أفكار لا شفهية وطلب توضيح لها.
- نسبة الإستجابة تكون عالية جدا عادة.

أما مساوئ المقابلات الشخصية فهي كثيرة منها:

- أنها مكلفة جدا، خصوصا عندما يكون المستجيبين متفرقين في منطقة جغرافية عريضة.
- قد يشعر بعض المستجيبين بعدم الارتياح أو الإحراج عند المقابلة.

وقد عرض (كاس، أندروز، ويرنر، ١٩٨٨) بعض التعليمات عند إجراء المقابلات هي:

١. توضيح هدف المقابلة للمستجيبين، فمن الطبيعي أنهم يريدون معرفة ما هو متوقع منهم، وكيف تم اختيارهم، وإذا ما كان باستطاعتهم الإطلاع على النتائج، كما يجب التأكيد على السرية في المقابلة.

٢. أخذ الملاحظات أثناء المقابلة.

٣. تركيز إنتباه المستجيبين على السؤال، فإذا أراد المستجيب أن يتحدث عن شيء آخر، يجب دعوتهم بشكل مؤدب للعودة إلى موضوع السؤال.

٤. لابد من طرح كل الأسئلة، والتأكد من أن ذلك قد تم بشكل كامل، وعند حدوث أي مشكلات غير متوقعة يجب أن يكون المقابل مرنا.

٥. عدم مقاطعة المستجيبين أثناء الإجابة حتى لو كانت إجابتهم غير ذات علاقة بالموضوع.

٦. احترام حق المستجيب في الامتناع عن إجابة سؤال ما.

ثامنا: الإختبارات

وهي أدوات لقياس مستوى المعرفة والفهم والقدرة على تطبيق المعرفة من قبل فرد ما، ويمكن لهذه الأدوات أن تعطي إشارة لمستوى المعرفة والتغييرات الأخرى التي تتعلق ببرنامج معين، وهي سهلة التطبيق نسبيا، ويمكن تنفيذها في أي مكان تتواجد فيه مجموعة، إلا أن من أهم مساوئ الاختبارات وخاصة في خارج الأماكن الأكاديمية حيث الأفراد بشكل عام بالغين وغالبا ما يقاومون محاولات إختبار معرفتهم، بالإضافة إلى ذلك فإن المكان قد يؤثر على نتائج الاختبار، فإذا كان الهدف من البرنامج أن يؤدي إلى تغيير سلوكي، ولم تكن الاختبارات مقاييس كافية لتقييم التغير السلوكي لأن كسب المعرفة غير مرتبط بالسلوك، فإنه من الصعب بناء اختبار موثوق وصحيح.

تاسعا: المحادثة الشكلية

يتم عمل حصة المحادثة الشكلية عادة مع المستجيب بشكل شخصي، وبالرغم من أن المحادثة يمكن عملها من خلال الهاتف إلا أنه يمكن جمع معلومات دقيقة جدا خلالها، وتكون في العادة قصيرة وعادية وتحدث عند توفر الفرصة المناسبة لذلك، عندما يكون المستجيب أكثر إرتياحا ويمكن أن يستجيب بسرعة أكبر من المقابلة المنظمة، ولكن قد لا تتوفر فرصة لسؤال عدد كبير من الأسئلة.

عاشرا: السجل

وهو سجل زمني للأحداث الهامة، ووصف قصير للأحداث بالوقت والتاريخ، ويوظف هذا السجل لملاحظة التقدم وتخطيط إجراءات فعلية تالية، كما أنه يعطي ملخصا وصورة عامة وسهلة القراءة للأحداث، ومن المحددات التي تعتري السجلات كطريقة لجمع بيانات التقييم:

- أن السجل يزود بمعلومات مؤكدة فقط حول نشاطات البرنامج.

- إختصاره وضغطه إلى هذه الدرجة قد يؤدي إلى معلومات مضللة أحيانا.
- التقديم الزمني قد لا يكون دائما هو الصيغة المطلوبة لمعرفة الأحداث.

حادي عشر: مقابلات مجموعة الإهتمام

وتستخدم مجموعات الإهتمام عادة في دراسات التسويق لتعرف مكونات معينة لحاجات الجمهور، وما الذي يرغبونه للإستهلاك، وقد أصبحت هذه التقنية في السنوات الأخيرة تستعمل لتعرف قضايا وحاجات المجتمع، بحيث يتم الحصول على تصورات الأفراد حول موضوع معين في جو ودي بهدف إيجاد بدائل للبرنامج، كما أصبحت تستعمل لتقييم تأثير برنامج ما على الأفراد والجماعات، فهي إذا تكشف معلومات حول التصورات والآراء والأفكار والمشاعر الإنسانية.

ويرى (كروجر، ١٩٩٤) أن مجموعة الإهتمام نمط خاص من حيث الغرض والحجم والتركيب والإجراءات، وتتكون في العادة من (٧ - ١٠) مشاركين لديهم خصائص مشتركة تتعلق بموضوع مجموعة الاهتمام، ويجب أن يقوم بهذه العملية شخص [مقابل] ماهر يستطيع إيجاد بيئة متساهلة تساعد على تقديم التصورات ووجهات النظر المختلفة دون الضغط على المشاركين لتأييد أمر ما، بل عليه أن يخطط ويصل إلى الإجماع.

ويقترح (كروجر، ١٩٩٥) بأنه من الضروري أن تكون المناقشة مريحة وممتعة في أغلب الأحيان للمشاركين الذين يقدمون أفكارهم وتصوراتهم، إذ يجب تحديد إتجاهات وأنماط التصورات وذلك من أجل التوصل إلى كيفية تقديم المنتج أو الخدمة المراد تقديمها.

وقد يهتم مقيم البرنامج بالخطوات التالية أثناء إجراء مقابلة مجموعة الاهتمام:

- النظر في الهدف: حيث يجب تطوير خطة تجريبية ضمن أهداف البرنامج وبما يهم المصادر التي تحتاج إلى هذه الخطة، فيجب أن يطرح المقيم أسئلة من مثل، لماذا نريد إجراء مقابلات مجموعة الاهتمام ؟ من الذي سيستعمل المعلومات ولماذا يريدها ؟.
- تحديد الأسئلة لطرحها أثناء المقابلة، وصياغة نص كل سؤال، وترتيب الأسئلة في تسلسل منطقي.
- ترتيب مكان مناسب للاجتماع في مكان جيد وسهل الوصول وأن يكون في موقع هادئ بعيد عن الفوضى ومشتتات الانتباه...الخ.
- تحديد من ستتم مقابلتهم ودعوتهم للاجتماع وتوضيح غرض الاجتماع لهم، والتأكيد على أهمية حضورهم للاجتماع.
- تحديد رئيس للجلسة ومساعد له لإجراء المقابلة، ويجب أن يكون الرئيس حريصا على إيجاد بيئة دافئة وصديقة، ويجب أن يبقي النقاش مستمرا ويقوم في هذه الأثناء بتسجيل ملاحظاته.
- ترتيب غرفة المقابلة ووضع ترتيبات جلوس الأفراد المشاركين.
- إدارة المقابلة من قبل رئيس الجلسة، إذ عليه أن يوضح الغرض ثانية وطمأنة المشاركين حول سرية المقابلة وسرية استجاباتهم.
- تلاوة ما تم مناقشته في المقابلة بعد انتهاء المناقشات فورا، وأخذ الملاحظات.
- تحليل النتائج وتلخيص ما تم مناقشته ووضع التوصيات اللازمة، ووضع خلاصة للمناقشات.
- تحضير تقرير قصير لتزويد أصحاب البرنامج به.

تعتبر هذه الطريقة في جمع البيانات التقييمية غير مكلفة إذا أجريت بشكل صحيح، ولكن قد لا تكون النتائج قابلة للتعميم إذا لم يتم القيام بهذه المقابلات بالشكل العلمي الصحيح.

اختيار العينات

يتضمن تقييم البرامج جمعا أوليا للمعلومات من الأفراد، وتستند عملية جمع المعلومات في أساسها على قرار حول المجتمع والعينة، لذا لابد في البداية من توضيح مفهوم المجتمع و العينة، فالمجتمع هو مجموعة من الأفراد أو الأجسام أو المواد التي تجمعها خصائص مشتركة، وهو المجموعة الكلية التي تؤخذ منها العينات، حيث تعتبر مقياسا إحصائيا للمجتمع، فمثلا قد يكون المجتمع كل الأمريكيين الذين يحق لهم التصويت في الانتخابات الرئاسية لعام ١٩٩٦، أو جميع الأفراد الملتحقين بالكليات لعام ٢٠٠٠، أو الأمريكيين الذين تزيد أعمارهم عن ٦٠ سنة.

أما العينة فهي جزء أو مجموعة ثانوية من مجموعة أكبر تدعى المجتمع، والعينة الجيدة هي نسخة مصغرة للمجتمع بمعنى أنها تشبهه تماما ولكنها أصغر فقط، وأفضل عينة هي الممثلة للمجتمع أو التي تعتبر نموذجا له، ولكي تكون العينة ممثلة للمجتمع ينبغي لها أن تراعي خصائص هامة كالعمر والمستوى التعليمي والانتماء العرقي والدخل، وأن تكون هذه العوامل موزعة بنفس الطريقة التي توجد في المجتمع، أما أخذ العينات فهو اختيار عدد صغير من وحدات من بين المجموعة الكاملة بحيث تمثل التقديرات والتقييمات فيما بعد المجموعة الكاملة، ويمكن من خلال العينات توفير الوقت والمال والمواد والجهد، كما يمكن الحصول على معلومات دقيقة وموثوقة، بالإضافة إلى الحصول على معلومات لا يمكن الحصول عليها بطريقة أخرى.
ويمكن إختيار العينات بطريقتين هما:

١) العينات العشوائية [الإحتمالية]: حيث تعطي قاعدة إحصائية للقول بأن هذه العينة ممثلة للمجتمع المستهدف، إذ تكون مستندة على الاختيار العشوائي للوحدات، فكل فرد في المجتمع لديه فرصة مساوية لغيره ليكون عضوا في العينة ويعتبر ذلك طريقة عادلة للحصول على عينة ممثلة.

٢) العينة المقصودة: فقد يتم إختيار العينة بطريقة مقصودة وذلك إستنادا إلى خصائص معينة وبناء على حاجات الدراسة، فلا يكون لدى جميع أفراد المجتمع فرصة متساوية ليكونوا ضمن العينة، وبذلك لا تكون نتائج الدراسة قابلة للتطبيق والتعميم على المجتمع ككل.

وهنالك عدة أنواع للعينات العشوائية، ومن أكثر هذه العينات والتي يستعملها مقيمي البرامج:

- العينة العشوائية البسيطة: فكل فرد في المجتمع لديه فرصة مساوية ومستقلة لاختياره كعضو في العينة، ويتم الاختيار من بين أفراد المجتمع بانفراد وبشكل مستقل، وبعد اختيارهم لا يحصلون على فرصة أخرى ولا تتم إعادتهم إلى المجتمع مرة أخرى، ويمكن إختيار هذا النوع من العينات من خلال قوائم الأرقام العشوائية أو غيرها من الطرق التي تضمن العشوائية.

- العينة المنتظمة: حيث يكون جميع أفراد المجتمع موجودين على قائمة للإختيار العشوائي، فيتم إختيار نقطة بداية، فعلى سبيل المثال إذا كان مجتمع الدراسة مكونا من [٤٥٠٠] عضو وكنا نريد اختيار [٤٥٠] عضو، نقوم بتقسيم [٤٥٠٠ ÷ ٤٥٠ = ١٠]، وعليه يتم إختيار عضو من بين كل عشرة أعضاء بطريقة مرتبة ومنظمة إبتداء من نقطة البدء العشوائية.

- العينة الطبقية: حيث يتم جمع أفراد المجتمع في مجاميع فرعية ضمن خصائص معينة تجمعهم تسمى [الطبقات]، ويتم اختيار العينات ضمن هذه الطبقات، وهذه عملية معقدة جدا.
- العينات العنقودية: وهنا لا تكون الوحدة هي الفرد وإنما مجموعة طبيعية من الأفراد مثل قاعة الدروس، الحي، النادي،...الخ، وتسمى بالعناقيد ويتم اختيارها بشكل عشوائي ويكون جميع أعضاء العنقود متضمنين في العينة.
- العينات المصفوفة: حيث يتسلم قسم من العينة جزءا من الأسئلة، ويتسلم القسم الثاني جزءا آخر.

وقد يقوم المقيمون بإختيار عينات مقصودة لأسباب مختلفة، فقد لا تتوفر جداول دقيقة للمجتمع، أو لعدم التأكد من الحصول على استجابات موضوعية من الأفراد، إذ يتم اختيار الأفراد استنادا إلى عدد من الخصائص أو حتى خاصية معينة، بمعنى أن العينة المقصودة لا تستند على الإختيار العشوائي، وفيما يلي أنواع العينات المقصودة [غير العشوائية]:

- العينة العرضية: حيث يختار المقيم أول [٥ أو ١٠] أفراد يصادفهم ويوافقون على الدخول في العينة.
- إختيار أفراد معينين للإجابة على استطلاع أو للإشتراك في مقابلة حول قضية ما.
- عينات الملاءمة: وتشتمل على مجموعة الأفراد المتوفرين والذين يمكن الوصول إليهم بسهولة لجمع المعلومات.
- عينة كرة الثلج [التراكم السريع]: وتكون هذه العينة مفيدة عندما لا تتوافر قوائم لأفراد المجتمع، وتتضمن أعضاء معروفين تم إختيارهم سابقا وأعضاء جدد حيث يتم جمع الطرفين واختيارهم كعينة.

حجم العينة المناسب

هنالك عوامل عدة يجب أن تؤخذ بعين الإعتبار عند تحديد حجم العينة ومن أهم هذه العوامل:

١) التكلفة: فثمة ميل في أحيان كثيرة لأخذ عينة صغيرة [ذات تكلفة قليلة] على أن تعطي بيانات كافية.

٢) خصائص المجتمع: فإذا كان المجتمع متجانسا بمعنى أن أفراده يمتلكون خصائص متماثلة، فإن هذا يتطلب عينات أصغر، كما يحدد حجم العينة إستنادا إلى حجم المجتمع ونوع التحليل الذي سيتم تطبيقه.

٣) مستوى الثقة وهامش الخطأ في النتائج: وبشكل عام عندما يكون مستوى الثقة [٩٥%] يكون هناك اطمئنان لوضع استنتاجات من العينة، أما هامش الخطأ فإن الإستنتاجات الموثوقة والآمنة تتطلب أن لا يتجاوز هامش الخطأ عن [٥%]، ويكون حجم الخطأ في اختيار العينات كبيرا عندما تكون العينة صغيرة، لذا من الأفضل أخذ عينة ذات حجم كبير إن أمكن.

بناء أدوات التقييم

وهي خطوة هامة جدا في التقييم، حيث تعكس نوعية وجودة البيانات التي يتم جمعها للتقييم، وعلى المقيم أن يركز على الأهداف العامة والخاصة للبرنامج، وتحديد النشاطات والفعاليات لإنجاز الأهداف، ومراجعة المعايير التي تم تحديدها مسبقا، وترتيب الأهداف حسب أهميتها، ومن ثم تحديد كيفية جمع المعلومات، وبناء على ذلك يتم تطوير وبناء أدوات التقييم لجمع المعلومات، وتبدأ الخطوة الأولى في بناء الأداة بإدراج عدة أسئلة وتدوين الأفكار والمواضيع ذات العلاقة بأهداف البرنامج، ويجب أن تكون الأسئلة بسيطة وواضحة، كما يجب الإهتمام بصياغة السؤال حتى لا يتم رفضها من قبل المحكمين.

وبعد صياغة الفقرات يتم تجميعها في الأداة، وتعتمد صياغة الفقرة على نوع الأداة، ففقرات الاستبيان المرسل عبر البريد تصاغ بشكل مختلف عن أسئلة المقابلة، إذ يجب أن تكون الاستبيانات منظمة وواضحة بشكل جيد، كما أن المقابلات الهاتفية تنظم بشكل مختلف عن المقابلات التي تتم وجها لوجه، ففي المقابلات الهاتفية لا بد من قراءة الأسئلة بشكل مفهوم وواضح بعد تزويد الفرد بفهم كامل حول الأداة وأغراضها، هذا وتعتبر الاستبيانات [الإستطلاعات] أكثر أدوات التقييم شيوعا، وتستعمل عادة لتحديد تأثير البرامج على معارف واستجابات وآراء ومهارات ومواقف الأفراد، ويتميز الاستبيان الجيد بالخصائص التالية:

١. قصير وسهل القراءة: فكلما زاد عدد فقرات الاستبيان فإن إمكانية إتمام إجابته من قبل الأفراد تقل، وإذا أجابوا فلن تكون الإجابة عن السؤال قد تمت بعناية.

٢. يوضح للمستجيبين الغرض من هذا الاستطلاع، كما يوضح أهمية تعاونهم وضرورة تقديم إتجاهات واضحة وإرجاع الاستبيان.

٣. يكون ترتيب الأسئلة بشكل منطقي، بحيث يتم البدء بالأسئلة السهلة والمألوفة، ومن ثم البدء بالفقرات ذات الصلة بغرض الاستبيان.

٤. توضيح التفرع [التشعب] حيث يشير إلى أن هناك تفرعا في بعض الأسئلة، أو توضيح فيما إذا كان ثمة أسئلة لا ينبغي للبعض الإجابة عنها.

٥. يستعمل كلمات دالة للتقليل من احتمالية إساءة فهم أمر ما.

٦. يسأل أسئلة مغلقة ومفتوحة، فالاستبيان الجيد ينتهي عادة بسؤال مفتوح مثل " هل هناك أي تعليقات أخرى ؟ ".

٧. تناسب العنوان مع المحتوى.

٨. يحتوي على رسالة توضيحية تبين غرض الدراسة وتقنع المستجيب بأهمية وفائدة اشتراكه لنجاح الدراسة.
٩. التأكيد على سرية المعلومات الشخصية، والتأكيد على موعد إرجاع الاستبيان.
١٠. يحتوي على غلاف جذاب يدون عليه عنوان الدراسة وإسم وعنوان أصحاب الدراسة...الخ.

التأكد من صدق وثبات الأداة

لعل إحدى أهم الخطوات في تطوير أدوات التقييم هي أن يتم التأكد من صدقها وثباتها، ويرى (مولر، ١٩٨٦) أن صدق وثبات أدوات القياس يحسن نوعية الأداة وبالتالي يحسن من التقييم، حيث تطرح قضية الصدق السؤال التالي " هل تقيس الأداة ما وجدت لقياسه ؟ "، وللتأكد من صدق الأداة على المقيم أن يقوم بالخطوات التالية:

١. أن يحدد ما يود قياسه بوضوح.
٢. إعداد مسودة الأداة وطلب مشورة الزملاء، ومحاولة إيجاد أدوات أخرى سابقة تتعلق بنفس الموضوع أو ذات علاقة به للإستفادة منها في تطوير الأداة.
٣. عرض الأداة على هيئة محكمين [خبراء] يتراوح عددهم من [٥ - ٧ أشخاص] لمراجعتها وإبداء آرائهم وتعليقاتهم حولها.
٤. الأخذ باقتراحات وتعليقات وإضافات لجنة الخبراء.
٥. تجريب الأداة من خلال إختبار عشرة أشخاص تقريبا مشابهين للجمهور المستهدف.
٦. مراجعة الأداة ومحتواها ومصطلحاتها وطولها إستنادا إلى تعليقات العينة التجريبية.

أما ثبات الأداة فيطرح السؤال التالي " هل تعطي الأداة نفس النتائج إذا تم تطبيقها مرة ثانية على نفس المجموعة التجريبية وتحت نفس الظروف ؟ "، حيث يدل الثبات على إتساق ودقة وموثوقية الأداة، وتستخدم طريقة الإختبار وإعادة الإختبار للتأكد من ثبات الإختبار وتتضمن هذه الطريقة تطبيق نفس الأداة مرتين على نفس المجموعة التجريبية وضمن نفس الظروف والشروط بعد فترة مناسبة، وتتراوح أعداد أفراد المجموعة التجريبية من [١٥ - ٢٠] فرد لديهم خصائص مشابهة للجمهور المستهدف { مع الانتباه إلى أن هذه المجموعة يجب أن تكون غير تلك التي تم التجريب عليها للتأكد من صدق الأداة }، وتكون الفترة الفاصلة بين الإختبار وإعادته أسبوعين تقريبا، فإذا اتفقت نتائج الإختبارين بدرجة عالية { ٧٠% فما فوق } تكون الأداة تتميز بالثبات.

وهناك عدة طرق للإتساق الداخلي للتأكد من ثبات الأداة منها:

١. تقسيم الإختبار إلى نصفين كأن يكون مثلا قسم يمثل الفقرات الفردية، وقسم يمثل الفقرات الزوجية، حيث يتم إعطاء نصف الإختبار لكل شخص وبعد ذلك يتم إحتساب معامل الإرتباط الذي يشير على الدرجة التي يزود نصفي الإختبار فيها بنفس النتائج، ويصف الإتساق الداخلي لتلك الأداة.

٢. معامل ألفا [كرونباخ ألفا] وهو إجراء آخر للتأكد من الإتساق الداخلي للأداة، حيث يهتم بحساب ثبات الفقرات، وهو ملائم للفقرات التي تتطلب الإجابة عنها وضعها على مقياس [ليكرت] المستخدم لقياس ردود أفعال الأفراد ومواقفهم وتصوراتهم.

تحليل بيانات التقييم

قد تكون بيانات التقييم نوعية أو كمية، حيث تتضمن البيانات النوعية المعلومات التي يتم جمعها من خلال السماح للفرد بالإجابة عن الأسئلة بكلماته

الخاصة كما هو الحال في الأسئلة المفتوحة في الاستبيانات ودراسات السيرة والمقابلات والملاحظات ومقابلة مجموعة الإهتمام، ويكون تحليل هذه البيانات مضجرا أحيانا لأنه يتطلب وقتا طويلا، ذلك أنه من الصعب في أغلب الأحيان تصنيف وجدولة الردود والإستجابات التي جاءت بلغة الأفراد الخاصة دون أن تفقد معناها، فهذا يتطلب من المحلل مهارات تفسيرية قوية، كما تزود البيانات النوعية ببصيرة وفهم عميقين لنتائج البرنامج.

أما البيانات الكمية فتزودنا بالقيم العددية لكل استجابة، حيث تشتمل الأداة على الأسئلة المغلقة المنتهية التي يمكن من خلالها تحديد عدد الردود المحتملة، وتتميز البيانات الكمية بسهولة التحليل والجدولة، وتخضع هذه البيانات لطرق الإحصاء الوصفي إذ يستخرج منها المتوسطات الحسابية والانحرافات المعيارية والتردد والمدى...الخ، والتي تستعمل لتقديم النتائج، كما يمكن معرفة معامل الارتباط لتحديد العلاقة الخطية بين المتغيرات، بالإضافة إستخدام اختبارات أخرى مثل [اختبار t] وغيره من الاختبارات والأساليب الإحصائية الأكثر تعقيدا.

ويستخدم المقيمون عادة كلا النوعين من البيانات وذلك لإثراء تقييمهم باستخدام الطرق الكمية والنوعية في تحليل البيانات، ويكون تحليلهم مصحوبا بمخططات وأشكال ورسوم بيانية وخرائط...الخ، ويستند التقييم عادة على الأدلة والأحكام التي تم إصدارها على البرنامج وبالتالي يسهم هذا التقييم في إتخاذ قرار ما تجاه البرنامج، ويجب أن يكون المقيم موضوعيا للقول بأن البرنامج قد حقق أهدافه أم لا.

وينبغي توثيق نتائج التقييم على شكل تقرير، فمن الضروري إيصالها لأصحاب البرنامج، ولكن ليس هناك صيغة ثابتة بل ثمة صيغ مختلفة، فقد يقدمها المقيمون على شكل تقرير كتابي، أو مقالة صحفية، أو شريط فيديو، أو

كلام إذاعي، أو برنامج تلفزيوني... الخ، كما يجب أن يكون التقرير واضحا وصريحا ويناسب الفئة التي سيقدم لها من حيث المستوى التعليمي والنضج العقلي، وينبغي أن يبرز التقرير النقاط الأكثر أهمية، وأن يكون قصيرا ودقيقا، ولا بد من تضمين خلاصة تنفيذية في البداية بحيث تبرز النتائج الرئيسية والاستنتاجات والتوصيات، ذلك لأن أكثر القراء لا يقرأون التقرير حتى نهايته.

الدراسة الخامسة دراسة مترجمة
القيادة في الإدارة التربوية [1]

هذا عصر القيادة والإدارة، فنشاط أي مجموعة يتطلب نوعا من القيادة لتنظيم وتوجيه جهود أعضاء المجموعة وذلك لتحقيق الأهداف المحددة مسبقا، وبالرغم من أن الإدارة والقيادة مختلفتان عن بعضهما البعض، إلا أنها في الوقت عينه قريبة جدا من بعضها وخاصة من ناحية إتجاه العلاقة الإنسانية، فالقيادة عملية يؤثر فيها ومن خلالها فرد ما على الأفراد الآخرين في المجموعة وذلك لبلوغ الأهداف التنظيمية، فنجاح المنظمات المختلفة والمؤسسات التربوية على وجه الخصوص يعتمد على الرؤساء الفاعلين وذوي الكفاءة، لذا فإن هذه الدراسة تستعرض وصف مفهوم القيادة ونظرياتها ووجهات النظر حولها.

تشكل الجهود المترابطة بين الأفراد في أي تنظيم أمرا ضروريا للغاية، فتعاملات الأفراد في المجتمع مرتبطة بدرجة كبيرة بعلاقتهم بالمنظمات الرسمية، حيث تمتلك تلك المنظمات القادة كما تمتلك الأهداف التي يعتمد إنجازها على الجهود التعاونية للأفراد، وقد فشلت العديد من المنظمات في كثير من الأوقات لأسباب عدة من أهمها:

- ضعف القادة.
- قلة الجهود التعاونية بين الأفراد.
- عدم إنسجام الأهداف مع متطلبات المجتمع وحاجاته.

إن التأكيد على الرئيس كقائد قد يكون بعدا جديدا يضاف إلى التمييز التقليدي بين الأدوار الثنائية للرئيس كمربي والرئيس كمدير، ففي المدارس

---

[1] ترجمت بتصرف عن:

Leadership in educational administration: concepts, theories and perspectives. Saeid farahbakhsh

http:// www.Academicledeship.org

الأمريكية الأولى (المبكرة) كان يتم إختيار معلمين رؤساء (قادة) لكن الأمر تطور الآن نحو الإهتمام بشكل أكبر بالأمور الإدارية.

أي مدير يمكن أن يعين، لكن القيادة لا بد أن تكتسب، فبعد التعيين في مركز إداري قد لا يتمتع الإداري بصفات قيادية، فالقيادة ليست مركزا في منظمة، وإنما هي نشاط وتأثير على قوة، وهي ليست مستندة على الموقع أو المنزلة ولكن على السلطة والهيبة والجاذبية والسمعة، وقد تأتي القيادة من الحماس الشخصي- والسلطة الشخصية والمصداقية والمعرفة والمهارة والجاذبية، وهي مشتقة من تأثير القائد على أتباعه، وبناء على ذلك فإن الرئيس (المدير) يحتل المنصب الأعلى في المدرسة.

ويتأثر الإتجاه العام للمدرسة بسلوك وشخصية المدير بالدرجة الأولى، كما يؤثر المدير على الموقف والمناخ العام في المدرسة، وكذلك على تقدمها وإتجاه الجهود فيها، بمعنى أن المدير هو محور النشاطات التربوية التي تدور في المدرسة، ولكن لا يمكن إنكار أن المدرسة أساسا هي مشروع شراكة فعال، فكل عضو فيها صغيرا كان أم كبيرا وبأي مستوى كان، له دور حيوي يلعبه في العملية التربوية، أما المدير فيتوقع منه القيام بدور القائد في المدرسة، إذ أن نجاح المدرسة في إنجاز الأهداف يعتمد على قدرة القائد في قيادة الأفراد.

والقيادة واحدة من الوظائف الأربع التي تشكل العملية الإدارية وهي: التخطيط للأهداف، وتنظيم الموارد لتحويل الخطط إلى إجراءات، والقيادة التي تعزز الإلتزام والحماس الذي يحتاجه الأفراد لتطبيق مواهبهم بالكامل للمساعدة في إنجاز الخطط، وأخيرا السيطرة التي تجعل الأمور على ما يرام كما يراد لها أن تكون، ويرى (فايول ١٩١٦) أن هناك أربع وظائف رئيسة للمدير هي التخطيط والتنظيم والأمر أو القيادة والسيطرة، ويحدد (كوتير ١٩٩٠) وظيفة أساسية للقائد

تتمثل في تحديد الهدف الأساسي أو مهمة المنظمة، والإستراتيجية اللازمة لإنجاز هذا الهدف أو المهمة، وعليه فإن وظيفة المدير تطبيق تلك الرؤية.

ويعد تزويد المنظمة بالنظام والتناسق أهم وظائف الإدارة، أما الوظيفة الأساسية للقيادة فهي إحداث التغيير والحركة للمنظمة، فالإدارة تسعى نحو النظام والإستقرار، أما القيادة فتسعى نحو التغيير التكيفي والبناء، وبالرغم من أن هناك إختلافات واضحة بين الإدارة والقيادة، إلا أن هنالك قدرا كبيرا من التداخل والتطابق، فعندما يحاول المدراء التأثير على مجموعة من الأفراد لتحقيق أهداف معينة، فإنهم يشتركون في القيادة، وعندما يقوم القادة بالتخطيط والتنظيم ويسيطرون على الكادر فإنهم يشتركون في الإدارة، وبذلك فإن كلتا العمليتين تتضمنان التأثير على مجموعة الأفراد لتحقيق الهدف.

وقد أكدت البحوث التربوية التي قامت حول فعالية المدرسة، على مفهوم المدير القيادي، وقد عرفت هذه الدراسات المدير كقائد تعليمي وكواحد من عدة عوامل حاسمة في المدارس الفعالة، ومن هذه الدراسات:

- دراسة بروكوفر ١٩٧٩
- دراسة روتر ١٩٧٩
- دراسة غرينفايلد ١٩٨٢
- دراسة روثرفورد ١٩٨٣
- دراسة دي يبفويس ١٩٨٤

كما أن البحوث الحديثة على المدارس العليا ركزت على مفهوم المدير القيادي ومنها:

- دراسة جرانت ١٩٨٢
- دراسة كولمان ١٩٨٢
- دراسة لايت فووت ١٩٨٣

- دراسة بور ١٩٨٣
- دراسة سيزر ١٩٨٤

ويؤكد (سيرجيوفاني ١٩٨٤) بأن وظيفة المدير الأساسية في المدارس الفعالة هي تأسيس إجماع بين الموظفين على هدف ما، وتطوير الإنتماء للمؤسسة، وقد إستشهد سيرجيوفاني بالدراسات الكلاسيكية حول القيادة التنظيمية ليدعم وجهة نظره، ومن هذه الدراسات (برنارد ١٩٣٨، سيلزنيك ١٩٥٧، بينيس ١٩٨٤).

لذا فإن مفهوم المدير القائد يستخدم بشكل متزايد ذلك لأن المدير عنصر أساسي في العملية التربوية الفعالة، فهذه حقيقة تتمثل في أن الأسلوب القيادي للمدير له تأثير دقيق على تقدم المدرسة، وعليه فإن تطوير وتوسيع مفهوم مدير المدرسة كقائد قد يرسم مجموعة حديثة وعصرية من التطلعات لمدراء المدارس، وعليه فإن النماذج السابقة لسلوك المدير والتي مالت إلى التركيز على أدوار الرئيس كمربي أو كمدير تبدو أقل صلة وعلاقة بالموضوع.

مفهوم القيادة

جاءت كلمة القيادة من الكلمة الأنجلوسكسونية [Laedan] والتي تعني الذهاب، ويمكن توضيحها بأنها التوجيه والإرشاد والإجراء أو أن تكون الأول (في المقدمة)، وقد تم تعريف القيادة من عدة نواح منها: مميزات الفرد، وأسلوب القيادة، وأنماط التفاعل، وعلاقات الدور، وتصورات التابعين، والتأثير على الاتباع، والتأثير على الأهداف، والتأثير على الثقافة التنظيمية.

وقد قام (ستوغدل ١٩٧٤) بمراجعة [٧٢] تعريفا للقيادة قدمت من قبل باحثين وكتاب في الفترة الواقعة ما بين أعوام (١٩٠٢ - ١٩٦٧)، ومن هذه التعريفات:

- القيادة هي القدرة والإستعداد لإلهام وتوجيه وإدارة الآخرين { قاموس التربية ١٩٥٩ }.
- القيادة هي تمرين السلطة في التوجيه أو السيطرة على السلوك أو إتجاهات الآخرين بموافقتهم، وهذا النوع من الشخصية والتدريب يجعلان التوجيه والسيطرة أمرا ناجحا. { قاموس علم السلوك ١٩٧٣ }.
- القيادة تركيب جديد أو إجراء لتحقيق الأهداف التنظيمية، والأغراض الرامية لتغيير أهداف معينة في المنظمة { همفيل ١٩٤٩ }.
- القيادة هي التأثير على الأفراد ليتعاونوا حيال بعض الأهداف المرغوبة { تانينباوم ١٩٦١، حيث عرف القيادة من ناحية التأثير الشخصي }.
- القائد الناجح هو القائد الذي يساهم في أهداف المجموعة وعلاقاتها { هالبين ١٩٦٦ }.
- القيادة هي القدرة على إقناع الآخرين للسعي نحو الأهداف المحددة بحماس، فالعامل البشري يلزم المجموعة ويحفزها نحو الأهداف { ديفيس ١٩٨٦ }.
- القائد هو الذي يقنع الأتباع لتحقيق أهداف تمثل القيم والدوافع والحاجات وتطلعات وتوقعات القادة والاتباع { مكروجر ١٩٧٨ }، فالقيادة نتيجة لذلك هي متلازمة من الحاجات وأهداف الأتباع ضمن المجموعة، ويشير هذا المصطلح إلى سلوك القيادة في المجموعة، وليس إلى مجموعة المميزات أو الخواص الشخصية، فهذا الوصف وظيفي، ويشمل السلوك وعمليات القيادة، ويمثل هذا الإنتقال من الخواص الشخصية إلى السلوك الوظيفي تغييرا هاما في فهمنا لعملية القيادة، لذا فإن القيادة قد تعتبر عملية يتأثر من خلالها الآخرين بالاتجاه المطلوب.

- القيادة هي سلوك الفرد الذي يبدأ تركيبا جديدا في التفاعل ضمن نظام إجتماعي، هذا السلوك الذي يغير في الأهداف والترتيب والإجراءات والمدخلات والعمليات وفي نواتج النظم الإجتماعية، ويأخذ هذا التعريف في الحسبان إجراءات الكفاءة والتأثير { ليفام ١٩٧٤ }.
- القيادة هي عملية التأثير على الآخرين كأسلوب لتحسين مساهمتهم في إدراك أهداف المجموعة { هولاندر وسميث ١٩٩٥). وتهتم هذه العملية بالتأثير الإيجابي الذي يمارسه شخص واحد على سلوك العديد من الأفراد، وتعتبر هذه العملية غالبا بمثابة المفتاح للمنظمات الفعالة والكفؤة.
- القيادة هي عملية التأثير على نشاطات فرد في مجموعة ما لبذل المزيد من الجهد نحو إنجاز الهدف في الموقف المعين { هيرسي وبلانشارد ١٩٨٨ }.
- القيادة تأثير بمعنى أنها فن أو عملية تأثير على الأفراد للعمل بحماس ورغبة منهم لإنجاز أهداف المجموعة { كونتز و وايرتش ١٩٩٠ }.
- القيادة عبارة عن عملية تتضمن التأثير على هدف العمل وإستراتيجيات مجموعة أو منظمة ما، والتأثير على الأفراد في المنظمة لتطبيق الإستراتيجيات وإنجاز الأهداف يؤثر على هوية المجموعة وثقافة المنظمة { يوكي و فان فليت ١٩٩٨ }.
- القيادة عملية مستمرة من التأثير على السلوك، فالقائد ينعش المجموعة ويحفزها نحو تحقيق الأهداف { تيري ١٩٨٨ }.
- القيادة هي عملية التأثير على الأفراد وحثهم على العمل بحماس لإنجاز الأهداف { Keys and Case ١٩٩٠ }.

ويوافق أكثر كتاب الإدارة على أن القيادة عملية تأثير على نشاطات فرد أو مجموعة منظمة لإنجاز الأهداف، وفي محاولة لتعريف القيادة فرق (فيلي وآخرون

١٩٧٧) بين القوة والسلطة والتأثير، حيث تسهم هذه المجالات في تغيير سلوك الفرد أو المجموعات، ولكي يتم استيعاب مفهوم القيادة بشكل واضح، لا بد من توضيح هذه المفاهيم الثلاثة.

فالقوة هي قدرة وقابلية الشخص لتغيير سلوك فرد أو مجموعة بأسلوب المكافأة والعقاب، وقد تكون القوة إلزامية (تهتم بالضرر الجسدي) أو مدفوعة الأجر (مزايا مادية) أو معيارية (منح تقدير أو وسام)، أما السلطة فهي حق، وهي تشرع القوة وهنالك أنواع متعددة من السلطة كالسلطة التقليدية والبيروقراطية، أما التأثير فهو قدرة شخص على تغيير سلوك شخص آخر أو مجموعة من الأشخاص دون إستخدام أسلوب المكافأة والعقاب.

أما المدارس فيوجد فيها نوعان رئيسان من القوة هما قوة المركز والقوة الشخصية، حيث تشير قوة المركز إلى القوة التي يستمدها الفرد من منصب أو رتبة معينة في نظام رسمي، أما القوة الشخصية فتشير إلى القوة التي يستمدها القائد من الأتباع، وقد صنف (فرينش و رافين ١٩٥٩) القوة إلى خمسة أنواع هي: قوة المكافأة، والقوة الإلزامية، والقوة الشرعية، وقوة المرجع، وقوة الخبرة، وتشير هذه الأنواع إلى الطرق التي يمكن للقائد من خلالها التأثير على إتجاهات وقيم وسلوكيات الآخرين، وبالإضافة إلى ذلك تعتبر السلطة والقوة مهمة جدا في القيادة التنظيمية الفعالة، وكذلك في أكثر الفعاليات اليومية في الإدارة، لأنها أجزاء هامة من عملية التأثير في أية منظمة.

كما أن هنالك أمور أساسية لا يمكن إغفالها في القيادة وهي:

- أن القيادة تحدث ضمن مجموعة معينة.
- أن القيادة عملية.
- أن القيادة تتضمن تأثيرا.
- أن القيادة تسعى لتحقيق هدف.

- أن القيادة هي تفاعل القوة بين القائد والتابعين.

أعمال { وظائف } القائد

لإدراك الطبيعة الأساسية للقيادة والتي تعتبر جزءا من العمل التوجيهي، يجب في البداية تفحص الدور الذي يلعبه القائد تجاه المجموعة، ويمكن تحديد دور القائد من خلال الوظائف المختلفة التي قام بتأديتها في كل موقف، فهو يأخذ بزمام المبادرة لتنظيم مجموعة ما بأن يكسب الأعضاء سوية فينعش المجموعة ويحثها على العمل لتحقيق الأهداف المشتركة، كما أنه يؤسس علاقات شخصية طيبة مع الأعضاء، فيكون ملهما وموجها ومساعدا لهم ويسعى لإرضائهم وتلبية حاجاتهم الشخصية ليبقوا في المجموعة لأطول فترة ممكنة سعيا نحو تحقيق الأهداف.

وبشكل عام فإن القائد الذي يوجه خطوات المجموعة نحو إنجاز الأهداف للأداء على نحو أفضل، يبقي على معنويات أعضاء المجموعة التي يقودها عالية، ويرى (مانز و سيمز ٢٠٠٢) أن القائد هو الفرد الذي يمتلك قوة وسلطة أو جاذبية بما فيه الكفاية لإصدار الأوامر إلى الآخرين، وفي هذا الصدد أشار (كريتش و كرتشفيلد ١٩٦٢) بأنه يجب على جميع القادة أن يؤدوا الوظائف التالية وأن يعمل القائد إلى حد ما:

- كمدير تنفيذي.
- كمخطط.
- كصانع سياسة.
- كخبير.
- كممثل مجموعة.
- كحكم.
- كنموذج سلوك (قدوة).

إن الوظيفة الضرورية للقائد هي أن يعمل من أجل الوحدة والتماسك في المنظمة، وأن يعمل لرؤية الأعضاء يمتلكون تجربة مرضية وسارة، وقد حددت دراسة (كيلن ١٩٥٢ / جمعية الإدارة الأمريكية) وظائف القيادة بما يلي:

- القيادة تصنع القرارات.
- القيادة عبارة عن خدمة.
- القيادة تحرز النتائج.
- القيادة تنتزع الإستجابة الضرورية لإنجاز مهمة ما.
- القيادة هي الرغبة لتصبح مختلفا (تهدف للتعديل والتغيير).

أما (موشال ١٩٩٨) فيرى أن الوظائف الأكثر شيوعا للقيادة تتمثل في: تحفيز الأعضاء، ورفع المعنويات، والدعم، وإرضاء الحاجات، وإنجاز الأهداف المشتركة، وتمثيل الأعضاء، وإيجاد الثقة، وتطبيق التغيير، وحل النزاعات والصراعات، ويقترح (غروس و هيريوت ١٩٦٥) التصنيف التالي لوظائف القيادة:

- تطوير الأهداف والسياسات والاتجاهات.
- تنظيم المدرسة وتصميم البرامج لإنجاز الأهداف.
- حل المشكلات والمحافظة على النظام.
- الإدارة وتخصيص المصادر.
- إيجاد مناخ للنمو الشخصي والتطوير.
- تقديم المدرسة وتمثيلها خارجيا.

مهارات القيادة

بالإضافة إلى الميزات الشخصية، فإن امتلاك القائد لبعض المهارات يعتبر أمرا ضروريا لأداء عمله بشكل ناجح، فهو بالطبع يكون ناجحا إذا كان مجهزا

ببعض المهارات الإدارية، فالإدارة الحديثة تتطلب مهارات مختلفة، وقد حددها (كاتز ١٩٥٥) بالمهارات التالية:

- المهارات التقنية: والتي تستعمل للإشارة إلى البراعة وفهم نوع معين من النشاط أو العمليات أو الإجراءات أو التقنية، وتهتم هذه المهارات بالعمل بالأشياء.
- المهارات الإنسانية: وتتضمن قدرة المدير على العمل مع الآخرين وبناء جهد تعاوني مع المجموعة التي يديرها، وتهتم هذه المهارة بالعمل مع الناس.
- المهارات التصورية: وتدل على القدرة لتصور المنظمة ككل، وتمكن هذه المهارة المدير من إدراك ومعرفة العلاقات الداخلية والعوامل المختلفة داخل المنظمة.

وتعتبر أهمية هذه المهارات نسبية وذلك حسب المستويات التنظيمية، ففي المستويات الدنيا تكون المهارات التقنية والإنسانية مطلوبة أكثر من المهارات التصورية، أما في المستويات العليا فإن تأثير المدير يعتمد بشكل أكبر على المهارات التصورية والإنسانية.

وقد أضاف (واي ريتش و كونتز ١٩٩٨) مهارة رابعة إضافة إلى المهارات الثلاث السابقة وتتمثل هذه المهارة في القدرة على حل مشكلات المنظمة، وصنف (مورشال ١٩٩٨) القدرات اللازمة للمدراء ضمن خمسة أنواع هي:

- المهارات التصورية: وهي القدرة على تصور المنظمة كنظام متكامل.
- المهارات التحليلية: وهي ذات علاقة بالاتجاه العلمي وذلك لحل المشكلات وصنع القرارات.
- مهارات السلوك أو العلاقات الإنسانية: وتشير إلى القدرات المطلوبة من المدير للتعامل مع الأتباع عمليا.

- المهارات الإدارية: وتشير إلى القدرات التي توظف لتنسيق النشاطات المختلفة.
- المهارات التقنية: وتشير إلى المعرفة والمهارة المتخصصة وتقنيات العمل.

مصادر قوة القيادة

صنف (ويبر ١٩٤٧) ثلاثة نماذج للقوة هي:

- ✓ القوة الشخصية.
- ✓ القوة التقليدية.
- ✓ القوة القانونية { العقلانية }.

إن أكثر التحليلات المعترف بها لمصادر القوة تتمثل في الإطار الذي تم تطويره من قبل (فرينش و رافان ١٩٥٩) حيث حددا خمسة مصادر عامة من القوة في المواقف التنظيمية وهي:

- القوة الشرعية.
- قوة المكافأة.
- القوة الإلزامية { القسرية }.
- قوة الخبرة.
- قوة المرجع.

وهناك وجهة نظر أخرى حول مصادر القوة في المنظمات من ناحية المركز والشخصية، حيث تتشكل قوة المركز { الموقع } بسبب الموقع الوظيفي بغض النظر عن الشخص الذي يشغل هذا الموقع، وهكذا فإن القوة الشرعية والمكافأة وبعض سمات القوة الإلزامية وقوة الخبرة المشار إليها سابقا قد تساهم في قوة المركز، وبذلك فإن قوة المركز شبيهة بالسلطة في إيجاد المركز وإدخال شخص ما إليه، ويكون بمقدور هذا الشخص توجيه نشاطات الأفراد والسيطرة على مكافأتهم أو

عقابهم وضبطهم بحكم مركزه، ولكن ثمة محددات لقوة مركز المدير إذ لا يستطيع أن يأمر أحدا من العاملين لفعل شئ خارج نطاق عمله، فمجال هذه القوة ينحصر بالعمل المطلوب من التابع.

أما القوة الشخصية فتعود للفرد بغض النظر عن موقعه في المنظمة لذا فإن القواعد الأساسية للقوة الشخصية تعتبر مرجعية، وتدخل ضمنها القوة الإلزامية وقوة الخبرة والمكافأة، كما تلعب الجاذبية دورا هاما في القوة الشخصية، إذ قد يبدي الفرد قوة شخصية من خلال الإقناع العقلاني أو التعاطف مع الأتباع، ومن خلال القوة الشخصية قد يستطيع القائد أن يلهم الأتباع ويكتسب ولاءهم له أكثر من القائد الذي يمتلك قوة المركز فقط، حيث سيستجيب الأفراد - وعن طيب خاطر - بشكل أكبر لطلبات ونداءات القائد ذي القوة الشخصية معتبرين ذلك أمرا ضروريا، ولكن ثمة محددات أيضا لهذه القوة لأن الأتباع قد يقررون بحريتهم أن لا يستجيبوا للتوجيهات أو الطلبات والنداءات.

أساليب القيادة

وهذه إحدى مناحي دراسة القيادة إذ تمثل محاولة لتحديد الأساليب المختلفة للقيادة، فقد تم تطوير تصنيفات مختلفة ضمن هذا السياق، ويعتمد النمو والتطور في المؤسسة على العلاقة بين القائد والأتباع، وعليه فإن أسلوب قيادة الرئيس يعتمد على التفاعل بين الطرفين، وينتج أسلوب القائد من خلال دراسة أسلوب القائد من حيث الخصائص الشخصية للقائد، إذ أن الخصائص الشخصية للأفراد تميل إلى تمييزهم فيما يتعلق بأسلوب القيادة لديهم.

وطبقا لـ (هيرسي و بلانشارد ١٩٨٨) فإن أسلوب قيادة الفرد هو نمط السلوك الذي يبديه ذلك الفرد للتأثير على نشاطات الآخرين، ويمكن أن يدرك أتباع القائد هذا النمط من السلوك، ويرى (ستونير وآخرون ١٩٩٦) أن أساليب

القيادة هي أنماط مختلفة من السلوك يبديها القادة أثناء عملية التوجيه والتأثير على العاملين.

ومن المنظور الكلاسيكي في دراسة القيادة اقترح (ليوين وآخرون ١٩٣٩) ثلاثة أساليب للقيادة هي الأساليب التسلطية و الأساليب الديمقراطية وأساليب إطلاق الحرية، وذلك لمعرفة ما إذا كان سلوك المجموعة المختلف قد نتج من الأساليب المختلفة من سلوك القائد، ومن الجدير بالذكر أن القيادة التي تعتمد أسلوب إطلاق حرية التعبير متناقضة داخليا فهي تستخدم لوصف سلوك الأفراد في مواقع القيادة والذي يتخذ موقفا سلبيا في أغلب الأحيان تجاه مشكلات المجموعة أو المنظمة.

ولكن هذه الأساليب استبدلت بشكل كبير حاليا من خلال نظريات القيادة والدراسات البحثية حول القيادة، ولكن على الرغم من ذلك فإن التمييز السابق لأساليب القيادة ما زال مفيدا لبعض الأغراض، فالقيادة الواقعية لا تنحصر في شكل واحد فقط، إذ لا تكون استبدادية بشكل صرف ولا ديمقراطية مطلقة وليست إطلاقا لحرية التعبير فقط، ولكن يتم دمج هذه الأساليب بنسب متفاوتة.

نظريات القيادة

ثمة قواعد نظرية متميزة عديدة للقيادة، ذلك أن هناك إهتماما كبيرا بالقيادة منذ عدة سنوات، فقد تم تطوير العديد من النظريات والنماذج في محاولة جدية لكسب فهم أكثر تطورا لطبيعة القيادة، ويصنف (ستوغدل ١٩٧٤) نظريات القيادة إلى:

- نظرية الرجل العظيم.
- النظرية البيئية.
- النظرية الموقفية.
- نظريات التفاعل.

- النظريات الإنسانية.
- نظريات التبادل.
- النظريات السلوكية.
- النظريات الإدراكية.

وقد تم وضع العديد من النظريات لتمييز سلوكيات القادة، ويمكن تصنيف هذه النظريات ضمن أربعة عناوين رئيسة هي:

- ✓ نظرية السمات.
- ✓ النظريات السلوكية.
- ✓ النظريات الموقفية.
- ✓ نظرية القيادة التحويلية.

وفيما يلي توضيح لهذه النظريات بشيء من التفصيل:

أولا: نظرية السمات القيادية

قبل عام ١٩٤٥، كانت وجهة نظر { السمة } واحدة من المحاولات المنظمة و المبكرة لدراسة القيادة، ففي بدايات القرن العشرين بدأت دراسة سمات القيادة لتحديد ما يجعل الأفراد قادة عظماء، وقد سميت النظريات التي تم تطويرها آنذاك بنظريات الرجل العظيم لأنها ركزت على تحديد الميزات والخصائص الفطرية التي امتلكها القادة العسكريين والسياسيين والاجتماعيين الكبار ومن الأمثلة على ذلك [أبراهام لينكولن، تشرتشل، غاندي] وترى هذه النظرية أن الفرد يولد إما ممتلكا أو غير ممتلك للميزات والسمات الضرورية للقيادة.

وقد ركزت البحوث في ذات الوقت على تحديد السمات التي تميز القادة عن الأتباع، فطبقا لـ (تيد ١٩٣٥) فإن هناك عشر ميزات أساسية للقيادة الفعالة هي: { القوة الجسدية والعقلية، الإحساس بالأهداف والاتجاهات، الودية، الحماس، النزاهة، التقنية، الحزم، المهارة، الإيمان، الذكاء }، أما (بارنارد، ١٩٣٨)

فيدرج قائمة أخرى للسمات التي تميز القادة عن الأتباع وهي { البنية الجسمية، المهارة، التقنية، الفهم، المعرفة، الذاكرة، الانتباه، التصميم والمثابرة، الصبر، الشجاعة }، وبشكل عام فإن سمات القائد تصب في اتجاهين رئيسين هما: الميزات الشخصية الفطرية، والاتجاهات المكتسبة.

وفي محاولة لتمييز وتقييم نوعيات القيادة وسمات القيادة الفطرية التي تميز القادة عن غيرهم، استنتج (جيننغز، ١٩٦١) بأن خمسين سنة من البحث قد أخفقت في إيجاد سمة شخصية واحدة أو مجموعة سمات يمكن إستخدامها لتمييز القادة من غيرهم، ويشير أدب البحث في هذا المجال إلى بضع نتائج هامة، فقد أكد (ستوغدل، ١٩٤٨) بأنه لا توجد مجموعة محددة من السمات التي تميز القادة من غير القادة عبر تنوع المواقف، فشخص ما بسمات قيادية إن كان قائدا في موقف ما، قد لا يكون قائدا في موقف آخر، إذ تتدخل العوامل الشخصية في القيادة كي تكون القيادة أمرا هاما، لكن الباحثين أكدوا أن هذه العوامل تكون حسب متطلبات الموقف المعين.

لقد قام (ستوغدل) بتحليل أكثر من { ١٢٤ } دراسة سمات أجريت بين أعوام (١٩٠٤ - ١٩٤٧)، وقد حدد في مسحه هذا مجموعة من سمات القيادة المهمة والتي تؤدي بالأفراد ليصبحوا قادة، وهذه السمات هي: الذكاء، اليقظة، البصيرة، الشعور بالمسؤولية، المبادرة، المثابرة، الثقة بالنفس، الانفتاح الاجتماعي، كما أشارت نتائج هذا المسح إلى أن الفرد لا يصبح قائدا لأنه يمتلك بعض السمات فقط، في حين ينبغي أن تكون السمات التي يمتلكها القادة متصلة بالمواقف التي يعمل بها القائد، وكما ذكر سابقا فإن القائد في موقف ما قد لا يكون بالضرورة قائدا في موقف أخر.

وأشار (ليفام، ١٩٨١) إلى أن قوائم السمات المدرجة في أغلب الأحيان متناقضة، حيث يرى أن نظرية السمات أشارت إلى تأثير القائد في المؤسسات،

ولكنها تجاهلت التفاعل بين الفرد (القائد) والمجموعة، وفي السنوات الأخيرة كان هناك تحول في اهتمام نظرية السمات بتوضيح السمات المؤثرة على القيادة حيث يرى (لورد وآخرون، ١٩٨٦) أن السمات الشخصية ترتبط بقوة بإدراك الفرد للقيادة، وذهب (كيركباترك ولوك، ١٩٩١) إلى حد الإدعاء بأن القادة المؤثرين هم أنواع متميزة من الناس في عدة نواح رئيسة، كما يمكن ملاحظة الإهتمام المتجدد في نظرية السمات من خلال التأكيد الذي قدم من الباحثين حول القيادة الحالمة والمؤثرة.

باختصار فإن نظرية السمات نظرية حية ومستمرة، إذ بدأت بالتأكيد على تمييز أنواع الأفراد العظماء، ومن ثم تحولت لحصر تأثير المواقف على القيادة، وحاليا أعادت التأكيد على الدور الحساس للسمات في القيادة الفعالة والمؤثرة.

ثانيا: النظريات السلوكية للقيادة

ويعتمد هذا المنهج في دراسة القيادة على السلوك الملاحظ، ويمكن تناول النظرة السلوكية من حيث الأسلوب الذي يتصرف به القادة في الواقع كما يتوقع منهم الأتباع ذلك، وقد قرر الباحثون الذين يدرسون هذا المنهج أو الأسلوب أن القيادة تتكون من سلوكين رئيسين هما: سلوك العمل وسلوك العلاقة، حيث يسهم سلوك العمل في تحقيق الأهداف، فالقادة يساعدون على تجميع الأفراد لإنجاز أهدافهم، أما سلوك العلاقة فيساعد الأفراد على الشعور بالارتياح مع أنفسهم، ومع بعضهم البعض، كما يجدون أنفسهم ويحققون ذواتهم في الموقف الذي يتواجدون فيه، وعليه فإن الغرض الرئيسي للنظرية السلوكية هو توضيح كيفية قيام القادة بدمج سلوكيات العمل وسلوكيات العلاقة للتأثير على الأتباع في جهودهم للوصول إلى الهدف.

لقد إفترض (دوغلاس مكروجر، ١٩٦٠) الأسلوب الإستبدادي ممثلا بنظرية [X] والأسلوب الديمقراطي ممثلا بنظرية [Y]، حيث تفترض نظرية [X]

أن الأفراد بشكل عام يكرهون العمل وينبغي إجبارهم عليه والسيطرة عليهم، وأن الفرد موجه ومهدد، ويفضل أن يوجه لتفادي المسؤولية، وله طموحات منخفضة نسبيا بشكل عام، كما أن لديه درجة منخفضة من النضج، الأمر الذي يدعو القائد إلى أن يكون سلوكه متشددا وإستبداديا، ويستند هذا الأسلوب على الفرضية التي تقول بأن قوة القائد مستمدة من الموقع الذي يحتله.

أما نظرية [Y] فتفترض أن الشخص يتحلى بتقدير الذات وضبط النفس وهو ينجز الأهداف بموجب التعليمات، ولديه درجة عالية من الإنتباه والإبداع في حل المشكلات التنظيمية، كما يفترض الأسلوب الديمقراطي بأن قوة القائد تمنحها المجموعة التي يقودها، فالأفراد يبدعون إذا كانوا مدفوعين بشكل جيد.

ولكن ليس بالضرورة أن تتمثل كل مجموعة من الإفتراضات في القادة، ولكن يمكن إعتبار مجموعتي الإفتراضات اللتين سبق ذكرهما كطرفين (حدين) يوجد بينهما تنوع في الإفتراضات من كلا المجموعتين وهذا ما يمكن التعبير عنه بنظرية [XY] التي قام (تانينباوم و شميت، ١٩٥٨) بدراسة وجهات النظر حولها بعناية.

وبالرغم من أن الكثير من الدراسات البحثية صنفت تحت عنوان النظرية السلوكية مثل:

- نظرية [X] ونظرية [Y] (دوغلاس مكروجر ١٩٦٠).
- القيادة القانونية (ليوين، ليبيت، وايت ١٩٣٠).
- نظام الإدارة (ليكرت ١٩٦١).
- مجموعة الدراسات الدينامية (كارترايت و زاندرز ١٩٦٠).

إلا أن دراسات جامعة ولاية أوهايو، ودراسات جامعة ميتشيغان، ودراسات (بليك و ماوتون) تعتبر تمثيلا قويا لأفكار هذه النظرية، ومن خلال

نظرة عن قرب على هذه الدراسات يمكن توضيح الصورة التي قد تكون أكتسبت من نتائج النظرة السلوكية.

دراسات جامعة ولاية أوهايو

بدأ مكتب العمل في جامعة ولاية أوهايو سلسلة دراسات على القيادة عام ١٩٤٥، فقد قام فريق من الباحثين في مجالات علم النفس وعلم الإجتماع والإقتصاد بتطوير إستبيان لوصف سلوك القادة وتحليل القيادة في الأنواع المتعددة من المجموعات والمواقف، وقد حاولت هذه الدراسات تمييز الإتجاهات المختلفة لسلوك القادة، فالموظفون يعرفون القيادة بأنها سلوك للفرد عندما يوجه نشاطات أعضاء المجموعة نحو تحقيق هدف ما، وعليه يصبح أسلوب القيادة الفعال هو أسلوب قيادة الرئيس، وبالتالي فإن قراراته تؤدي إلى نجاح المؤسسة، وتشير مراجعة البحث على القيادة إلى وجود نوعين عامين ومتميزين للقادة: نوع يهتم بالنشاطات الشخصية، ونوع يهتم بإنجاز العمل.

لقد أشارت دراسات القيادة لجامعة ولاية أوهايو إلى تحديد بعدين مختلفين من سلوك القيادة، حيث يشير البعد الأول إلى سلوك القائد في تنظيم العلاقة بينه وبين الأفراد الآخرين، وتأسيس وترسيخ الانماط الواضحة المعالم للمنظمة، بالإضافة إلى فتح قنوات الإتصال وطرق العمل، أما البعد الثاني فيشير إلى السعي نحو الصداقة والثقة المتبادلة والإحترام ودفء العلاقة بين القائد والموظفين، وقد أجرى (شارتل وزملاؤه، ١٩٦٦) دراسات القيادة في أوهايو، وقد أبرزت هذه الدراسات معايير سلوك القيادة حيث كانت العلاقات الإنسانية إحدى هذه المعايير، أما المعايير الأخرى فقد تم تصنيفها ضمن بعد العمل، فيما وصف (هيمفل وهالبين) هذين البعدين بأنهما: بدء التنظيم و الإعتبار.

ويعتبر أفضل وأعلى سلوك للقيادة عند نقطة إلتقاء هذين البعدين، كما يعتبر القائد فعالا عندما يحصل على نتائج عمل مميزة من الأفراد بعد تنفيذ خطة

عمل عالية المستوى وتراعي كلا البعدين السابقين، ويعتبر القائد فعالا أيضا إذا إهتم بموظفيه وأخذ رضاهم بعين الإعتبار وقدم لهم بعض الأمور المرغوبة، وساهم في سد بعض إحتياجاتهم الشخصية وشارك في بعض الأعمال معهم.

وتظهر النتائج العالية والمتميزة ضمن بعد بدء التنظيم سلوك القائد الذي يوضح الأهداف للتابعين، وينظم العمل لإتمامه على خير وجه، وهذا السلوك يجعل من القائد موجها للمؤسسة ومؤثرا فيها، أما القائد الذي يحصل على نتائج عالية ضمن بعد الإعتبار ونتائج منخفضة ضمن بعد بدء التنظيم فهو أقل فاعلية وتأثيرا حيث يعتبر حينذاك مجها شخصيا لبعض الأفراد وليس على مستوى المؤسسة ككل، والقائد الذي يحصل على نتائج منخفضة في كلا البعدين فهو قائد غير فعال ضمن هذا النمط من السلوك، فالقادة الفاعلين هم الذين يظهرون نتائج عالية بما فيه الكفاية في كلا البعدين، من ناحية أخرى وجد موظفو جامعة ولاية أوهايو أن هذين البعدين منفصلين، بحيث أن النتيجة العالية لأحدهما لا تستلزم نتيجة منخفضة للآخر.

يمكن وصف سلوك القائد كأي مزيج من عدة أبعاد، فلقد تم تطوير نموذج [أربعة أرباع الدائرة] لإظهار التركيبات المتعددة للتنظيم والإعتبار، حيث وجد من خلال سلسلة الدراسات التي أجريت في هذا المجال أن القادة ذوي المستوى العالي في بدء التنظيم والإعتبار يميلون إلى إنجاز الأعمال بنوعية عالية وتحقيق الرضى لدى الأتباع بدرجة أكبر كثيرا من القادة الذين صنفوا ضمن المستوى المتواضع سواء من ناحية الغعتبار أو التنظيم أو كليهما، وقد أوحت دراسات ولاية أوهايو إلى أن الأسلوب العالي جدا يؤدي إلى النتائج الإيجابية عموما.

وهناك دليل ثابت بأن القادة يضمنون بعض الشيء مستوى أداء عال جدا ورضى وظيفي إذا كان الإعتبار العالي هو أسلوب القيادة المتبع، فالقادة المراعون لشعور الآخرين يأخذون بعين الإعتبار الحاجات الإنسانية لزملائهم، ويحاولون

بناء فريق العمل ومساعدة الزملاء في حل مشكلاتهم، ومن ناحية اخرى يعتقد القادة الموجهين ومنظمي المهمات بأنهم يحصلون على النتائج المرجوة من خلال إبقاء الأفراد مشغولين بشكل ثابت ومنظم وحثهم على العمل.

وقد إستنتج (هاوس و بيتز، ١٩٧٩) أثناء بحثهما في الإعتبار وبدء التنظيم، ما يلي:

١) أن بدء التنظيم أو قيادة توجيه المهمة ضرورية للأداء الفعال في جميع مجموعات العمل.

٢) يتطلب قبول القيادة الموجهة من قبل العاملين أن يسمح القائد للآخرين بالرد وتزويده بالتغذية الراجعة والإعتراض على بعض الأمور.

٣) تعتبر قيادة [إعطاء الإعتبار] مطلوبة بالإضافة إلى القيادة الموجهة [بدء التنظيم] إذا لم تشعر المجموعات بالرضى الوظيفي.

٤) أن المجموعات التي تتطلب كلا السلوكين القياديين ستكون أكثر فاعلية إذا صدر السلوكين من قبل شخص واحد [قائد واحد] وليس من قبل أكثر من شخص واحد.

٥) عندما تكون أدوار القيادة متميزة فإن أفراد المجموعة سيلعبون الأدوار فيما بينهم بشكل متبادل وتعاوني وبفاعلية كبيرة، أما إذا دخلوا في صراع فيما بينهم فستكون المجموعة أقل فعالية.

٦) عندما يخفق القادة المعينون رسميا في أداء سلوك القائد لنجاح المجموعة فإن القادة غير الرسميين سيظهرون ويؤدون سلوك القائد الضروري لنجاح المجموعة.

دراسات جامعة ميتشيغان

بدأت مجموعة باحثين من مركز البحوث المسحية في جامعة ميتشيغان بدراسات حول سلوك القيادة، حيث أشارت تلك الدراسات إلى تأثير سلوك القادة على أداء المجموعات الصغيرة، وقد ميزت هذه الدراسات نوعين للسلوك القيادي هما: الإهتمام بالفرد، والإهتمام بالإنتاج، حيث يصف الإهتمام بالفرد سلوك القائد الذي يقترب من الأتباع مع تأكيد قوي على العلاقات الإنسانية، ويهتم بالعامل كإنسان ويحترم الأفراد، ويعطي إنتباها خاصا إلى حاجاتهم الشخصية، وهذا النوع من السلوك شبيه جدا بالسلوك الذي أدرجته دراسات جامعة ولاية أوهايو [الإعتبار]، أما الإهتمام بالإنتاج فيشير إلى سلوك القيادة الذي يشدد على التقنية والإنتاج وطرق العمل، فيبقى العمال مراقبين للحصول على العمل بشكل تام (بورز و سيشور ١٩٦٦).

الشبكة الإدارية

ربما تعتبر الشبكة الإدارية النموذج الأكثر شهرة للسلوك الإداري، حيث ظهرت في أوائل الستينات ومنذ ذلك الوقت نقحت وروجعت عدة مرات، وقد أستعمل هذا النموذج على نطاق واسع في مجال التدريب والتطوير التنظيمي، ويأتي تصميم الشبكة الإدارية أو شبكة القيادة لمساعدة قادة المنظمات في تحقيق الأهداف من خلال: الإهتمام بالإنتاج والإهتمام بالعاملين.

ويشير الإهتمام بالإنتاج إلى قائد مهتم بإنجاز المهمات التنظيمية، كما يتضمن تشكيلة واسعة من النشاطات كالإنتباه للقرارات وتطوير منتج جديد وقضايا عملية، وحجم المبيعات...إلخ، بالإضافة إلى أنه يشير إلى مدى الإنجاز الذي تريده المنظمة، أما الإهتمام بالأفراد [العاملين] فيشير إلى أن القائد يهتم بالأفراد ضمن المنظمة التي تسعى لتحقيق أهدافها، ويكون ذلك من خلال بناء

الثقة التنظيمية والإلتزام بها، حيث يقوم القائد هنا بتهيئة ظروف عمل جيدة ومنح رواتب عادلة ويقيم علاقات إجتماعية جيدة.

وتتشكل شبكة القيادة من خلال الإهتمام بالإنتاج والإهتمام بالأفراد في نموذج يتضمن محورين متقاطعين، حيث يمثل المحور الأفقي إهتمام القائد بالإنتاج ويمثل المحور العمودي إهتمام القائد بالأفراد، ويتدرج كل محور على مقياس من تسع نقاط حيث تمثل النقطة الأولى درجة الإهتمام بحدها الأدنى، وتمثل النقطة التاسعة درجة الإهتمام بحدها الأعلى ـ ويتحدد أسلوب القيادة عند نقطة تقاطع المحورين، وقد حدد (بليك وماوتون، ١٩٦٤) بناء على ما سبق خمسة أساليب للقيادة هي:

١. الأسلوب [١ - ١] القيادة الضعيفة: حيث يكون الإهتمام بالأفراد ضعيفا وكذلك الإهتمام بالإنتاج، ويدعى هذا الأسلوب أحيانا بإدارة إطلاق الحرية لأن القائد يتخلى عن أساليب القيادة.
٢. الأسلوب [٩ - ١] القيادة الإستبدادية: وتتضمن إهتماما عاليا بالإنتاج لكن الإهتمام بالأفراد يكون منخفضا جدا.
٣. الأسلوب [١ - ٩] القيادة الإنسانية: حيث يكون الإهتمام بالأفراد عاليا بينما الإهتمام بالإنتاج منخفضا، ويسمى هذا الأسلوب أحيانا بقيادة النادي الريفي.
٤. الأسلوب [٥ - ٥] القيادة المتوسطة: وفيها نسبة متوسطة من الإهتمام بالأفراد والإنتاج، وتدعى أيضا بالقيادة المعتدلة، والقيادة خارج الطريق.
٥. الأسلوب [٩ - ٩] القيادة الديمقراطية: حيث يكون الإهتمام عاليا بكل من الفرد والإنتاج، وتسمى أيضا بإدارة الفريق.

ويرى (بليك وماوتون) أن إدارة الفريق هي الأسلوب الأكثر فاعلية في القيادة، حيث يؤدي هذا الأسلوب إلى أداء محسن، وغياب منخفض، ومبيعات أفضل، ورضى لدى الأفراد بشكل أكبر.

ثالثا: النظريات الموقفية للقيادة

ظهرت النظريات الموقفية بعد عام ١٩٥٠، وقد إهتمت بالتفاعل بين القادة والعديد من المتغيرات ضمن موقف عملهم حيث تؤثر هذه المتغيرات على فاعليتهم، وكان علماء النفس الإجتماعي أول من بدأ ببحث المتغيرات الموقفية التي يمكن أن تؤثر في أدوار القيادة ومهارات وسلوك وأداء ورضى الأتباع، ويأتي التأكيد هنا على سلوك القائد وأعضاء مجموعته والمتغيرات الموقفية المختلفة، ويشجع هذا التأكيد على السلوك والبيئة نحو تدريب الأفراد في تبني أساليب سلوك القائد للحالات المختلفة.

إن إسم هذه النظرية يدل عليها، فالقيادة الموقفية تركز على القيادة في المواقف المختلفة، إذ أن الفرضيات الأساسية للنظرية تكمن في المواقف المختلفة مثل المؤسسات الحكومية، والجيش، والعمل، والمنظمات التربوية، حيث تتطلب المنظمات أنواعا مختلفة من القيادة، ومن هذا المنظور ولكي يكون القائد فعالا عليه أن يتبنى أسلوبه بناء على متطلبات المواقف المختلفة، وهنالك العديد من النماذج والنظريات الموقفية التي حظي بعضها بإهتمام واسع في دراسة القيادة، وفيما يلي بعض النظريات الموقفية المهمة التي تحاول فصل العوامل الموقفية الحاسمة والتي تؤثر على فعالية القيادة ومنها:

- نظرية فيدلر [نموذج الطوارئ].
- نظرية الطريق الهادف [المسار الهادف].
- نظرية البعد الثالث لـ [ريدن].
- نظرية دورة الحياة.

النظرية الموقفية لفيدلر [نموذج الطوارئ]

يعتبر فيدلر رائد نظرية الطوارئ في القيادة، فقد طور عام ١٩٦٧ نموذج طوارئ القيادة، وذلك من خلال دراسة أساليب العديد من القادة المختلفين والذين عملوا في مواقع مختلفة، وقد بدأ بالمنظمات العسكرية حيث قيم أساليب القادة والمواقف والحالات التي عملوا فيها سواء أكانوا فاعلين أم لا، وبعد تحليل أساليب مئات القادة [الفاعلين وغير الفاعلين] كان فيدلر وزملائه قادرين على التعميم بشكل تجريبي حول أفضل أساليب القيادة وأسوئها ضمن الإطار التنظيمي المعين، لذا فقد إقترح فيدلر ثلاثة متغيرات موفقية تحدد فيما إذا كان الموقف المعين مفضلا للقادة أم لا، وتتمثل هذه المتغيرات بالآتي:

١. علاقة القائد بالأفراد: وتشير إلى المدى الذي يأتمن فيه الأفراد القائد ويتبعون تعليماته برغبة منهم
٢. تركيب المهمة: وهذا يشير إلى الدرجة التي تحدد فيها المهمة بشكل واضح.
٣. قوة المركز:وتشير إلى مدى القوة الرسمية التي يمتلكها القائد للتأثير على الآخرين، ومن المعلوم أن القائد لديه قوة موقع [مركز] أما الموظف فلا.

ويؤكد فيدلر بأن هذه الحالات تكون مفضلة لدى القائد إذا كانت جميعها بمستويات عالية، بمعنى آخر يكون القائد مقبولا بشكل عام من قبل الأتباع إذا كانت المهمة منظمة بشكل كبير، وكان كل شيء موضحا، وكانت معظم السلطة والقوة رسميا بيد القائد، وكان الموقف مناسبا جدا، أما إذا حدث العكس فإن الموقف سيكون غير مناسب وغير إيجابي للقائد، حيث يرى فيدلر أن إيجابية الموقف وأسلوب القيادة يحددان فعالية القائد.

وتفترض هذه النظرية بأن بعض الأساليب ستكون فعالة في بعض الحالات، فالأفراد الذين يحفزون للعمل سيكونون فاعلين في الحالات الإيجابية وغير الإيجابية، بمعنى أنهم سيكونون فاعلين في المواقف التي تسير بسهولة ويسر، وفي المواقف التي تكون تحت الرقابة أو خارج سيطرة الأفراد، أما الأفراد الذين يتمتعون بعلاقات نشطة فسيكونون فاعلين في الحالات المناسبة، فالأشياء تكون ضمن سيطرتهم في بعض المواقف وخارج السيطرة في مواقف أخرى، أما القائد الذي يتخذ قرارا خاطئا في المواقف غير المناسبة،فإنه قد يكون أفضل حالا من القائد الذي لا يتخذ قرارا أبدا، ولكي يتوقع فيدلر أساليب فعالة وغير فعالة للقيادة في نظريته، فقد إستخدم من ناحية تفاعل شخصية القائد كما هي مقاسة من قبل الزملاء، ومن الناحية الأخرى إيجابية الموقف من خلال علاقات الأفراد بالقائد وخصائص المهمة وقوة مركز القائد.

نظرية الطريق الهادف [المسار الهادف]

وتؤكد هذه النظرية على العلاقة بين أسلوب القائد وخصائص التابعين ومكان العمل، أما الفرضية الأساسية لهذه النظرية فهي مستمدة من نظرية التوقع التي تقترح بأن الأتباع سيكونون مدفوعين للعمل إذا إعتقدوا بأنهم قادرين على أداء عملهم، وإذا إعتقدوا بأن جهودهم ستؤدي إلى نتيجة معينة، وأن الأرباح والمكافأة نتيجة لعملهم ستكون مجزية، وقد حدد (هاوس، ١٩٧١) أربعة أنواع رئيسة للقائد هي:

- الموجه: حيث يخبر القائد العاملين ما هو متوقع منهم ويعطيهم توجيهات حول ما يجب عمله من قبلهم ويشرح لهم كيف يقومون بالعمل.
- المساعد: حيث يظهر القائد إهتماما بمصلحة وإحتياجات العاملين معه، ويكون وديا ومتقبلا لهم.

- المشارك: حيث يقوم القائد بإشراك العاملين في إتخاذ القرارات، ويستمع إلى آرائهم في الموقف، ويطلب إقتراحاتهم ويراعي تلك الإقتراحات عند صنع القرار وقد يأخذ بعضها، كما يسمح للعاملين أحيانا بصنع القرار.
- محدد الإنجاز: بمعنى أن القائد يساعد العاملين في وضع الأهداف، ويكافئ إنجاز هذه الأهداف، كما يشجع العاملين على تحمل المسؤولية لإنجاز الأهداف.

وتفترض نظرية المسار الهادف بأن مجال العمل وخصائص التابعين يعدلان العلاقة بين سلوك القائد وأداء العاملين ورضاهم، وبشكل محدد أكثر إذا كان ثمة غموض أو إلتباس لدى العامل حول طبيعة عمله فإن على القائد أن يوضح طريقة تحقيق هدف العمل، أما إذا كانت الطريقة واضحة فإن القائد الذي يظهر مستوى عاليا في الحرص على النظام وطريقة العمل سيسهم في تقليل رضى العاملين.

نظرية البعد الثالث لريدن [نظرية أسلوب الإدارة]

كان ريدن أول من أضاف بعد [التأثير] إلى بعدي الإهتمام بالعمل والإهتمام بالعلاقات وذلك عام ١٩٧٠، فأصبحت نظريته تدعى نظرية البعد الثالث، وقد أضيف البعد الثالث إعترافا بالحقيقة التي تؤكد على أن فعالية القائد تعتمد على أسلوب قيادته وإرتباطه بالموقف القائم ومدى تأثيه فيه، فعندما يكون أسلوب القائد ملائما للموقف القائم فإنه بذلك يكون قائدا مؤثرا، أما إذا كان الأسلوب غير ملائم للموقف القائم فإن القائد يكون غير مؤثر، فالأساليب الأساسية قد تكون مؤثرة أو غير مؤثرة وكل هذا يعتمد على الموقف، إذ يكمن الفرق بين الأسلوب المؤثر وغير المؤثر في أغلب الأحيان في مدى تناسب سلوك القائد مع بيئة العمل والموقف الموجود فيه، وليس في ماهية التصرف الحقيقي للقائد.

وهكذا فإن البعد الثالث هو البيئة التي تستدعي تأثيرا، فمن أهم معـايير الأداء للأمـاكن التنظيميـة المختلفـة هـو هـذا البعد الذي كان يستخدم لقياس درجة تأثير أو عدم تأثير المدير أو القائد، وتتطلب نظرية البعد الثالث من القائـد أن لا ينظر إلى نفسه أو ذاته وإنما إلى أبعد من ذلك، بمعنى أن يلتفت إلى إحتياجات الآخرين، وقـد دعـا [ريـدن] للنظـر إلى العناصر الموقفية الخمس التالية: المنظمة، والتقنية، والرؤساء، وزملاء العمل، و الأتباع، وفيما يلي توضيح لهـذه العنـاصر الموقفية:

- المنظمة: وتشير إلى جميع هـذه العنـاصر الموقفيـة، وتضـم عوامـل ومواقـف أخـرى غـير مرتبطـة بالمنظمة بشكل أساسي مثل الثقافة والمناخ والقيم أو الطريقة التي تتم فيها ملاحظة الأشياء حـول المنظمة.
- التقنية: وتشير إلى الطريقة التي يتم من خلالها التأثير الإداري، فوضع الميزانيـات وصـنع القـرارات والقيام بالتفتيش هي أعمال يمكن القيام بها بطرق مختلفة أو بتقنيات مختلفة.
- الرئيس
- زملاء العمل
- الأتباع

{ وهي مفاهيم تستعمل في معنى متقارب ومقبول عموماً }

وتشكل هذه العناصر مؤثرات على أسلوب القائد، فأي قائد عليه أن يدركها ويسـتجيب لهـا أو يغـير فيهـا لـكي يشـخص الموقف القائم بشكل شامل، وبذلك يسيطر القادة على الموقف ولكن عليهم أولا السيطرة على أنفسهم.

نظرية دورة الحياة

في نماذج القيادة التي طورها (هيرسي و بلانشارد، ١٩٨٨) ضمن نشاطاتهم البحثية، تـم إسـتعمال سـلوك المهمـة وسـلوك العلاقة لوصف مفاهيم مشابهة

لمفهومي الإعتبار وبدء التنظيم { دراسات جامعة ولاية أوهايو }، وتعبر نظرية دورة الحياة عن الحالات التي تؤدي إلى القيادة الفعالة من خلال العلاقة بين أسلوب القائد وإستعداد الأتباع، كما تؤكد على أهمية إستعداد الأتباع وعلاقتهم بالقائد الذي يتغير أسلوبه القيادي بمرور الوقت.

ويشير سلوك المهمة إلى السلوكات التي يحدد فيها القائد واجبات الفرد أو المجموعة ونشاطاتهم ومسؤولياتهم من خلال تحديد الهدف والتنظيم والجدولة والتوجيه والسيطرة، وذلك لتوضيح النشاطات التي على الفرد القيام بها وكيف ومتى وأين سينجزها، أما سلوك العلاقة فيشير إلى سلوك الإتصال للقادة مثل الإستماع وإعطاء الدعم وتسهيل التفاعلات وإبداء الرأي والتعليقات ودعم الأفراد أو المجموعات والإبقاء على علاقات شخصية بينهم وبين أعضاء المجموعات من خلال فتح قنوات الإتصال (هيرسي و بلانشارد ١٩٨٨).

ومن خلال دمج هذين السلوكين ينتج لدينا أربعة أساليب أساسية لسلوك القيادة هي:

- الإخبار [القائد المخبر]: المهمة العالية والعلاقة المنخفضة حيث يقوم القائد هنا بإرشاد العاملين وتوجيههم، ويشرع التعليمات ويقرر تعليمات معينة، ويراقب الأداء مباشرة، بمعنى أنه يفرض رأيه دون إعتبار للعاملين أبدا.
- البيع [القائد البائع]: المهمة العالية والعلاقة العالية حيث يوضح القائد القرارات للعاملين ويقنعهم بها حسب الضرورة، أما إذا زادت عن الحد المقبول فإن ذلك يؤدي إلى إزعاج العاملين.
- المشاركة [القائد المشارك]: المهمة المنخفضة والعلاقة العالية حيث يحيل القائد بعض المسؤوليات الهامة للأتباع، ويشجعهم على المشاركة في إتخاذ القرارات، أما في الحالات الحدية { الطرفية } فإن القائد

قد يركز على تلبية إرادة المستخدمين بدلا من تقرير قدر ملائم من المشاركة.

- التفويض [القائد المفوض]: المهمة المنخفضة والعلاقة المنخفضة حيث يكتفي القائد بملاحظة ومراقبة أداء العاملين بعد إعطائهم مسؤولية إتخاذ القرارات والتطبيق، والتطبيق غير الصحيح لهذا الأسلوب قد يفقد القائد كثيرا من عمليات صنع وإتخاذ القرارات.

ولتلخيص نظرية القيادة الموقفية يرى (هيرسي و بلانشارد) أنه ليس ثمة طريقة واحدة أفضل للتأثير على الآخرين كأسلوب قيادة يجب أن يستعمله القائد مع الأفراد أو الجماعات إستنادا إلى مستوى إستعداد الأفراد، من الناحية الأخرى فإن القيادة الموقفية تعتمد على التفاعل بين:

١) التوجيه والتعليمات التي تصدر عن القائد.
٢) الدعم العاطفي الإجتماعي الذي يزود به القائد أتباعه.
٣) مستوى الإستعداد الذي يظهره الأتباع لإنجاز مهمة معينة أو وظيفة أو أهداف.

لقد تم تطوير هذه النظرية للمساعدة في قيادة الأفراد بغض النظر عن أدوارهم، وليكونوا أكثر فاعلية وكفاءة في تفاعلاتهم اليومية مع الآخرين، وهذا يزود القادة ببعض المعلومات لفهم العلاقة بين أسلوب القيادة الفعال ومستوى إستعداد الاتباع،وطبقا لهذه النظرية فإن إختيار الأسلوب الملائم يتطلب من القائد تحديد إستعداد التابعين، وهذا الإستعداد له مكونان إثنان هما:

- قدرة العاملين: من حيث توفر المعرفة والمهارات والخبرة الضرورية لأداء المهمة.
- الرغبة لدى العاملين: بمعنى أن يكون لديهم الحافز والإلتزام والثقة للقيام بالمهمة.

إن الإستعداد في القيادة الموقفية يعني مدى مقدرة ورغبة الفرد في إنجاز مهمة معينة، ويميل الأفراد إلى أن يكونوا في مستويات مختلفة من الإستعداد، وهذا يعتمد على المهمة التي سيقومون بها، والإستعداد ليس سمة شخصية، وليس تقييما لخصائص الفرد أو قيمه أو عمره... إلخ، وإنما هو جاهزية الفرد لأداء مهمة معينة.

رابعا: القيادة التحويلية

وهي إحدى وجهات النظر الحالية للقيادة، والتي كانت بؤرة للبحث الكثيف منذ أوائل الثمانينات من القرن الماضي، وتعتبر جزءا من { القيادة الحديثة }، فقد أضاف التفكير الحديث حول القيادة الفعالة إلى النظرية الموقفية التأكيد على جاذبية القائد { الكاريزما } وقدرته على التطوير وتحقيق رؤية المنظمة، وكذلك التأكيد على قدرة كل عامل على التصرف كقائد لذاته، ويؤدي ذلك إلى قيادة ممتازة، حيث تشير إلى توجيه الآخرين لقيادة أنفسهم، ويرى (مانز و سيمز، ٢٠٠٢) أنه عندما يفكر أكثر الناس بالقيادة، فإنهم يفكرون في قيام شخص ما بعمل شيء ما تجاه شخص آخر، وهذا يعتبر تأثيرا، والقائد هو من يملك المقدرة على التأثير في الآخرين، والقائد التقليدي هو الفرد الذي يصوره الآخرين أحيانا بأنه مؤثر أو بطولي.

أما المفهوم الشائع لفكرة القائد التحويلي فهو أن القائد التحويلي هو القائد الذي يمتلك الرؤية والجاذبية الشخصية الدينامية لتحقيق التغيير التنظيمي، والقيادة التحويلية هي العملية التي تغير وتحول الأفراد من خلال إهتمامهم بالقيم والمعايير الأخلاقية والأهداف طويلة المدى، وتتضمن القيادة التحويلية تقييم دوافع العاملين ومحاولة إشباع حاجاتهم ومعاملتهم كبشر، كما أنها تعتبر قيادة مؤثرة وحالمة، ونظرة شاملة يمكن توظيفها لوصف تشكيلة واسعة من القيادة،

وهي من المحاولات النوعية في التأثير على العاملين على مستوى الفرد والمنظمة ككل وحتى على مستوى الثقافة.

ويرى (بيرنز، ١٩٧٨) أن القيادة التحويلية تشير إلى العملية التي يعمل فيها الفرد مع الآخرين لإحداث إتصال يرفع مستوى التحفيز والمبادئ الأخلاقية في كل من القائد والعاملين، والقائد التحويلي متعاطف مع حاجات ودوافع العاملين، ويحاول مساعدتهم للوصول بجهدهم وإمكاناتهم إلى أقصى درجة، ويشير (بيرنز) إلى شخصية [غاندي] كمثال كلاسيكي للقيادة التحويلية، فقد جمع [غاندي] آمال ومطالب الملايين من شعبه، وفي هذه العملية غير في نفسه كثيرا.

ويرى (سكيرميرهون، ١٩٩٦) بأن هناك عدة خصائص للقادة التحويليين من أهمها:

١. الرؤية: بمعنى إمتلاك أفكار، ومعان واضحة للتعليمات، وإبلاغها للآخرين، وتطوير الحماس للعمل بجد لإنجاز الأحلام المشتركة.
٢. الجاذبية [الشخصية]: بمعنى إثارة الحماس والإيمان والولاء والفخر لدى الآخرين، وحثهم على الثقة بأنفسهم ومناشدة عواطفهم.
٣. الرمزية: بمعنى السعي لتحديد المتميزين ومنحهم جوائز خاصة والإحتفال بالتفوق والغنجاز العالي.
٤. التخويل: بمعنى مساعدة الآخرين في الأداء والتطوير وإزالة عقبات العمل، وإشراك الآخرين في المسؤوليات وتفويض البعض للقيام بأعمال معينة بشكل جدي.
٥. التحفيز الثقافي: ويتضمن ذلك كسب تدخل الآخرين من خلال إيجاد وعي لديهم بالمشاكل من حولهم وإثارة خيالهم لإيجاد حلول متميزة للمشكلات.

٦. النزاهة: بمعنى أن يكون القائد صادقا ومستقيما وموثوقا به، ويبقى خارج دائرة الإتهام الشخصي أو الشك به من قبل الآخرين.

ويرى (باس، ١٩٨٥) وهو أحد رواد هذه النظرية أن هناك نوعين للقادة بشكل عام هما: القائد النفعي، والقائد التحويلي، فالأول يناشد المصلحة الشخصية، ويعتبر القيادة عملية تبادل أو صفقة بينه وبين العاملين، وبمعنى آخر يمكن القول أن القائد يخاطب العامل قائلا: " سأعتني بمصالحك إذا إعتنيت أنت بالعمل "، وبالرغم من أن هذه النظرة قد لا تكون خاطئة، إلا أن (باس) يرى بأن القائد يخفق في الأداء بأن يجعل العامل يلتزم بما هو مطلوب منه، ولكن لإنجاز ذلك لا بد للقائد أن يقدم مؤثرات أو سمات تحويلية من تلك التي ذكرت سابقا، أما الثاني [القائد التحويلي] فهو القائد الذي يكتسب الأمانة والثقة والإعجاب والولاء من أتباعه، وبالتالي فإن العاملين يحفزون لممارسة المستويات العالية من الجهد بغض النظر عن إحساس الولاء الشخصي للقائد أو حتى المنظمة.

وعليه فإن نظرية القيادة التحويلية تعتمد بشدة على نظرية السمات، فهي ترى بأن القادة الفاعلين يظهرون عدة خصائص وسمات فريدة تمكنهم من التأثير على العاملين، ومن هذه السمات والخصائص كما يراها (كونجر و كانونجو ١٩٨٧) ما يلي:

- الثقة العالية بالنفس: حيث يظهر القادة المؤثرين ثقة قوية في أحكامهم الخاصة وأعمالهم.
- المقدرة على وضع رؤية: فهؤلاء القادة لديهم قدرة فريدة لوضع رؤية مثالية لمواجهة ما يمكن أن تحمله الأيام القادمة.
- الإستعداد لتحمل الأخطار الشخصية العالية لمواصلة الرؤية: بمعنى التضحية في سبيل إنجاز الرؤية مما يؤدي إلى إتباع الآخرين لهم وإعجابهم بمأثرتهم.

- إستعمال إستراتيجيات غير تقليدية أو غير مألوفة: بمعنى أن هؤلاء القادة يستخدمون أساليب غير تقليدية في أغلب الأحيان كإشارة إلى ثقتهم في عملهم وهذا بالتأكيد يجذب إعجاب الأتباع في أغلب الأحيان.
- القائد عامل تغيير: فالقادة المؤثرون يعتبرهم الاتباع عوامل تأثير وخاصة إذا كان التابعين ساخطين أوغير مرتاحين للأحداث الحالية.

الدراسة السادسة
الإدارة التربوية في الإسلام[1]

استخدم العلماء المسلمون منذ القدم مصطلحات كالولاية والرعاية والأمانة، كناية عن الإدارة، فبينما تعني الولاية والرعاية العمل الجاد والعناية بشؤون الآخرين، فإن الأمانة تعني الالتزام في القيام بالواجبات والوفاء بها، كما تستخدم كلمة التدبير في القرآن الكريم على نحو واسع للدلالة على معنى الإدارة، فقد ذكرت هذه الكلمة القرآن الكريم أربع مرات،فقد ورد ذكرها في سورة يونس الآية (٣)،والآية (٣١)، وفي سورة الرعد الآية (٢)، وكذلك في سورة السجدة الآية (٥).

تبين هذه الآيات الكريمة بأن العالم بأكمله يسير وفقا لما هو مقرر له، ضمن حكم وتعاليم الله سبحانه وتعالى، فهذا سيد قطب يصرح بأن كلمة " تدبير " التي ورد ذكرها في القرآن،تتضمن وسائل تخطيط وتنظيم واتخاذ قرارات لاختيار الطريق الصحيح عند القيام بأمر ما، وهذه تشكل أجزاء العملية الإدارية، كما يعني التدبر التنظيم والدور المتعقل الرصين،ويتطلب نظاما لتقرير وتنظيم الشؤون.

يمكن النظر إلى الإدارة من المنظورات الإسلامية أو الغربية، فوجهات نظر العديد من العلماء المسلمين المعاصرين في الإدارة مستندة على الفلسفة الغربية في الإدارة، فعلى سبيل المثال ينظر [نبيل السملوتي] إلى الإدارة على أنها عملية أمر الأفراد العاملين وتوضيح مهامهم ونصحهم وإرشادهم لضمان إنجاز الهدف المطلوب، لكن هذا التعريف يهمل أمورا مثل التخطيط والتنظيم والإشراف.

يرى بعض العلماء أن الإدارة أقرب ما تكون إلى المهارة أو الفن والمقدرة على استخدام ما هو متوفر لدى الإداري من طاقة بشرية ووسائل وأدوات مادية

---

[1] ترجمة جزء من كتاب Ali mahmood . educational administration بتصرف.

متاحة ومهمة، كما يعرفها البعض بأنها المقدرة أو القابلية لاستخدام جميع الإمكانات البشرية والمادية قدر الإمكان وبما فيه الكفاية لإنجاز أهداف معينة، في حين اعتبرها باحثون فن توجيه العلاقات التنظيمية بين أعضاء المؤسسة الواحدة.

لكن الإدارة بلا شك أكثر إتساعا وشمولا من ذلك، فهي تتضمن عناصر أخرى غير العلاقات التنظيمية في المؤسسة، فقد اعتبرها بعض العلماء بأنها المسؤولية الإشرافية التي تراقب العاملين، وتشرف عليهم لضمان سير العمل بسهولة وتحقيق الأهداف، ولكن يشعر آخرون بأن الإدارة تعني سيطرة مجموعة من الأشخاص الذين التزموا بأعمالهم بمهارة ودقة، فكانوا في درجات أفضل من غيرهم، وقد إستند هؤلاء في ذلك إلى قوله تعالى ((... ورفعنا بعضهم فوق بعض درجات ليتخذ بعضهم بعضا سخريا ورحمة ربك خير مما يجمعون)) سورة الزخرف، الآية { ٣٢ }، فالإدارة تسيطر على الأفراد وتجعلهم يعملون بدقة ومهارة لإنجاز أهداف معينة، ولكن هل يتوافق هذا المعنى مع تعاليم الدين الإسلامي ؟

إن الإسلام -بلا شك - يدعو الفرد المسلم لأن يساعد ويفيد الآخرين في المجتمع، وذلك لتدعيم روح التعاون والأخوة لا روح السيطرة وإذلال الآخرين أو إعتبارهم تابعين.

لا بد أن يكون تعريف الإدارة شاملا لجميع عناصر الإدارة كالتخطيط والتنظيم والتوجيه والإشراف على إنجاز الأهداف التنظيمية، فالإدارة عملية تنسيق للعناصر الإنسانية والمادية في المؤسسة، كالمصادر والأجهزة والأفراد من خلال التخطيط والتنظيم والتوجيه والإشراف على هذه الجهود لإنجاز الأهداف النهائية للمؤسسة.

إن الإدارة في الإسلام تأخذ معنى فريدا حيث تعتبر (خدمة عامة)، فقد كان أول من جسدها بهذا المعنى أمير المؤمنين عمر بن الخطاب رضي الله عنه،

حين أكد للمسلمين عشية توليه الخلافة، بأنه لم يتول أمرهم لضرب أجسادهم أو أخذ أموالهم بل لخدمتهم وتعليمهم وتوجيههم، كما تعني الإدارة توجيه الفرد العامل نحو الأنسب والأصح، إضافة إلى أنها تعمل الأفضل لتطوير وإعداد الفرد للعمل وليس إستغلال طاقاته فقط
نستخلص مما سبق أن الإدارة هي النشاطات المتعلقة بالتخطيط وتنظيم العمليات في المؤسسة وتوجيه الأفراد للأفضل في الحاضر والمستقبل، وتطوير وتحسين عمل الأفراد والقادة والمراقبين لإنجاز الأهداف التشريعية للمؤسسة.

أصول الإدارة التربوية الإسلامية

تسعى أي أمة من الأمم نحو اللحاق بركب الحضارة والمحافظة على تراثها جيلا بعد جيل، إضافة إلى تحقيق العز والمجد لأبنائها، إلا أنني أستطيع استثناء الأمة العربية من بين هذه الأمم، فقد عجزت أمتنا عن بلوغ أي من هذه المساعي لعدم توفر الإرادة المتمثلة بسياسات عليا تنظم وتحدد الأهداف بوضوح لتحقيق مصلحة الأمة ورقيها وسيادتها.

لقد طغى على النظم التربوية العربية ظاهرة الفصل بين الدين والواقع، إذ ينقسم التعليم لدينا إلى نوعين رئيسين هما: التعليم الديني والتعليم الدنيوي، فالأول يخرج أفرادا مختلفين تماما عن خريجي التعليم الدنيوي من حيث المظهر والجوهر وأنماط السلوك المتبعة في المجتمع، إضافة إلى الفجوة العميقة بينهما في الأفكار والمعتقدات وطرق التفكير.

إن معظم النظريات المعاصرة في الإدارة التربوية تستند على الفكر الغربي لذلك فإنها لا تتناسب مع المجتمعات الإسلامية التي تتخذ من الإسلام طريقة حياة، لذا فمن الضروري تفحص ومعرفة المنظور الإسلامي في الإدارة التربوية كونه قابلا للتطبيق في الدول الإسلامية.

ومن الآثار السلبية للنظم التربوية العربية أيضا إهتمامها بالخريجين من حيث الكم لا الكيف، فما أكثر المهندسين والأطباء والكيميائيين والصناعيين والتربويين، لكنهم وللأسف مع كثرتهم غثاء كغثاء السيل لم تجن منهم الأمة أي فائدة تذكر، فأغلبهم قد تعلموا من أجل نيل الشهادات الجامعية لا من أجل العلم أو توظيفه في حياتهم والتجديد فيه، فانعكس ذلك على الميادين العملية في ظل غياب سياسة عليا تنظم عمل التخصصات المختلفة.

فلعل تخريج الآلاف من المهندسين والفنيين والصناعيين يعتبر أمرا غير ذي فائدة، إن لم تتوفر سياسة عليا للإنتاج، كما أن الإهتمام بتعليم آلاف الفتيات ومن ثم زجهن في الدوائر والمؤسسات، دون قيامهن بأي خدمة تذكر للمجتمع، بل على العكس يستنزفن مقدرات وأموال الأمة على شكل رواتب شهرية، هذا غيض من فيض الأمثلة على كثير من الإختصاصات والميادين التي أسهم ضعفها في إنهيار وضع الأمة.

يقع اللوم هنا بلا شك على السياسات العليا للأمة التي تفتقد إلى الوضوح والتناغمية والتوحيد، فلكل مجتمع عربي سياساته الخاصة التي تحمي مصالحه وتخدمها، لذا يجد الفرد نفسه مضطرا للتكيف مع السائد في مجتمعه، وينصب إهتمامه على الشهادة والوظيفة، أما القواعد والخطوط العريضة العليا للتعليم فهي إما غير موجودة أو أنها موجودة ولكنها تطبق بصورة مغايرة لتوجهات الأمة.

تزودنا الشريعة الإسلامية بأبدال تمتلكها يمكن لها قيادة العالم نحو الأمن والوحدة والحضارة والتطور، فالإسلام يدعو المسلم إلى عدم الانجراف وراء التيارات الأخرى، كما يدعوه إلى أن لا يكون إمعة فيتحرك مع الآخرين أينما ذهبوا، لذا علينا الكفاح من أجل إيجاد منهج إسلامي في الإدارة عموما وفي الإدارة التربوية على وجه الخصوص.

إن أهداف التربية في الإسلام أكثر عمقا منها في الغرب، ففي الدين الإسلامي يعتبر الإيمان ذو علاقة إرتباطية بالمعرفة والتعليم، لذا فإنه من غير الملائم أن نكون مجرد متبنين للمنظور الغربي في الإدارة التربوية في المؤسسات التعليمية الإسلامية، لأن المسلمين في الأساس أصحاب فكر ومنهج يستند إلى تشريعات سماوية أفضل وأسلم من المنظور الغربي الوضعي.

الأفكار المبكرة في الإدارة الإسلامية

أسهم العلماء المسلمون الأوائل بشكل فعال في الإدارة، ولا زالت إسهاماتهم ذات علاقة بالإدارة الحديثة، فقد كان الفارابي من العلماء السباقين والمهتمين بهذا المجال، فأكد على أن القادة يجب أن يعرضوا السلوكيات الجيدة والمرغوبة لإنجاز أهداف ومرامي المجتمع، ولخص كذلك في كتابه { آراء أهل المدينة الفاضلة } الخصائص الواجب توافرها في القائد الناجح، ومن هذه الخصائص والصفات:

- الذكاء.
- الحكمة.
- الشخصية المتوازنة.
- التفاؤل.
- بعد النظر.
- توافر مقدرات عقلية وخصائص جسمية معينة.
- ذو مقدرة على صنع سياسات طويلة المدى.

كما ناقش الفارابي تعاون أفراد المجتمع فيما بينهم ومع قائدهم ودعم بعضهم البعض، وأن يكون هدف الجميع تحقيق السعادة، فهذا يسهم في خلق تنظيم يتعاون جميع أفراده ويسهموا في إيجاد مجتمع مثالي.

وتناول الماوردي في كتابه { الأحكام السلطانية والولاية الدينية في الإدارة الحكومية } الحكومة واعتبرها المسؤول الأول عن المواطنين، وإدارة مختلف شؤونهم عمليا، فغطت كتاباته النظام الإداري في الحكومات، كما مثلت أساسيات وواجبات على المستوى الإقليمي والمحلي والمركزي، وقد أوصى هذا العالم بطرق وتقنيات ضرورية لتنظيم النشاطات الحكومية في كافة مجالاتها وأقسامها المختلفة،هذا بالإضافة إلى تركيزه على مبادئ إدارية كالعدالة والتدرج في القيادة والمؤهلات والتخصص.

وقد أسهم علماء مسلمون آخرون في الإهتمام بالإدارة من منظور إسلامي، فوضعوا بذلك حجر الأساس لهذا العلم الذي أخذه الغرب فطبقه ووصل إلى ما وصل إليه من تقدم، ومن هؤلاء العلماء شيخ الإسلام إبن تيمية في كتابه { السياسة الشرعية في إصلاح الراعي والرعية }، والإمام الغزالي في كتابه { التبر المسكوك في نصيحة الملوك }.

إن إسهامات العلماء المذكورين أعلاه تمثل مصدرا ثمينا في تيار الفكر الإداري، فهي معنية بالإدارة في الحكومة والولاية بشكل عام من منظور إسلامي، أما الإدارة التربوية فلم تكن مطروحة بحد ذاتها كمادة مستقلة، ولكن مع ذلك يمكن أخذ هذا التراث والبناء عليه في مسعى نحو توضيح المنظور الإسلامي في الإدارة التربوية.

فلسفة الإدارة التربوية في الإسلام

إن الإدارة التربوية في الإسلام معنية بإيصال مجتمع المدرسة إلى حياة كريمة على المدى البعيد، كما أن دورها الأكثر أهمية يكمن في تعبئة المصادر المادية والبشرية في المدرسة نحو إنجاز أهداف المؤسسة التربوية في طريقها لتحقيق السعادة لجميع أفراد المؤسسة، وضمن هذه العلاقة لا بد من اكتساب الإدارة التربوية لتعاون وخدمة الأفراد في المنظمة.

ويعتبر الإسلام هذا النوع من الإدارة خدمة لمجتمع المدرسة والتلاميذ، لذا يجدر بالمدارس وغيرها من المراكز التربوية أن تهتم بالخدمة في هذا الشأن، إضافة إلى الكفاءة والتأثير أكثر من اهتمامها بالنزاعات، فهناك سمتين رئيستين للإدارة التربوية تتمثلان بـ:

- الجانب التعليمي: فالإدارة التربوية الإسلامية تدعو إلى تسهيل بلوغ الأهداف التعليمية، سواء من ناحية التجهيزات، أم مؤهلات الكوادر التعليمية، أو المواد التعليمية، أو تطوير نمو الموظفين المهني.
- الجانب الإداري: ويتضمن تخطيطا صحيحا لميزانية المنظمة، وتقسيم الأدوار بين العاملين بشكل صحيح، وإتخاذ القرارات والتخطيط الإستراتيجي طويل المدى، لتحسين المنظمة.

فالإدارة المدرسية تراعي الكادر التعليمي والطلبة والمنهاج والمجتمع المحلي، ولعله من المفيد هنا التحدث عن المنهج، حيث ينبغي أن يكون مقبولا، وذا أهمية لتطوير شخصية إسلامية مقتدرة ومبدعة، تتمكن من الإحاطة بآخر الإنجازات العلمية والتكنولوجية.
ومن المدارس الإسلامية العريقة والتي كان يشار إليها بالبنان،لأسلوبها الرائع في قيادة الأمة فبعثت في نفوس أبنائها الحماس للعلم والتعلم والإبداع، تلك هي المدرسة النظامية في بغداد (المحتلة) أعادها الله إلى ديار المسلمين حرة عزيزة كما كانت.

الأهداف المتوخاة من التربية للمجتمع الإسلامي

تسهم التربية والتعليم في تحقيق جملة من الأهداف النافعة للفرد والمجتمع على حد سواء، فمن مقاصد التربية تحقيق أكبر قدر من الرفاه للفرد والمجتمع والمقصود به ليس الرفاه المادي فحسب وإنما الرفاه الفكري والأخلاقي، كما تسهم التربية بما تتضمنه من تعديل لسلوك الفرد في حل المشكلات بالطرق

العلمية والمنطقية السليمة، وتسهم أيضا في إيجاد الوسائل الملائمة للتغلب على الأخطار والمعوقات في الأمور المختلفة، وبإختصار فإن التربية سبيل للبقاء وللحفاظ على كيان المجتمع ووجوده.

أهداف الإدارة التربوية في الإسلام

مباشرة وتقييم البرامج التعليمية والعمل على تطويرها إستنادا إلى اعتبارات ومعايير معينة.

خلق بيئة مناسبة للتعليم الناجح، بحيث يشعر الكادر التعليمي والإداري بالانتماء والاندفاع للعمل لتحقيق الأهداف، والكفاح من أجل الوصول إلى مستوى قيمي عال.

إشراك الكوادر التعليمية والإدارية، والطلبة، وأولياء الأمور، والمجتمع المحلي في عملية صنع القرار بخصوص الأمور التي تهمهم وتؤثر عليهم.

بناء جسور الثقة بين المدرسة من جهة، وأهالي الطلبة والمجتمع المحلي من جهة أخرى.

إختيار المعلمين بتعقل إستنادا إلى مؤهلاتهم العلمية، ومعرفتهم وتصرفاتهم وأخلاقهم، كما يؤخذ بعين الإعتبار خبراتهم وإخلاصهم.

رسم السياسات والتخطيط الإستراتيجي طويل المدى للتطوير والتحديث.

أهداف لا بد من تحقيقها للوصول إلى تربية عربية إسلامية ذات أثر

على النظم التربوية العربية أن تخرج الأفراد الصالحين الذين يشكلون في مجموعهم مجتمعات صالحة، وبالتالي أمة صالحة خيرة تؤثر في الأمم الأخرى وتكون قدوة لها في سائر ميادين الحياة ولعل هذا لا يتحقق إلا بالعمل الجاد لتحقيق أهداف إجرائية من خلال مناهجها ومن هذه الأهداف:

- تربية النشئ على تعاليم الإيمان وأركانه الأساسية في ميادين الحياة.

- تعزيز قيم التعاون والتراحم والمودة بين الأفراد من خلال المؤسسات التربوية.
- العمل على توحيد الاتجاهات والمشاعر إستنادا إلى وحدة الدين واللغة والمصير.
- تربية الأفراد على أنهم جميعا يعيشون في خندق واحد وأن لا فضل لأحدهم على الآخر والتخلص من التحيزات الطائفية.
- رعاية الأفراد على كافة الأصعدة ضمن الإمكانات المتاحة، والاهتمام بالناحية الدينية والجسمية والعاطفية لديه.
-

خصائص الإدارة التربوية في الإسلام

مستقرة لا تتغير بتغير الزمان والمكان والأشخاص، لأنها تستقي مبادئها من القرآن الكريم والسنة النبوية الشريفة.
تركز على الحاجات النفسية والاجتماعية للأفراد.
تتميز بمرونتها ومقدرتها على التكيف وأن تكون موضع ترحيب في المجتمع.
مرتبطة بالنظام القيمي للمجتمع الإسلامي ولا تخرج عن نطاقه.

و يضم القرآن الكريم العديد من الآيات التي تبين أن الإسلام لم يأت لفئة بعينها من البشر، بل كان ولا يزال صالحا لكل زمان ومكان، ويخدم البشرية جمعاء ويحتوي جميع الناس والديانات والأفكار والعقائد والعلوم، فهو دين عالمي شامل منزه عن الزلات والنواقص، وقد جاء نبي النور والرحمة محمد صلى الله عليه وسلم بشيرا ونذيرا للعالمين لا لأمة العرب وحسب.

وعليه فإن الإسلام لا يجد غضاضة في أخذ المفيد للمجتمع المسلم من المجتمعات الأخرى ولو كانت كافرة، فهو دين يسعى للتيسير على الناس وتسهيل سبل حياتهم وتطويرها، لكنه يصطدم مع العولمة، إذ يرفض أن يعيش المسلمون

منقادين أذلاء وراء الحضارات الأخرى وسيطرة الأخيرة عليهم لأجيال متعاقبة، وخضوعهم لتعليمات وأنظمة الأجنبي.

الدراسة السابعة
من هو مدير المدرسة القيادي ؟!

تسهم المدرسة في أي مكان في العالم في تربية الإنسان ومساعدته على النمو في المجالات كافة، ضمن أقصى حد يستطيعه وفقا لاستعداداته وميوله، ويشرف على القيام بهذه المهمة قوى عاملة تشكل الهيكل التنظيمي للمدرسة، ولا بد لهذه القوى البشرية من فرد مسؤول يدير شؤونها وتنظيمها يطلق عليه اسم المدير.
ويهتم المدير بالقيام بعمليات التخطيط والتنظيم والتنسيق والإشراف والتقييم، وإنجاز الأعمال الإدارية اليومية التي تتطلبها مهنته ويطور نفسه مهنيا لإفادة المؤسسة التي يعمل بها بكل جديد في تخصصه، ولأن المدير يقف على قمة الهرم الإداري في المدرسة فإنه يعتبر المسؤول الأول عن المدرسة، لذا يكون لزاما عليه قيادة التنظيم المدرسي بفاعلية من خلال اهتمامه وإشرافه على أمور منها:

- تنظيم وتقسيم الأعمال بين الموظفين.
- الإشراف على التزام المجتمع المدرسي بالدوام الرسمي.
- مراقبة النظام العام والمرافق المدرسية.
- الحفاظ على العلاقات الإنسانية داخل المدرسة نظيفة ولا تشوبها الخلافات.
- متابعة السجلات والملفات والامتحانات والنتائج المدرسية.

بمعنى أن مهام مدير المدرسة الفعال - في إدارته للتنظيم المدرسي - تشمل ما يلي[1]:

أولا : التخطيط والتنظيم

إذ ينبغي لأي مدير يسعى لنجاح مدرسته وريادتها أن يبدأ بوضع خطة شاملة للعام الدراسي قبل بدايته ولمختلف المجالات المدرسية، ولا بد أن تتسم

[1] السيد سلامة الخميسي، قراءات في الإدارة المدرسية.

هذه الخطة بالمرونة والواقعية والشمول بحيث يراعي فيها إمكانيات المدرسة والظروف المحيطة به، ولا بد له من إشراك العاملين معه في وضع الخطة وصياغتها لضمان أكبر قدر من التوثيق في تنفيذ بنودها.

ثانيا : التنفيذ

وتتضمن هذه المرحلة القيام بالعمل فعليا في ضوء ما تم التخطيط له وذلك ضمن الأنظمة والقوانين المعمول بها، ولا بد أيضا أن يتم التنفيذ بشكل تعاوني.

ثالثا : التوجيه

فعلى المدير بصفته المسؤول الأول في المدرسة أن يطلع على أعمال الأقسام واللجان المختلفة في المدرسة، وتوجيه العاملين والإشراف عليهم وعقد اللقاءات المستمرة معهم، وتشجيع المتميزين منهم.

رابعا : المتابعة

وتعتبر المتابعة مساعدا في استمرار نجاح أي عمل، إذ أن أي عمل لا يتابع لا بد له أن يفشل ولا يحقق أهدافه، لذا لا بد أن تتسم المتابعة بالاستمرارية والشمول.

خامسا : التقييم

وهي خطوة مهمة للوقوف على مدى نجاح التنفيذ أو عدمه وما حققه العمل المدرسي خلال العام الدراسي، ويتضمن ذلك ملاحظة ما تم تنفيذه من أهداف وتقويمها، ومعرفة الصعوبات والعقبات التي واجهت عملية التنفيذ ووضع الحلول لمواجهتها في المرات القادمة، ويشكل التقييم عملية مراجعة شاملة للعمل ومعرفة إنجازات وإخفاقات التنفيذ خلال العام واتخاذ القرارات الحاسمة بشأنها، فاتخاذ القرار المناسب بعد جمع الحقائق والأفكار وتحليلها وتفسيرها إستنادا إلى نظرية مناسبة، يعتبر لب العملية الإدارية أو خلاصة الإدارة، وبناء

على ذلك وضع [جريفيت] نموذجا لإتخاذ القرار سمي بإسمه، فقد وضع عدة إفتراضات في نموذجه ومنها أن الإدارة سلوك عام في أي تنظيم إنساني، وأنها عملية ضبط وتوجيه لهذا التنظيم فتكون وظيفتها تطوير وتنظيم إتخاذ القرارات في ضوء علاقة إرتباطية لا إنفرادية بين الإداري والعاملين.(١)

هذا ويقوم مدير المدرسة بمسؤوليات فنية إلى جانب ما ذكر سابقا ومنها:

- الزيارات الصفية لمتابعة المعلمين.
- تقديم التقارير الفنية للجهات العليا.
- الإشراف على أقسام المدرسة ومرافقها.
- حضور الاجتماعات والدورات الهادفة لتطوير عمل مديري المدارس.
- تشجيع المعلمين على تنمية أنفسهم مهنيا .
- التأكد من سلامة الأبنية والتجهيزات المدرسية لاستقبال العام الدراسي.
- متابعة حضور وغياب التلاميذ.
- رفع تقارير إلى الإدارات العليا حول احتياجات المدرسة.
- تنفيذ اللوائح والتعليمات على المخالفين من العاملين والتلاميذ.
- الإشراف على الشؤون المالية.(٢)

وعلى المدير أن يتصف بعدة صفات وسمات تسهم في قيامه بعمله على أكمل وجه، ومنها أن يتمتع بصحة جسمية ونفسية سليمة، وأن يكون قادرا على رؤية شبكة علاقات الموقف، واثقا بنفسه، مرنا مثابرا صادقا مخلصا ، مائلا إلى

---

١ أحمد محمد الطيب، الإدارة التعليمية أصولها و تطبيقاتها المعاصرة.

٢ المرجع السابق نفسه.

التجديد والتغيير، وغيرها من الصفات المساهمة في إدراك المدير لوظيفته وواجبا ته كمدير للمدرسة.
فلا شك أن على المدير أن يحرص على تحقيق الأهداف من تربية الأبناء، ويقوم بالواجبات التي تحقق تلك الأهداف، والأهم من ذلك أن يدرك الطريقة التي يقوم من خلالها بالواجبات، فهناك واجبات إدارية تنظيمية وأخرى مهنية، هذا بالإضافة إلى أنه ينبغي على المدير أن يتمتع بصفات ومهارات للقيام بأدواره بنجاح ومنها الذكاء الفطري المكتسب في التعامل مع المواقف، والمعرفة العميقة بأسس الإدارة الحديثة، والثقافة العامة والواسعة والخبرة في التدريس والتوجيه والتحلي بالأخلاق الفاضلة، والمقدرة على الإقناع والتأثير في الآخرين، وحب التعاون والمشاركة والاستقرار النفسي-والعاطفي.

على أن هناك عدة عوامل تؤثر على المدير في تأديته لوجباته منها، طبيعة النظام السياسي والتربوي ومدى التطور الحاصل في البلاد، والفلسفة الاجتماعية السائدة، بالإضافة إلى مدى مرونة القوانين واللوائح، ومدى ممارسة السلطات التربوية للمتابعة والمراقبة والتوجيه، وأخيرا مدى الدعم والإمكانيات المتاحة للمدرسة، وما يحمله المدير من مؤهلات علمية وعملية، وحجم الصلاحيات التي يتمتع بها مدير المدرسة.

فعلى مدير المدرسة تقع مسؤوليات عديدة قبل بداية الدراسة من حيث أعداد المباني والأجهزة والميزانية والجداول والتلاميذ، وخلال العام الدراسي من حيث الأشراف على النواحي السلوكية والفنية والصحية والمالية وتدريب المعلمين، وفي نهاية العام الدراسي من حيث الامتحانات والجرد السنوي والتقرير السنوي وغيرها.[١]

[١] محمد جاسم محمد، سيكولوجية الإدارة التعليمية و آفاق التطور العام.

أما إذا سلكت الإدارة نهجا خاطئا، فإنها وبلا شك ستنتهي إلى حالة من الفوضى الإدارية وعدم التركيز على العمل الذي قامت من أجله المؤسسة، فالناحية المثلى هنا هي في أن تخلق المؤسسات مديرين قادرين على القيادة وقادة قادرين على الإدارة، لأن القائد الجيد هو الشخص القادر على القيادة والإدارة في آن واحد.

ففي المؤسسات الناجحة يجب تدريب الأفراد على إدارة الأشياء وقيادة الناس، مثل إدارة الأمور المالية وسير العمليات ونظام البيانات وكذلك قيادة العاملين وتوجيه بصيرتهم نحو الأشياء وبناء الثقة في نفوسهم وتحفيزهم نحو النجاح، و ربما نلاحظ أن المديرين الأوائل كانوا يمثلون هذا النوع من الأفراد، فكانوا مديرين ناجحين، مهرة في إدارة الأعمال المتعلقة بمؤسساتهم وقادة متميزين.

مقارنة بين المدير والقائد [1]

المدير	القائد
يترأس بعض الموظفين	يكسب اتباعا
يتفاعل مع التغيير	يعمل التغيير بنفسه
لديه أفكار جيدة	يطبق الأفكار
يحكم المجموعات	يقنع أتباعه
يحاول أن يكون بطلا	يصنع الأبطال
يبقي على الأوضاع على ما هي عليه	يرقى بالمؤسسة إلى آفاق عالية

إذا فالقيادة هنا نوع من العمل السيكولوجي، فإذا استطاع القائد تطبيق طرق القيادة الحديثة فإنه يكون وبلا شك فاعلا بشكل أكبر، فمهارات القيادة

[1] مجلة المعلم.

مثلها مثل مهارات الإدارة يمكن تعلمها، لكن القائد يدرك الوضع السائد ويتمكن من تغييره، إذن فتعلم القيادة يعتمد على مواجهة الأوضاع غير المرضية والانتقادات غير المرغوبة.

الدراسة الثامنة
الإدارة اليابانية

إدارة تخترق الحدود

لعبت الإدارة وما زالت دورا ماثلا في إحياء الحس الفردي والجمعي لدى العنصر البشري العامل، كما أثبتت وجودها بل إكسيرها الفاعل في تفعيل النشاط الحضاري، فأكسبته بريقا حقق له تعلقا وتألقا في مدارج التطور للركب الحضاري العالمي..

إن الإدارة لهي اليوم بمثابة الوجه الآخر للدين، فإذا كان الدين منحة السماء لأهل الأرض، فالإدارة اختراع البشرية ووحيها الذي يمشي على الأرض كذلك ! وفي التجربة اليابانية نلمس ما ذهبنا إليه من خلال بصمات الإحياء التي تركتها، وجعلتها تنهض من رماد كطائر الرخ !

فما إن وضعت الحرب العالمية الثانية أوزارها عام ١٩٤٥، بخسارة اليابان وحليفتها ألمانيا، وتوقيعهما معاهدة الاستسلام والتي تخلت اليابان بموجبها عن الأنشطة العسكرية، حتى انكبت الدولة اليابانية وشعبها على العمل بجد ومثابرة في الميادين السلمية، وبفعل الجهود الجبارة والعقول المتفتحة والسياسات الناجحة التي طبقت هناك، فقد حدثت ثورات علمية وصناعية متلاحقة بلغت أوجها وذروتها في ثمانينيات القرن الماضي، ففرضت اسم اليابان في المحافل الدولية، وخرجت اليابان لتفاجئ العالم كقوة اقتصادية يحسب لها حسابها، متطورة في الكثير من المجالات؛ لا سيما الصناعية منها والتجارية، حيث اتبعت في هذه الميادين أسلوب إدارة وقيادة ناجح ومتطور أدى باليابانيين إلى الاهتمام بالعمل والإنتاج وتطوير مهاراتهم ومقدرتهم، ليثبتوا للجميع وبخاصة الأمريكيين بأن أحداث [هيروشيما و ناكازاكي] لم تقسم ظهورهم ولا ظهر بعيرهم، بل زادتهم إصرارا على النجاح والتطور.

لقد دفع هذا التقدم الذي حققته اليابان - فخرجت من محنتها نحو القمة - العديد من الباحثين والإداريين إلى دراسة الأساليب الإدارية المتبعة في المؤسسات والمنظمات المختلفة، وقد برز من بين هؤلاء - وهو موضوع البحث - وليم أوتشي الذي أعد نظرية إدارية استنادا على دراساته وتحليلاته أطلق عليها { نظرية Z }، أكد فيها على الاهتمامات الإنسانية للأفراد في المنظمات.

إن شهرة نظرية الإدارة اليابانية وتفوقها على كثير من الإدارات في العالم، تعزى إلى أسباب: منها مقدرة اليابانيين على إيجاد نوع من الإدارة يتواءم مع ثقافتهم وعاداتهم وقيمهم، فقد أسهم النظام التربوي والتعليمي الياباني في إيجاد أفراد مبدعين وواثقين، بمقدورهم تعويض وطنهم عن شح الموارد الطبيعية التي تعاني منها، وذلك بالتفكير والإبداع والعمل بلا كلل أو ملل.

وقد جمع اليابانيون بين مبادئ نظرية الإدارة العلمية لـ (تايلور) ونظرية العلاقات الإنسانية آخذين من كليهما ما يناسب المجتمع الياباني،إضافة إلى تعديل ما يلزم تعديله ليخدم بيئة العمل، وبشكل أكثر تحديدا فإن فلسفة الإدارة اليابانية تقوم على أخذ كل ما هو مفيد للعمل والمؤسسة وكذلك للأفراد، فمثلا تستند الإدارة اليابانية على نظرية الإدارة العلمية في اعتمادها الجدارة كأساس للتعيين، والقيام بعمليات التدريب والتأهيل المستمر، وتقديم المكافآت للأفراد المنتجين...، إضافة إلى اعتمادها على نظرية العلاقات الإنسانية في اعتماد الأسلوب التشاركي في إتخاذ القرارات، وإيجاد بيئة عمل عائلية، والمحافظة على استقرار الأفراد العاملين...

الخصائص المميزة للمجتمع الياباني:

اهتم النظام التربوي في اليابان بتربية الطفل الياباني على الأخلاق والقيم والتقاليد الحسنة، لإخراج فرد يتمتع بالصلاح وروح المواطنة والدأب على خدمة مجتمعه ووطنه، وكان ذلك بخطط وسياسات محكمة اتخذتها الدولة اليابانية مع

انتهاء الحرب العالمية الثانية، لتتمكن من منافسة دول العالم بل والتقدم عليها في شتى المجالات لا سيما الاقتصادية منها.

وينشأ الفرد الياباني في أسرته الصغيرة في جو مفعم بالحنان والعطف والتعاضد بين أفراد الأسرة الواحدة، وتنعكس هذه التربية المسالمة على حياة الفرد في المجتمع الأكبر سواء في تعاملاته اليومية أو في عمله، فيطبق نتاج التربية الصحيحة التي تلقاها كما الآخرين، في معترك الحياة لينتج في نهاية الأمر تعاطف وتواد وتكافل بين أفراد المجتمع ككل، وبين زملاء العمل والمهنة على وجه الخصوص، فكل فرد بتصرفاته واتجاهاته يعتبر انعكاسا للأسرة التي نشأ فيها.[1]

ولا يخفى على أي باحث في شؤون المجتمع الياباني ما تتضمنه العادات والتقاليد اليابانية من تأكيد وحض على إتباع الأسلوب التشاركي في أي عمل، ومعاونة الأفراد بعضهم بعضا لتطوير العمل أو المنظمة، لذا فإن الفرد الياباني يفكر في كيفية إنجاز المهام المطلوبة منه، فهو مقتنع بأنه مكلف بأمر ما عليه إنجازه، بغض النظر عن خدمة هذه المهمة لمصالحه الشخصية، وبشمول هذا الفكر لكافة أفراد المجتمع الياباني أدى بالمحصلة إلى سيادة اليابان في كافة المحافل العالمية، وتصدرها قائمة الدول المتقدمة في العالم.

بيئة العمل اليابانية

بمجرد التحاق المواطن الياباني بعمله عند بداية حياته العملية - في ظل غياب ظاهرة البطالة - تنهال عليه عبارات الترحيب والاستقبال من زملائه في المؤسسة، الأمر الذي يشعره بالاطمئنان ويعطيه انطباعا أوليا حسنا، يشجعه على الانخراط في عضوية هذه المؤسسة باعتبارها بيته الثاني، ينتمي إليها ويعيش مع رفاقه الخبرات السارة وغير السارة في ظل جو يسوده التفاهم والتعاضد بين الأفراد، وكأنهم عائلة واحدة، وكما لو كانوا أسرة من النحل ! وتستمر علاقة

---

[1] محمد القريوتي، السلوك التنظيمي، بتصرف.

العمل هذه ما دام العامل قادرا على العمل، فالإدارة اليابانية تضمن الاستخدام المستمر طيلة الحياة لجميع العاملين، بالإضافة إلى تقديم امتيازات وتسهيلات أخرى تتعلق بالإسكان والترفيه وغيرها.
ومن ناحية أخرى فإن جميع إدارات المؤسسات في اليابان تعتمد أسلوب الترفيع حسب الأقدمية في العمل، الأمر الذي يشجع الأفراد على الانخراط في العمل بمؤسساتهم وعدم التفكير بالانتقال إلى أماكن أخرى طلبا للترقية، لأن الترقية تكون بناء على أقدمية العمل في المؤسسة نفسها وبغض النظر عن السن والخبرة، ويوضح الشكل التالي الإدارة اليابانية.[١]

مميزات الإدارة اليابانية:

أولا: إتخاذ القرار بصورة جماعية

تتميز المنظمات اليابانية عن غيرها بدراسة أي مشروع مسبقا دراسة وافية ومستفيضة يشترك فيها جميع العاملين في المنظمة فيدرسون جميع الاحتمالات ويتنبأون بما سيحدث في طريق تنفيذ المشروع فتصبح عملية التنفيذ أكثر يسرا وسهولة، ويتم القضاء على أية مشكلة بسرعة، لأنها ستكون قد طرحت أثناء دراسة المشروع ووضعت لها بدائل كثيرة لحلها، ولا يهتم اليابانيون بالوقت المستغرق في دراسة أي مشروع قبل البدء فيه، وذلك لتيقنهم أن هذا يصب في مصلحة العمل والمؤسسة، وبناء على ذلك يتم جمع الآراء واستشارة الجميع قبل أن يبت في أي موضوع في المؤسسة اليابانية.[٢]

ثانيا: التعليم والتدريب المستمران

حيث تقدم الإدارة اليابانية التعليم والتدريب لكافة الأفراد من عاملين ومدراء وبقية المستويات - كل حسب عمله - وطيلة فترة خدمتهم، الأمر الذي

---

[١] محمد القريوتي، مبادىء الإدارة، بتصرف.

[٢] مهدي زويلف، الإدارة نظريات و مبادىء، بتصرف.

يؤدي إلى احتراف الموظف في عمله مما ينجم عنه زيادة الإنتاج وتحسين نوعية المنتجات.

ثالثا: الإدارة الأبوية

يتقدم العامل الياباني في وظيفته حسب سنوات عمله في المؤسسة حتى يصل إلى المستويات الإدارية في سن متقدم نوعا ما، وتتصف معاملاته مع الموظفين بالأبوية، ويعاملهم كما يعامل أبناءه إلى درجة أنه يساهم في حل مشكلاتهم العائلية، وقد يشارك في إختيار زوجة لأحد العاملين.

رابعا: التوظيف مدى الحياة

وقد سبقت الإشارة إليه، ولكن يكفي القول هنا بأن الإدارة اليابانية تضمن للعاملين الذكور دون الإناث التوظيف مدى الحياة، إضافة إلى تضاعف الرواتب الشهرية كل { ١٥ سنة }، كما يمنح الموظف الياباني ثلثي راتبه إذا ما رغب في إكمال مسيرته بعد وصوله سن التقاعد وهو سن الخامسة والخمسين.

نظرية Z { وليام أوتشي William Ouchi }

مع التباين الواضح بين النظرية اليابانية في الإدارة، ونظيرتها الأمريكية، حيث تقوم الأولى على ضرورة غرس القيم الإنسانية للتنظيم في نفوس العاملين، وإقامة علاقات تعاونية وغير رسمية بينهم لزيادة التنسيق والتشاور غير الرسمي ومناقشة الموضوعات والقرارات بين الإدارة والعاملين، والتأكيد على العمل وتحمل المسؤولية بشكل جماعي، في حين تركز النظرية الأمريكية على الفردية وتربط بين الأداء والمكافآت وفق تنظيم هيكلي بيروقراطي محكم يتميز بأسلوب فردي في إتخاذ القرارات ينعدم فيه التشاور أو العمل الجماعي، كما يلاحظ في المنظمات الأمريكية حركات انتقال سريعة للموظفين من مؤسسة إلى أخرى سعيا لأوضاع أفضل وترقيات وظيفية.

رغم ذلك استطاع { وليام أوتشي } الياباني الأصل، تطويع النظرية اليابانية لتتعامل مع البيئة الأمريكية الأقل تجانسا والأكثر تنوعا من البيئة اليابانية التي تستثني النساء والأقليات العرقية من العمل، فقد أسهم{أوتشي} في نظريته هذه بالمطابقة بين الأسلوب الإداري المتبع في المؤسسات الأمريكية، وأسلوب المؤسسات اليابانية، وميز فيها الممارسات الإدارية في نموذج الإدارة الياباني والذي أطلق عليه نموذج [نظرية Z] في الإدارة، ولعل ما يميز هذا النموذج هو تركيزه على الأفراد وعلى البيئة التي يعملون فيها، فهو يعتبر الأفراد عناصر مركزية هامة ولهم دور رئيس ونشيط في إتخاذ القرارات، كما ينظر إلى التوظيف كالتزام متبادل طويل المدى حيث يراعى في ذلك الحالة الاجتماعية والاقتصادية للعاملين.[1]

إن القصد من وراء هذه النظرية هو تطوير إحساس الملكية لدى الأفراد في المؤسسة وانتمائهم إليها، مما سيزيد من إخلاصهم لأهداف المنظمة، الأمر الذي سيجعل منهم مساهمين بشكل أكثر في الإنتاج العام، فلتطوير إحساس الملكية المؤسسية، يستلزم لذلك أن يشعر الأفراد بأنهم جزء من العمل وطرف يحسب حسابه في إتخاذ القرارات، لذا على المؤسسات أن تتبنى الأسلوب التشاركي في إتخاذ القرارات، بحيث يتأثر كل فرد عامل بالمؤسسة، ويمتلك فرصة للتأثير فيها وفي القرارات المتخذة.

ومن الأمثلة على الشركات الأمريكية الناجحة والتي استخدمت نظرية Z كأسلوب للإدارة،
[هيولت باكارد، بروكتير آند جامبل، إيستمان كوداك].

محاور نظرية Z:
تقوم نظرية Z على عدة محاور هي:

---

[1] هاني عبد الرحمن الطويل، الإدارة التربوية و السلوك التنظيمي، بتصرف.

أن تتم عملية تقييم الموظفين مرة أو مرتين سنويا، وفق مقاييس رسمية واضحة وضمنية.

التركيز على الأداء أكثر منه على العلاقات غير الرسمية.

- أن يتناسب الشكل التنظيمي مع الظروف المتغيرة والتكنولوجيا المعقدة { التنظيم الأدهوقراطي }.
- التقليل من المستويات الإدارية وأن تتصف بدرجة أقل من الرسمية.
- تفعيل أسلوب العمل الجماعي لضمان الولاء التنظيمي على المدى الطويل.
- أن يتم التوظيف لمدة طويلة، أما الترقيات فبشكل بطيء.
- إتخاذ القرارات بطريقة جماعية، أما تحمل المسؤولية فيكون بشكل فردي.

الاهتمام الشامل بالموظفين ورفاهيتهم.

وبعد.. مما مر لاحظنا بسهولة استفادة اليابانيين من التجربة الإنسانية للإدارة، بعد أن أحيوا تلك الروح الجمعية منطلقين من الفرد كذلك، جامعين بين الإيقاعين معا في بوتقة واحدة، صنعت بجدارة إيقاع المدى الذي رسم خارطة النشاط الياباني المتميز عبر فسيفسائية ما زالت محط أنظار العالم، ومهوى أفئدتهم، فأين نحن منها، وأين هي منا نحن المجتمع الثالث ؟!

الدراسة التاسعة
نظريات في الإدارة التربوية

تعتبر الإدارة التربوية جزءا من الإدارة العامة، حيث تتفق معها في العناصر والمبادئ العامة التي تحدد نظام العمل في المؤسسة، فالعناصر المشتركة بينهما هي العناصر المعروفة في الإدارة، أي التخطيط والتنظيم والتوجيه والإشراف.

وتهدف الإدارة التربوية في تنظيمها للمؤسسات التعليمية إلى الإشراف وتوجيه الأفراد، والعمل على مبادئ وأسس واضحة لإنجاز أهدافها في تعليم الأجيال، لا يمكن تعريفها بأنها إدارة جميع المراحل التعليمية والإشراف والتوجيه وتشجيع جميع النشاطات التعليمية لإنجاز الأهداف الكلية للمدرسة، بناء على تخطيط وتنظيم سابق.

وقد عمم بعض العلماء تعريف الإدارة التربوية ليتضمن جميع النشاطات التعليمية التي تعمل على إنجاز أهداف المؤسسة التعليمية، كما أضاف البعض تعبيرات أخرى إلى المفهوم، تهدف إلى التأثير إيجابيا في سلوك الأفراد ضمن المؤسسة التعليمية من موظفين ومعلمين وتلاميذ.

فالإدارة هي وظائف عملية تمارس لإنجاز مهمات المدرسة من خلال التخطيط والتنظيم والتعاون ومراقبة الجهود وتشجيعها، وهذا يحدث بفعل التأثير على سلوك الأفراد لإنجاز أهداف وتطلعات المدرسة، لذا فإن مفهوم الإدارة التربوية يعتمد أساسا على مفهوم التربية، ومفهوم الإدارة.

مفهوم النظرية

مع إختلاف كلمة النظرية باختلاف استعمالاتها عبر العلوم المختلفة - فهي في التربية غيرها في الهندسة أو الطب أو الزراعة... - إلا أنها تشترك في كونها مجموعة من الفروض التي يمكن التوصل من خلالها إلى مبادئ تخدم علما معينا.

وقد أسهم العديد من العلماء في وضع تعريفات للنظرية من مثل [بارنارد، وسيمون، ومور، وهربارت فيجل] فعرفها الأخير بأنها مجموعة من الفروض يمكن منها باستخدام المنطق الرياضي التوصل إلى مجموعة من القوانين التجريبية. كما يمكن تعريف النظرية بأنها إطار مرجعي منظم يسهم بطريقة ما في إتخاذ قرارات تخص عملا معينا.

وبما أن اهتمامنا ينصب على النظرية في الإدارة التعليمية، فإنه ينبغي الإشارة إلى أن بداية الإهتمام بالنظرية في الإدارة التعليمية قد برز في منتصف القرن العشرين تقريبا [١٩٥٤] وكان أول من ألف في هذا الموضوع [كولادراسي و جيتيزلز] في كتاب " إستخدام النظرية في الإدارة التعليمية ".[١]

وينبغي التنويه هنا - في تفريق بين النظرية العلمية، والنظرية في المجالات الأدبية - إلى أن الأولى تستند إلى براهين وحقائق علمية تثبت صحتها، أما في المجالات الأدبية والإجتماعية فإنها تستند إلى معايير تحدد مفهوم النظرية ومجال عملها، ويمكن لنا تحديد أربعة معايير لإستخدام النظرية في الإدارة كما حددها [جريفت] وعلى النحو الآتي:

- ✓ الأسس والمباديء التي يعتمدها الإداري في عمله.
- ✓ الحقائق المطلوبة وطريقة جمعها.
- ✓ المعرفة الجديدة التي توصل إلى فروض قابلة للإختبار.
- ✓ تفسير المواقف الإدارية.

النظريات الكلاسيكية في الإدارة

تعتبر المدرسة الكلاسيكية الأقدم من بين المدارس والتيارات التي درست العملية الإدارية، وقد سادت هذه المدرسة منذ عام ١٨٨٠ - ١٩٣٠ م تقريبا، ويؤمن رواد هذه المدرسة بضرورة مركزية الإدارة، بحيث يتم وضع السياسات

---

[١] أحمد الطيب، الإدارة التعليمية، ص(٥٢-٦٨) بتصرف.

وإتخاذ القرارات لأي مؤسسة في المستويات العليا للهيكل الإداري / بينما يوكل أمر تطبيقها وتنفيذها إلى المستويات الأدنى في المؤسسة، ويتم ذلك إستنادا إلى الفرضية التي تقول بأن " المهارات الإدارية تحدد ضمن المستويات الأعلى للهيكل الإداري "، وهناك ثلاث نظريات إدارية تمثل هذه النظرة هي:

النظرية العلمية في الإدارة

وتعتبر النظرية الأقدم في الإدارة، ومن أبرز روادها [فريدريك تايلور] الذي ناقشها في كتابه " مبادئ الإدارة العلمية ".

لقد كان هدف تايلور تحسين قابلية الأفراد لزيادة الإنتاج، فدرس الظواهر الإدارية علميا لفهم العوامل التي تحكم الأداء في العمل والإنتاج، وقد رأى تايلور – الذي كان مهندسا صناعيا في شركة خاصة - بأن العاملين يمكن لهم أن يؤثروا في تحسين معدل إنتاجهم وهذا محكوم بعاملين يتمثلان بـ:

- رضى العاملين عن أجورهم.
- إعطاء العاملين جميع حقوقهم الوظيفية في العمل.

فإذا توفر هذين العاملين، فإن الأفراد بلا شك سيصبحون أكثر كفاءة وإنتاجية.

إهتم تايلور بإكتشاف الوقت المناسب وحركات الجسم الملائمة لإنجاز العمل، لهذا درس في نظريته تحليل الوقت والحركة إعتمادا على تطبيق بعض المسؤوليات لتحقيق مبادئها الخاصة، وبحكم عمله كمهندس إستنتج من خلال عمله ودراسته بأن هناك منفعة ومصلحة متبادلة بين الجهاز الإداري وبين العاملين، فالإدارة تريد عائدات إنتاج أعلى، والعاملون يرغبون في أجور أعلى أيضا.

وبناء على هذا الإستنتاج إعتقد تايلور بأنه يمكن إرضاء كلا الطرفين، وذلك إعتمادا على عدة مبادئ إقترحها في نظريته، والتي إعتبرت فيما بعد قواعد للعمل الإداري، وهي [1]:

- مبدأ دراسة الوقت ويعني وضع فترة زمنية محددة لإنجاز عمل معين، وذلك من خلال دراسة دقيقة لطبيعة العمل وللمدة التي يحتاجها العامل للقيام بالعمل.

- مبدأ المهمة اليومية كل شخص في المؤسسة سواء أكان بمستوى عال أم منخفض، يجب أن يكون لديه معرفة واضحة بما هو مطلوب منه خلال اليوم، فوجود مهمة محددة بعناية يتطلب جهد يوم كامل لإنجازها، بمعنى أن يكون وقت العمل للعمل فقط.

- مبدأ الأجر بالقطعة معدل الأجور يجب أن يكون مستندا على المعايير التي نتجت عن دراسة الوقت، وأن تكون الأجور حسب ما ينتجه كل عامل، لذا فإن دفع الأجور العالية يجب أن يرتبط بإنجاز العمل بنجاح.

- مبدأ إنفصال التخطيط عن الأداء يجب أن ينفصل التخطيط عن الأداء، فالتخطيط يجب أن يكون من مسؤولية الإدارة، والأداء من واجب العاملين، وهذا يعني عدم أخذ رأي العاملين أو إستشارتهم في خطط المؤسسة أو سياساتها العامة في العمل.

- مبادئ الطرق العلمية في العمل تحدد الإدارة الطرق التي يتم بها تنفيذ أي عمل وتكون هذه الطرق قواعد يجب على العاملين الإلتزام بها، ويوكل إلى الإدارة مهمة تدريب العاملين على الطرق العلمية لإنجاز العمل بطريقة صحيحة وسريعة وزيادة الإنتاج.

---

[1] أحمد الطيب، المرجع السابق، بتصرف.

 مبادئ السيطرة الإدارية أي أن تقوم الإدارة العليا بتدريب مدراء الأقسام والمشرفين والمراقبين على هذه المبادئ والطرق العلمية للإشراف العملي والمباشر على العاملين وهذا يعني تحديد المهمة اليومية للمدراء.

مبادئ الإدارة الدينامية

هناك قوانين ولوائح وأنظمة تحكم العمل بالمبادئ الإدارية وتطبيقها، ويرى تايلور ضرورة إعادة النظر في هذه القوانين وتعديلها، ليكون هناك تنظيما أكثر لتحديث وتطوير نشاطات الأخصائيين.

نقد النظرية العلمية لتايلور

يمكن إجمال الإنتقادات الموجهة لنظرية تايلور بالنقاط التالية:

- إعتمدت النظرية العلمية على الحوافز المالية فقط لزيادة الإنتاج، وأهملت دور الحاجات الإجتماعية والنفسية كليا والتي تؤثر بالضرورة على معدل إنتاج الأفراد.
- فصلت النظرية صنع السياسات عن تطبيقها، الأمر الذي يصادر حرية العاملين في إبداء إقتراحاتهم، أو إستشارتهم نحو سياسات المؤسسة مما يجعل التخطيط ووضع السياسات بعيدا عن الحقيقة والواقع.
- تجعل هذه النظرية من الإدارة أكثر ديكتاتورية في التعامل مع أعضاء المؤسسة، حسن تنفرد المستويات العليا في الإدارة بوضع السياسات.
- أشارت النظرية - ضمنيا - بأن العلاقة بين المؤسسة والأفراد هي علاقة تعاقدية (بموجب عقود)، مما يعطي الإدارة الحق في وضع أي قيود أو شروط على العمال بغرض تحقيق حد أقصى للربح والحفاظ على مصالح المؤسسة.

- إهتم تايلور بالصالح العام للمؤسسة، وأغفل صالح العاملين، فربط تحسين أحوالهم بمدى إنتاجهم فقط.

نظرية XY لدوغلاس مكروجر

[دوغلاس مكروجر] عالم نفس إجتماعي أمريكي، إقترح نظريته المشهورة XY في كتابه " الجانب الإنساني للمشروع The Human side of Enterprise " عام ١٩٦٠ م.

تهتم نظرية XY بالإدارة والحافز، وتعتبر بناء على الدراسات التي أجريت حولها مبدأ أساسيا مقبولا لتطوير أسلوب وتقنيات الإدارة الإيجابية الفعالة، وتحتل هذه النظرية دورا مركزيا في التطوير التنظيمي والثقافة التنظيمية المتحسنة، كما تعتبر رسالة تذكير مفيدة وبسيطة تحوي القواعد الطبيعية لإدارة الأشخاص والتعامل معهم، في الوقت الذي قد تهمل فيه هذه القواعد بسهولة تحت ضغط العمل اليومي.

يؤكد [مكروجر] بأن هناك نظرتان أساسيتان تجاه الإداريين، ترى الأولى بأن العديد من المدراء يقومون بعملهم إعتمادا على نظرية X، ويحصلون على نتائج سلبية عموما، أما النظرة الثانية فترى بأن المدراء المطلعين على نظرية Y، ويستعملونها، يحصلون على أداء ونتائج أفضل، ويسهم ذلك في نمو وتطوير الأفراد.

نظرية X { أسلوب الإدارة الاستبدادية }

تفترض هذه النظرية بأن الإنسان يكره العمل، ويتفاداه كلما أمكن له ذلك، لذا ترى هذه النظرية بأن أكثر الناس يجب أن يجبروا على العمل لتحقيق أهداف المنظمة تحت تهديد العقاب، كما يفضل الفرد العادي أن يوجه ويرشد

ويدار ليتفادى المسؤولية، وهو قنوع نسبيا وغير طموح، بل يرغب قبل كل شئ بتأمين حاجاته.[1]

خصائص مدير نظرية X

- غير متسامح.
- يصدر الإنذارات النهائية، والمهلة النهائية.
- منفصل ومعزول عن الإفراد.
- بعيد ومتغطرس.
- هدوء أعصابه قصير زمنيا.
- نخبوي.
- دائم الصياح.
- يصدر الأوامر والتوجيهات والتعليمات.
- يصدر التهديدات ليجبر الأفراد على إطاعة الأوامر وتنفيذ التعليمات.
- لا يشارك، ولا يعمل بروح الفريق.
- غير مكترث برضى الموظفين وروحهم المعنوية.
- فخور بنفسه إلى حد التكبر.
- بليغ، وأحادي الإتجاه.
- غير آمن أساسا، ومن المحتمل إصابته بمرض عصبي.
- لا إجتماعي، ولا يعتبر مستمعا جيدا.
- حقود ولا يشكر أو يمدح، بل ويحجب الجوائز والمكافآت.
- يلوم الأفراد عند حدوث خطأ ما، بدلا من التركيز على التعلم من التجربة ومنع تكرارها.
- لا يرحب بالإقتراحات.

---

[1] المصدر: www.Businessballs.com.

- ينتقد كل شئ، وينتقم إن أمكن له ذلك.
- حزين.
- يتمسك بالمسؤولية.

إن التعامل مع المدراء وي نظرية X ليس سهلا أبدا، فهم مزعجون جدا في تعاملهم، ومن طرق تفاديهم عدم الخوض في مجابهة معهم - في بعض المسائل – لأن النتائج لن تكون سارة.

ويتعامل المدراء ضمن هذه النظرية مع الحقائق والأرقام، فعملهم يقوم على قياس أعمال الأفراد ونتائج نشاطاتهم، فليس لديهم إهتمام بالقضايا الإنسانية، لذا لا يستفيد المرء شيئا إن حاول مناشدة إحساسهم أو إنسانيتهم أو مبادئهم الأخلاقية، أما على الصعيد الإجرائي فينبغي مقابلة الأهداف التنظيمية بأهداف خاصة متوافقة معها، مع شئ من التنظيم وضبط النفس والمبادأة الذاتية، وإشعار المدراء بأن الفرد يدير نفسه بطريقة جيدة لتحقيق نتائج أفضل، أما إظهار الإستياء وعدم الرضى فيؤدي إلى مشاكل كبيرة في الوظيفة.

المدير في نظرية X أو من يمثله، يدرب الأفراد على القيام بأعمال معينة بالطريقة الأمثل والأكفأ - من وجهة نظر المنظمة – والتي تؤدي إلى النتائج المرغوبة تنظيميا، الأمر الذي يعطي للفرد سيطرة عملية في عمله – شاء ذلك أم أبى -.

إذا فجوهر هذه النظرية هو الإهتمام بالنتائج والمواعيد النهائية، والعمل الإجباري، وعند تحقيق النجاح تتسع فسحة الحرية للفرد قليلا مع التأكيد على عدم الإهتمام بمشاكل الفرد الخاصة.

نظرية Y { أسلوب الإدارة التشاركية }

تنادي هذه النظرية بأن لا يجهد الفرد نفسه فوق طاقته التي يحتملها، بل أن يكون جهد العمل طبيعيا كما في الأعمال الأخرى أو حتى اللعب، ويطبق

الأفراد ضمن هذه النظرية ضبط النفس، والإتجاهات الذاتية لتحقيق الأهداف التنظيمية بدون رقابة أو سيطرة خارجية أو تهديد بالعقاب، بل على العكس يهتم هذا النوع من الإدارة بتقديم الحوافز والمكافآت للأفراد حسب إنجازاتهم وإلتزامهم بأهداف المنظمة والوظيفة، الأمر الذي يزيد من قابليتهم ورضاهم وشعورهم بالمسؤولية في أغلب الأحيان، هذا بالإضافة إلى قدرتهم على إستخدام درجة عالية من الخيال والإبداع في حل المشكلات التنظيمية على نحو واسع.[١]

عند اتباع هذا الأسلوب يتم تحديد المسئوليات والمهام المنوط بها الفرد ويتم أيضا تحديد الثواب المادي والمعنوي الذي سيحصل عليه عند انتهاء العمل الموكل إليه. و لا يذكر هنا العقاب الذي سيتم نزوله علي الفرد في حالة التقصير أو الإهمال في التنفيذ. وذلك لأن هذا الأسلوب يفترض أن معظم الأفراد العاملين يعملون بجد واجتهاد لتحقيق الأهداف الموضوعة مسبقا من قبل الإدارة. هذا بالإضافة إلى أن الحافز المعنوي والمكافأة المادية محددة وواضحة المعالم. ويفترض هذا الأسلوب أن معظم الأفراد العاملين يمكنهم تحمل مسئوليات إضافية ويسعون لها. وفي حالة حدوث تقاعس في التنفيذ يتم بناء عليه تحديد العقاب أو الجزاء الذي يتناسب مع التقصير الذي حدث.

خصائص مدير نظرية Y

- صبور ومتسامح.
- لطيف ومرح في التعامل مع الأفراد.
- يتمتع بهدوء أعصاب عند التعامل مع المشكلات.
- متواضع ويعمل بروح الفريق.
- مثقف، وينتقد بطريقة حضارية وغير مزعجة.

[١] المرجع السابق نفس،

- قد يغير قراره بناء على إقتراح من أحد العاملين معه إن كان في مصلحة المنظمة.
- لديه رؤية مستقبلية
- لديه طموحات
- منظم
- منسق
- يمنح الجزاء المادي والمعنوي في وقته وللشخص الذي يستحقه دون محاباة
- متعاون
- يوازن بين مصلحة الفرد والمؤسسة
- الإقناع والقدرة علي التفاوض
- الالتزام
- أمين علي سمعة المؤسسة وفائدتها
- بابه مفتوح دائما للعاملين والعملاء
- إيجابي

نظريات الإدارة التعليمية

لقد إختلفت وجهات نظر العديد من علماء الإدارة التعليمية حول الإدارة، فصنفت وجهات نظرهم هذه في ثلاث فئات وعلى النحو الآتي:

أولا: نظرية الإدارة كعملية إجتماعية، ومن أقطابها [جيتيزلز، و قوبا، و بارسونز].

ثانيا: نظرية الإدارة كعملية إتخاذ قرار، ومن أقطابها [جريفيت، و سيمون].

ثالثا: نظرية الإدارة كوظائف ومكونات، ومن أقطابها [سيرز، و هالبين].

أولا: نظرية الإدارة كعملية إجتماعية

نموذج جيتيزلز

يعتبر جتيزلز الإدارة توزيعا للأدوار وتكاملا فيما بينها، فهو ينظر إليها من الجانب البيئي في إطار نظام إجتماعي، ويقسم جيتزلز النظام الإجتماعي إلى جانبين يتعلق الأول بالمؤسسات وأدوارها، أما الثاني فيتعلق بالأفراد وشخصياتهم، وبمعنى آخر يقسمه إلى بعدين تنظيمي وشخصي، ويظهر دور كل فرد من خلال الصفات الخاصة به، فعندما ترجح كفة الشخصية يقل تأثير البعد التنظيمي، وبالعكس، مع أن السلوك الشخصي الملاحظ يصدر من كلا البعدين، ويمكن توضيح ذلك بالرسم التالي:

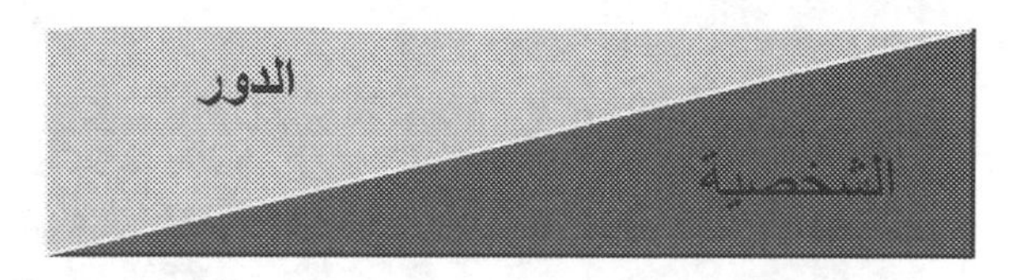

نموذج قوبا

يعتبر قوبا الإدارة علما يختص بالسلوك البشري، ويرى أن قيمة نظرية الإدارة تكمن في توضيح واجب الإداري المتمثل بالوساطة بين البعدين التنظيمي والشخصي للخروج بسلوك مقبول ومفيد للعملية الإدارية إن إعتبرناها عملية إجتماعية كما يعتبرها قوبا الذي حدد شروطا لقوة الإداري تتمثل في وجوب تمتعه بالقوة الرسمية بحكم منصبه ودعم السلطات العليا له، وبالقوة غير الرسمية المتمثلة بقوة التأثير والمكانة الشخصية.[1]

وبناء على ذلك، يمكننا التفريق بين ثلاثة أنماط إدارية هي:

- النمط التنظيمي، الذي يضع مصلحة المنظمة فوق مصلحة الأفراد.

[1] أحمد الطيب، المرجع السابق نفسه، ص (٥٢-٦٨)، بتصرف.

- النمط الشخصي، الذي يضع مصلحة الأفراد فوق مصلحة المنظمة.
- النمط التوفيقي، الذي يراعي مصلحة المنظمة من ناحية ومصلحة الأفراد من ناحية أخرى.

نظرية تالكوت بارسونز

يرى [بارسونز] أن المنظمات الإجتماعية عليها تحقيق أربع مهام رئيسة هي:

- التكيف مع البيئة الخارجية.
- تحديد الأهداف ثم تحقيقها.
- تنظيم وتكامل مجموعة العلاقات داخل التنظيم، والتنسيق بين أعضائه.
- المحافظة على استمرار الحوافز والإطار الثقافي وكسب ولاء العاملين.

كما يميز بارسونز بين ثلاثة مستويات في التركيب الهرمي للتنظيمات الإدارية وهي:

- المستوى المهني، ويتمثل في أداء المهام والواجبات.
- المستوى الإداري، ومهمته الوساطة والتنسيق بين أقسام المنظمة.
- مستوى المصلحة العامة، ويرتبط بالنظام الإجتماعي الخارجي.

ثانيا: نظرية الإدارة كعملية إتخاذ قرار

إن إتخاذ القرار المناسب بعد جمع الحقائق والأفكار وتحليلها وتفسيرها إستنادا إلى نظرية مناسبة، يعتبر لب العملية الإدارية أو خلاصة الإدارة، وبناء على ذلك وضع [جريفيث] نموذجا لإتخاذ القرار سمي بإسمه، فقد وضع عدة إفتراضات في نموذجه ومنها أن الإدارة سلوك عام في أي تنظيم إنساني، وأنها عملية ضبط وتوجيه لهذا التنظيم فتكون وظيفتها تطوير وتنظيم إتخاذ القرارات في ضوء علاقة إرتباطية لا إنفرادية بين الإداري والعاملين.

ثالثا: نظرية الإدارة كوظائف ومكونات

وتشمل ثلاثة أنواع من النظريات وهي[1]:

- **نظرية سيرز** حيث يرى بأن طبيعة الإدارة مستمدة من طبيعة الوظائف والعمليات التي تقوم بها، وقد حلل في كتابه " طبيعة العمليات الإدارية " العملية الإدارية إلى العناصر التالية: التخطيط، والتنظيم، والتوجيه، والتنسيق، والرقابة.

- **نظرية المكونات الأربعة** حيث يرى [هالبين] أن الإدارة في أي ميدان كانت تتضمن أربعة عناصر هي: العمل المحدد بوضوح، والمنظمة الرسمية، والعاملين، والقائد.

نظرية الأبعاد الثلاثة

وتتمثل هذه الأبعاد بالوظيفة، ورجل الإدارة، والجو الإجتماعي.

نظريات القيادة

إختلفت طبيعة القيادة عبر التاريخ، فقد إرتبطت قديما بالحروب والمعارك بين الأمم، فكان يبرز القائد ويضرب به المثل في القيادة من خلال إنتصاراته وشجاعته وإقدامه، وفي نظرة لا تخلو من بعض التحيز فإنه لا مناص من إدراج بعض الأسماء القيادية في تاريخنا الإسلامي أيام العز التليد، إبتداء بخالد بن الوليد وصلاح الدين الأيوبي رضي الله عنهما، وإنتهاء بالشهيد القائد عبد القادر الحسيني، وعز الدين القسام رحمهما الله.

ولكن نجدنا الآن نستذكر أفضل قيادة شهدها التاريخ، ولن يشهد لها مثيلا، والتي تتمثل في شخصية نبي النور والرحمة، سيدنا محمد صلى الله عليه وسلم، حيث جمع في قيادته بين القوة العسكرية والجوانب الإنسانية والتربوية،

---

[1] أحمد الطبيب، المرجع السابق، بتصرف.

فكان بحق موضع إعجاب المسلمين وغير المسلمين، وإعترف له العالم أجمع بقوة تأثيره وخلقه العظيم وصدقه وأمانته.

أما في الميدان التربوي، فقد أسهم كثير من المهتمين في وضع تعريفات للقيادة، وعلى كثرتها فقد إشتركت في التسليم بأن القيادة تعني قوة التأثير في الآخرين، وللقيادة أنماط عدة صنفت القيادة على أساس إشتراكها في مجموعات، فقد تكون ديكتاتورية،أو ديمقراطية، أو ترسلية (فوضوية).

وفي الحديث عن نظريات القيادة نرى بأن العديد إندفعوا إلى جمع الحقائق ووضع النظريات لتستند عليها القيادة ومن هذه النظريات[1]:

- **نظريات الرجل العظيم** وتخلص هذه النظريات إلى أن القادة يبذلون القوة دائما لإمتلاكهم صفات مميزة عن الآخرين الذين يعجبون بهذه الصفات وفي الوقت عينه يفتقدونها، ومن رواد هذه النظريات [برنارد Barnard، وكالتون ودزWoods].

- **نظريات البيئة** وترى هذه النظريات بأن الموقف هو الذي يوجد ويتطلب القائد، وليس القائد هو الذي يخلق الموقف، فالقيادة توكل وتفوض من جماعة إلى فرد كونه يمتلك المقدرة على القيام بوظائف الجماعة، ومن رواد هذه النظرية [ممفورد Mumford، و مورفي Murphy].

- **نظريات الموقف الشخصي** وتعتبر خلاصة لمبادئ نظريتي الرجل العظيم والبيئة، فهي ترى بأن القيادة تأثير متبادل بين القائد والموقف في ظل علاقات بين الأشخاص، فحاجات الفرد ترتبط بحاجات الجماعة، ومن روادها [وستبرج Westburgh، و شارتل Shertle].

---

[1] أحمد الطبيب، المرجع السابق نفسه، ص(١٢٥-١٤٦).

النظريات الإنسانية

وتركز على تحرير الأفراد ليقدموا أفضل ما بوسعهم وعلى طبيعتهم لتحمل المسؤولية، فهي توجه حوافز الأفراد، فمتى حقق الأفراد إمكاناتهم تكون القيادة قد حققت أهدافها بشكل أفضل، ومن روادها [ليكرت Likert، و أرغريس Argyris].

نظريات السمات

وترى هذه النظريات بأن الفرد هو محور الإهتمام في العملية الإدارية إذا تم تحديد خصائصه وصفاته التي تميزه كقائد ناجح، فبعض هذه النظريات إتخذت من الصفات الجسمية مسوغا لتضفي على القائد الهيبة والمكانة للتأثير على الآخرين وبسط نفوذه عليهم، في حين يعتبر البعض بأن القائد بما لديه من شخصية لها هيبتها، وبما لديه من ذكاء يتمكن من جذب الآخرين إليه وتقليده والسير ورائه (نظرية التقليد)، ويرى آخرون ضمن نظرية القوى النفسية الخاصة، بأن القائد يتميز بقوى نفسية وراثية قد تسهم نوعين من القيادة، فقد يكون القائد من النوع المنبسط الذي يتميز بقوة التعبير والفهم ورسم طرق تحقيق الأهداف وتوطيد الصلات بين الأفراد، فيكون عمليا وواقعيا وبعيدا عن الخيال، وقد يكون القائد من النوع المنطوي المنغلق ومحدود العلاقات، فيكون بعيدا عن الواقع.

النظريات الموقفية

تهتم هذه النظريات بمتغيرات الموقف القيادي إعتمادا على موقع القائد داخل عمله، كما تعطي إهتماما لأثر الموقف الخارجي والعوامل البيئية، في حين تغفل الجوانب الشخصية ذات الأهمية في القيادة، وتؤكد هذه النظريات بأن ليس هناك صفات مطلقة في القائد تجعله يصلح لكل موقف، فإن نجح في التعامل مع موقف ما قد لا ينجح في آخر.

وقد أوضح [فيدلر] بأن الموقف القيادي يرتكز على ثلاثة عوامل هي:

- مدى تقبل الأفراد للقائد.
- مدى تحديد المهام بدقة ومعرفة فريق العمل بها.
- درجة قوة المنصب القيادي للقائد.

نظريات الأنماط

وتفترض بأن تحسن أداء العاملين يعتمد على وجود مديرين ذوي أنماط قيادية معينة ومحببة لدى العاملين، وقد وضع [تانينبوم و شميث] عدة أنماط قيادية متبعة لدى المديرين ومنها [1]:

- القائد الذي يتخذ القرارات ويقنع المرؤوسين بها.
- القائد الذي يطرح المشكلات ويتلقى إقتراحات قبل أن يتخذ القرار.
- القائد الذي يطرح بدائل لإتخاذ القرار، ويستعد لتغيير رأيه بناء على آراء المرؤوسين
- القائد الذي يسمح لمرؤوسيه بإتخاذ القرار.

---

[1] أحمد الطبيب، المرجع السابق نفسه.

الدراسة العاشرة
الاتصال في الإدارة المدرسية

كثير من العلوم تبدو جديدة وغير ذات أهمية، ولكن عندما نفهم المصطلح وندرك أبعاده ندرك أهميته وارتباطه مع معظم العلوم، فالاتصال كمفهوم مرتبط بكل النشاطات الاجتماعية والفكرية والعلمية للإنسان، وهو أساس نجاح كل إنسان فمن لا ينجح في المقابلات والإقناع والإيحاء وعرض أفكاره للآخرين سواء من خلال الندوات والنقاش أم المحاضرات أم المقابلات فسيواجه مشكلات كبيرة في حياته العامة والعملية، ولعل المطلع على علوم الاتصال يلاحظ بأن جل النشاط الإنساني مرتبط بها بشكل أو بآخر، وعندما نتناول هذا العلم الهام كأساس لتطور المهارات الإدارية فإننا نستنتج بأنها علوم متكاملة وشاملة،ومن يتقن جانبا منها يستطيع إتقان مهاراتها في كل الاختصاصات والتميز فيها.

فالمحاضر الذي يتكلم بـ (روتين) وعلى نمط واحد ووتيرة واحدة،ولا يلقى بالا لردود فعل الجمهور، ولا يسعى للفت انتباههم وإقناعهم،هو شخص لا يتقن الاتصال،وكذلك الحال بالنسبة للمدير حيث تعتبر معظم أنشطته اليومية اتصالا، وبالتالي يجب أن تتوفر لديه خبرات الاتصال الإداري،لذا فان الدول المتقدمة محقة ومصيبة إلى حد كبير باهتمامها المتزايد والموصول بهذه العلوم، لأن نجاح أي عمل يعتمد على التواصل مع الشخص المقابل وإقناعه والتميز في إدارة الموقف معه وإلا فقد العمل أهميته.

و الاتصال كأحد العلوم العصرية والمواكبة لتطورات العصر الحديث،يتطلب قواعد اتصال عامة تحوي جميع المعطيات والمهارات والمتطلبات الضرورية واللازمة لتعكس الاحترام والحساسية والذوق العام، فمن يدرك أهمية هذا العلم ودوره في ازدهار وتطور مختلف المهن،يدرك بأنه من أهم العلوم الحديثة،

وامتلاك مهاراته معيار نجاح أساسي لأي إنسان،هذا ولا يخفى ما لدور الأبعاد الفلسفية والثقافية لهذا العلم من أهمية في معرفة الطابع العام للشعوب، وكذلك الاختلاف في استقبال هذه المفاهيم بين الريف والمدينة (على سبيل المثال)، وهنا يتبين لنا بأن المواضيع المرتبطة بعلوم الاتصال بشكل عام هي:لغة الجسد،وفن المحاضرة المؤثرة، والكلام بشكل مؤثر، وفن الإلقاء، وفن المقابلة، وفن المواقف الفنية المؤثرة، وفن الإقناع والتأثير وغيرها...

هذا ويتضمن الاتصال سلسلة من المهارات كالاستماع والتأمل والتعبير والاختبار والتغيرات في الشعور والسلوك، ويعرف الاتصال بشكل عام وبحسب الاتجاهات الحديثة بأنه عملية مخطط لها تستهدف تحفيز الناس وخلق دوافع عندهم من أجل تبني مواقف والقيام بممارسات جديدة، وينظر للاتصال بأنه عملية منهجية بمعنى أنه يحدث في فترة زمنية محددة، فما حدث في الماضي له تأثيره على ما يحدث الآن،وما يحدث الآن سيؤثر على ما سيحدث مستقبلا.

إن الاتصال عملية يتم عن طريقها إحداث التفاعل بين الأفراد، أو عملية تبادل حقائق وأفكار وشعور وأفعال،أو أنه جهد يبذله الفرد لينقل شيئا إلى فرد آخر أو إلى مجموعة من الأفراد،وقد أصبح الاتصال حقلا واسعا للدراسة، وحظي باهتمام كبير في السنوات الأخيرة مع تعقد العلاقات الاجتماعية وتطور النظريات الإدارية ونمو حجم المنظمات وزيادة التخصص وتقسيم الأعمال وسرعة التغير والتطور العلمي والتكنولوجي وما صاحبه من ظهور أفكار وطرق جديدة لتحسين العمل،وأصبحت عملية الاتصال في الآونة الأخيرة من المكونات الرئيسة للعملية الإدارية، وقد بدأت تظهر الكتب والمقالات عنها في السنوات الأخيرة، والتي تشير إلى نتائج الخبرات والدراسات المختلفة، وكان بعضها معنيا بالوصول إلى نظرية خاصة في الاتصال.

تهتم عملية الاتصال بنقل التوجيهات والمعلومات والأفكار من شخص إلى آخر، أو من مجموعة إلى أخرى، وهي عملية ضرورية لمساعدة الأفراد على فهم أغراض المؤسسة وواجباتها، ولمساعدتهم أيضا على التعاون فيما بينهم بطريقة بناءة ومفيدة، وتبرز أهمية عملية الاتصال بالدرجة الأولى في تناول المشاكل التي تنشأ في أي مؤسسة وهي حيوية لعملية اتخاذ القرار، ونجد أن عملية التخطيط والتوجيه والتنسيق والتقويم تعتمد دائما على نوعية الاتصال.

استخدمت كلمة اتصال في مضمونات مختلفة وتعددت مدلولاتها، فكلمة اتصال في أقدم معانيها تعني نقل الأفكار والمعلومات والاتجاهات من فرد إلى آخر، و بعد ذلك أصبحت هذه الكلمة تعني أيضا أي خطوط أو قنوات للمواصلات تقوم بربط مكان بآخر أو تقوم بنقل سلع أو أفراد، وقد حدث تقدم هائل في هذا النوع من الاتصال أو المواصلات منذ قيام الثورة الصناعية، وقد استخدم المهندسون كلمة اتصال باستمرار للإشارة إلى التلفزيون والراديو والهاتف. و أدرك علماء الاجتماع أن باستطاعتهم استخدام الكلمة لتصف عملية التفاعل الإنساني، فعرف بعضهم الاتصال بأنه العمليات التي يؤثر عن طريقها الأفراد فيمن حولهم، على أن تقدم وسائل الاتصال وظهور عدد من العلماء الذين أبدوا اهتماما بالكشف عن ظواهره أدى أخيرا إلى أن يستقل هذا الميدان عن الميادين الأخرى المختلفة.

نخلص إلى أن الإدارة تعتبر عملية إنسانية بالدرجة الأولى تستهدف تحقيق أقصى- إشباع ممكن من خلال السلوك الإنساني،وتتوقف كفاءاتها إلى حد كبير على مدى هذا السلوك ونوعيته فالمدير بشخصيته وقدرته على الاتصال يستطيع أن يواجه المشكلات، ويضع الحلول المناسبة لها، ولن يتسنى له تحقيق النجاح والفعالية في قيادته إلا إذا كانت لديه الكفاية في المهارات الإتصالية والإنسانية في نمط متداخل لكونها ضرورية على جميع المستويات الإدارية.

ويعد الاتصال من أهم نشاطات الإنسان، فعند استعراض نشاطات الإنسان اليومية نجد أنها تعتمد على الاتصال بالنفس وبالآخرين عن طريق وسائل متعددة، فالحاجة ملحة لزيادة الاهتمام بتحسين الاتصال في مجالات الحياة المختلفة، وما دامت الحياة اليومية مبنية على الاتصال فانه ليس من الغريب أن العملية التربوية تعتمد على الاتصال أساسا في سيرها، فقد انعكس مفهوم الاتصال على الإدارة التربوية بشكل عام، وعلى الإدارة المدرسية بشكل خاص، واعتبر أساسا مهما من مهام عمل مدير المدرسة وتحقيق الأهداف التربوية المدرسية، وعلى المدير أن يدرك بأن تطبيق مهارات الاتصال الجيد بينه وبين العاملين في المدرسة من طلاب ومعلمين ومدراء ومستخدمين، يتطلب نوعا من الحصافة والضبط نتيجة للقيادة الحكيمة والاتفاق الجماعي المشترك.

ونظرا لهذه الأهمية فقد أصبح الاهتمام بتهيئة وسائل الاتصال الفعال من أهم ما جذب علماء الإدارة، وأصبحت فاعلية المدير ترتبط بطريقة اتصاله بالعاملين معه،فهذه الفاعلية تعتمد بالمقام الأول على فاعلية الاتصالات مع موظفيه، ولعل الاتصال هو المحور الفاعل في عملية تنمية النفس الإنسانية، فالمدير المدرب والمؤهل تأهيلا أكاديميا وعمليا يستطيع إلى حد ما أن يحسن من بيئة المدرسة بحيث تصبح بيئة تربوية جيدة، فالفرق بين المدرسة الجيدة والمدرسة السيئة غالبا ما يكون فرقا بين المدير الجيد والمدير السيء، فالمدير هو المسؤول عن تنظيم المدرسة، وعليه أن يفهم طلابه وحاجاتهم لكي يخطط برامج تربوية فعالة، لأنه بذلك يتيح لهم الفرصة لتطوير قيمهم واتجاهاتهم مما سيزيد اندماجهم في المجتمع الكبير كما أن أولياء الأمور يتوقعون مديرين يتفاعلون مباشرة مع الطلاب من خلال الأنشطة المدرسية.

ولقد أصبح دور المدير أكثر تعقيدا من قبل نظرا للتعقيدات في الحياة بشكل عام و في مجال التربية بشكل خاص، ولكي يقوم المدير بدوره بشكل فعال

عليه أن يقوم بتوضيح برامج العمل وأهدافه للمعلمين من خلال اتصاله المستمر بهم، فالعلاقات داخل المدرسة من العوامل التي تؤثر وتتأثر بالاتصال، لذا لا بد من معرفة قوة هذه العلاقة بين المدير والمعلمين وبيان فعاليتها على الاتصال، حيث أن هناك تناسبا طرديا بين العلاقات والاتصال، فإذا كانت العلاقة قوية كان الاتصال سليما وفعالا والعكس إن كان مفككا.

إن دور المدير المدرسي في عملية الاتصال هام جدا، فلعل أكثر المديرين فعالية هم الذين بادروا في إجراء اتصال أكثر مع المعلمين وجها لوجه على العكس من المديرين الأقل فعالية لقلة اتصالاتهم، ولا بد للمدير أن يقوم بإجراء دراسات تتسم بالدقة (من خلال استخدام الوسائل الإحصائية) لتعرف اتجاهات إقبال الطلاب على المدرسة، وتفسير البيانات التي يحصل عليها بالنظر إلى سلوك المعلمين التعليمي والنمط الإداري المتبع.

معنى الاتصال

لتوضيح المقصود بالاتصال بمعناه العلمي، لا بد من الرجوع لمجموعة من التعريفات التي وضعها عدد من الباحثين، كي تساعدنا في إعطاء صورة واضحة لمعنى الاتصال وكيف ينظر العلماء له، فقد عرفه { كارل هوفلاند } بأنه عملية يقوم بموجبها شخص (المرسل) بإرسال منبه (رسالة) بقصد تعديل أو تغيير سلوك شخص آخر (المستقبل)، وعرفه { شانون و ويفر } بأنه يمثل كافة الأساليب والطرق التي يؤثر بموجبها عقل في عقل آخر باستعمال الرموز المختلفة بما في ذلك الفنون.

وكان تعريف { مارتن أندرسون } للاتصال بأنه العملية التي من خلالها نفهم الآخرين ويفهموننا، وهو عملية ديناميكية حيث أن الاستجابة له دائمة التغير حسبما يمليه الوضع العام كله، ويرى { برنسون و ستايز } بأنه عملية نقل المعلومات والأفكار والمهارات بواسطة استعمال الرموز (الكلمات والصور

والأشكال والرسومات)، وعرفه { كيلي } بأنه العملية التي بواسطتها يستطيع إنسان ما معرفة ما يدور في خلد شخص آخر، أو ما يفكر فيه أو يشعر به، أي أن الاتصال هو مصدر كل نمو عند الإنسان ما عدا النمو الجسمي.

وعرفه { ديفيز } بأنه عملية نقل وفهم المعلومات من شخص إلى آخر، وعرفت الجمعية الأمريكية للإدارة الاتصال بأنه فن خلق وإشاعة التفاهم بين الناس أي تبادل الأفكار ونقلها بين الأفراد والجماعات، كما عرفه { ليلاند براون } بأنه عبارة عن عملية نقل وتلقي الأفكار والآراء وتبادل المهارات والمعلومات للتأثير في الآخرين، واختصره {لارسن } فرأى بأنه نقل المعلومات من خلال استعمال الرموز.

وبعد استعراض هذه التعريفات لعدد من الباحثين في معنى الاتصال نخلص إلى أنه: **وسيلة نقل المعلومات والقيم والاتجاهات ووجهات النظر في إطار نفسي واجتماعي وثقافي معين مما يساعد على تحقيق التفاعل بين الأفراد من أجل تحقيق الأهداف المنشودة.**

أهمية الاتصال

نستهل الحديث في موضوع أهمية الاتصال بالرجوع إلى أكثر من ألفي سنة إلى الوراء، فلو تصفحنا أوراق الزمن، ورجعنا إلى ذلك التاريخ الضارب في القدم، لوجدنا أن العلماء في تلك العصور قد أشاروا في مؤلفاتهم إلى أهمية الاتصال، فنرى أرسطو يدرك أهمية الاتصال ويعتبر أن الغرض الأساسي للاتصال الإنساني هو التأثير.

فالاتصال هو أساس العلاقات في حياة الأفراد وهو حجر الزاوية في بنيان المجتمع الإنساني، ولعلنا نستطيع الجزم بأن المعاملات اليومية في شتى المجالات التجارية والصناعية والإدارية والتعليمية لا يمكن إنجازها دون الاتصال بين

الأفراد أو الجماعات، ولولا ذلك ما كانت الحضارة الإنسانية لتصل إلى ما وصلت إليه من تقدم ورقي وازدهار.

فمن الأصلح الدعوة إلى إبراز أهمية عملية الاتصال كظاهرة اجتماعية، وكعملية ضرورية لتحقيق التنسيق بين الأنشطة المختلفة في أي مؤسسة وذلك للوصول إلى أهدافها، فالأفراد عموما يقضون قدرا لا بأس به من رحلتهم اليومية في التعامل مع المنظمات من مدارس أو جامعات أو مستشفيات أو مصانع أو أجهزة حكومية أو غيرها.

هذا ويستوجب على رجل الإدارة إدراك أهمية الاتصال لنجاحه في العمل الإداري، وبخاصة أنه يعمل في ظل ظروف تتسم بالتغيير وسرعة التطور، وقد يعود أصل الاهتمام بالاتصال إلى عدة أسباب من أهمها:

- ظهور الحاجة إلى توافر نظام جيد يكفل تبادل البيانات والمعلومات بين المؤسسات وبين الأفراد داخلها.
- نمو حجم المنظمات وتعقدها مما استلزم وجود نظام دقيق للاتصال.
- التخصص وتقسيم العمل وحاجة ذلك إلى الاتصال.
- الاتجاه نحو اللامركزية، وهذا يتطلب توافر البيانات والمعلومات في مراكز اتخاذ القرار مما يستلزم وجود نظام سليم للاتصال.
- سرعة التطور العلمي والتكنولوجي، وارتباط هذا التطور بتطور الاتصال.
- تعرض المؤسسات والمنظمات والأجهزة الحكومية للانتقاد.

إذا فالاتصال يتدخل بشكل جوهري في معظم نشاطات الإنسان، وتكمن أهميته بالنسبة للإنسان في عدم قدرة الأخير على الاستغناء عن عملية الاتصال، فالاتصال حاجة نفسية واجتماعية أساسية تبدأ من اللحظات الأولى في حياة الإنسان وتستمر باستمرار الحياة، وحيث أنه لا غنى له عن هذه الحاجة فإنها

تهمه في سائر مجالات حياته الشخصية والمهنية والاجتماعية وغيرها، وتبقيه على وعي بما يدور حوله، وتفاعل مع الأحداث المتراكمة أمامه يوما بيوم ولحظة بلحظة، فهو يهمه في مجالات التعليم والتثقيف والتقارب الاجتماعي والتنشئة الاجتماعية وفي توكيد ذاته وحفزه وإثارته للقيام بالنشاطات المختلفة وترفيهه وتخفيف الضغط الناجم عن مشاكل ومستجدات الأحداث في الحياة.

والاتصال يعمل على نشر المعرفة الإنسانية الهادفة وتعميمها، فنشر المعرفة يثري العقل والشخصية ويساعد في رفد مهارات الإنسان وزيادة قدراته عبر مراحل نموه، ويمكنه من مواجهة المشاكل المستجدة والتغلب عليها،كما يعمل الاتصال على نشر الإبداع الفني والثقافي وحفظ التراث وتطويره، مما يؤدي إلى توسيع آفاق الفرد المعرفية، وإيقاظ الخيالات والمواهب والإبداع، ونقل خبرات وأفكار ومبتكرات جماعة ما إلى أخرى ومن جيل لآخر،ولا شك في أن الاتصال يتيح للإنسان الفرصة كي يتزود بأنباء الآخرين في محيطه الاجتماعي والإنساني، وهذا يزيد من فرص التعارف الاجتماعي،و التقارب والتفاهم لظروف وأحوال الآخرين والشعور معهم.

ونظرا للارتباط الوثيق بين عملية الاتصال ومراحل نمو الإنسان وإسهام هذه العملية بفاعلية في اندماج الفرد بالمجتمع المحيط به،فإنها تعتبر محورا هاما في تنشئة الإنسان التنشئة الاجتماعية الصحيحة والملائمة لقبوله اجتماعيا، وبما أن الاتصال يدفع الآخرين للمشاركة في المسائل التي تشغلنا،فنتأثر بهم كما يتأثرون بنا وبأفكارنا فان ذلك يسهم في تحقيق الذات من خلال تأثر الفرد بالآخرين وتأثيره فيهم، فالإنسان بحاجة لأن يؤثر في غيره وأن يحقق النجاح،وأن يعبر عما في صدره، ولا يخفى ما للاتصال من دور في حفز الأفراد وإثارة آمالهم وطموحاتهم لما يوفره من أسباب المناقشة الشريفة الهادفة من خلال تسليط الأضواء على القوى التي حققت النجاح والإنجازات المتفوقة وبيان العوامل

والأساليب التي أدت إلى ذلك،ويعمل الاتصال على التخفيف من المعاناة والتوتر الذي يستشعره الإنسان نتيجة ضغوط الحياة الحديثة عن طريق تقديم المسرحيات والمسلسلات التلفزيونية وفنون الرقص والغناء والموسيقى والرياضة، هذا ولاشك بأن الفائدة ستزداد إذا اتجه الترفيه نحو البناء فتستغل رغبة الأفراد في الاستمتاع بالمواد المعروضة، في الوقت ذاته الذي نتعلم فيه أشياء جديدة تساعد في تثبيت قيم موجودة أو تعديلها [1].

ولعل الأهمية الكبرى للاتصال في المدرسة تنبع من هدفها الذي يتجه إلى مساعدة العاملين فيها على فهم أغراض وواجبات المدرسة، ولمساعدتهم أيضا على التعاون فيما بينهم بطريقة بناءة، وهي عملية حيوية ليس لهذا فحسب، بل لاتخاذ القرار و التخطيط والتوجيه والتنسيق والتقويم وتوصيل الإرشادات والتوجيهات إلى المعلمين والطلاب والمستخدمين من قبل المدراء.

وعليه يعتبر الاتصال إحدى الوظائف الرئيسية للعمليات الإدارية الأساسية والتي بدونها لا يمكن للعملية الإدارية أن تكتمل، فالاتصالات الإدارية من الخدمات الأساسية التي بدونها لا يتهيأ جو العمل اللازم، فأي قصور في عملية الاتصال يمكن أن يؤثر سلبا على مستوى أداء الأعمال في المؤسسة.

عناصر عملية الاتصال

ثمة أمور تتكامل في وظائفها لتشكل في نهاية الأمر ما يسمى عملية الاتصال،وسنتناول هذه الأمور {العناصر} من وجهة نظر تربوية مدرسية، ويمكننا تحديد عناصر عملية الاتصال وتصنيفها في أربع زوايا تشمل المرسل والمستقبل والرسالة وقناة أو وسيلة الاتصال [2].

---

[1] جودت عزت عطوي، الإدارة التعليمية و الإشراف التربوي، بتصرف.

[2] ياسر خالد سلامة، الإدارة المدرسية الحديثة، بتصرف.

١. **المرسل:** وهو مصدر الرسالة أو النقطة التي تبدأ عندها عملية الاتصال عادة، ويتمثل هنا في شخص المدير، فهو يود التأثير في الآخرين (المعلمين، الطلاب، والمستخدمين) ليشاركوه في إدارة المدرسة والتي تتضمن أفكارا وإحساسات واتجاهات معينة، وقد تكون هذه الأفكار من ابتكار المدير نفسه مما يراه مناسبا ضمن الصلاحيات الممنوحة له كمدير، وقد يكون ناقلا لها من المسؤولين الأعلى منه في السلم الوظيفي، وتتأثر فعالية الاتصال هنا بعدد من العوامل والتي عادة ما يتأثر المدير (المرسل) ببعضها،وتتمثل هذه العوامل باتجاهات المدير من حيث:

- اتجاهات المرسل نحو نفسه أي ثقته بنفسه، فإذا كان المدير واثقا من نفسه تمكن من أن يوصل ما يريد بسهولة ويسر أما إذا كانت ثقته بنفسه مهزوزة فإنه لا يستطيع إيصال ما يريد.
- اتجاهات المدير نحو مضمون الاتصال {الرسالة }، فكلما كان المدير مؤمنا بمادة الاتصال متمكنا بها مستوعبا لها كان أقدر على توصيلها بسهولة ويسر، أما إذا لم يكن مستوعبا لمادة الاتصال فإنه لا يقدر على إيصالها.
- اختيار الأسلوب الأنسب لإرسال المادة موضوع الاتصال،وهنا يجب على المدير تحديد توقيت ملائم لذلك،وتوقع ردود أفعال قد يقوم بها المتلقين للرسالة،واختيار صيغة لينة ومرضية لمستقبل الرسالة وذلك بأسلوب حضاري يرتقي إلى مستوى المؤسسة التربوية التي يعمل لديها.

ومن الضروري أن يكون الأمر الذي يرغب المدير في إرساله واضحا وقادرا على توصيله للمستقبل.

٢. المستقبل: وهو الفرد أو الأفراد الذين يوجه إليهم المدير رسالته، فيقومون بحل رموزها بغية التوصل إلى تفسير محتوياتها، فالمعلمون والطلاب وأولياء الأمور يقفون في خانة المستقبل، والذي يشترط فيه أن يكون مستعدا نفسيا وجسديا ليكون قادرا على استيعاب المعنى الذي قصده المرسل {المدير }.

٣. الرسالة: وهي صلب موضوع عملية الاتصال، أو كما يقول الروائيون "عقدة القصة "، فهي الأفكار والمفاهيم والاتجاهات التي يرغب المرسل في اشتراك الآخرين فيها، وقد تكون الرسالة أمرا أو إرشادا أو اقتراحا، وقد تتخذ شكل كلمات مكتوبة، أو خطابا شفويا في اجتماع للمدير بالعاملين معه.

٤. وسيلة أو قناة الاتصال: وهي المنهج أو الطريقة التي تنقل بها الرسالة من المرسل إلى المستقبل من مثل اللغة اللفظية، والتقارير المكتوبة والهاتف وهذا في نطاق المدرسة أما في الميادين الأخرى فتشمل طرقا أخرى كالإشارات والحركات والصور والرسائل والراديو والتلفاز والصحف والمجلات...الخ.
وتعتبر هذه العناصر مكملة لبعضها البعض ولا يمكن أن تتم عملية الاتصال إذا غاب أحدها.

أنواع الاتصال
يمكننا تصنيف أنواع الاتصال إلى نوعين رئيسين يندرج تحتهما عدد من الأنواع الفرعية، فالاتصال نوعان: اتصال رسمي و اتصال غير رسمي [١]

أولا: الاتصال الرسمي
ويتم في إطار بناء تنظيمي يحدد قنواته واتجاهاته بحيث تكون هذه الاتصالات نظاما مرتبا بين أساليب نقل المعلومات وإجراءاتها من أعلى مستوى

[١] د. ميشيل . أي. هاتير سللي، ليتدا ماكجيات، الإتصال و الإتصال الإداري: المباديء و الممارسة، بتصرف.

في المؤسسة حتى مستوياتها الدنيا أو بالعكس، أو بين المستويات المتشابهة داخل المنظمة، ومن أشكال هذا الاتصال:

١. **الاتصال من أعلى إلى أسفل (الاتصال الهابط)**، ويعني تدفق المعلومات والأفكار والمقترحات والتوجيهات والأوامر والتعليمات من الرؤساء إلى المرؤوسين، وهو من أقدم أنواع الاتصال المنظمي،ويعتبر وسيلة لنقل الأوامر والتعليمات الإدارية للعاملين.

ويتضمن هذا النوع من الاتصالات خمسة أشكال لإيصال الرسائل بواسطتها وهي:

- توجيهات متعلقة بالعمل توضح كيفية تحقيق المهمات والمهارات المطلوبة له،مثل توزيع دليل المعلم على أعضاء هيئة التدريس في بداية كل عام دراسي.
- السياسة والأساليب وذلك لتعريف المعلمين بالممارسات والتعليمات والفوائد التي تعتبر حقا من حقوقهم، كما تشمل أيضا التعيين والاستغناء عن الخدمة والتأديب والإجازات والمكافآت والزيادات والترقيات وغيرها، ويكون ذلك عن طريق الإجتماعات واللقاءات معهم.
- اتصالات رسمية هدفها تحقيق نوع من التغذية الراجعة.
- اتصالات رسمية هدفها إكساب العاملين أفكارا ومبادئ ووجهات نظر تعمل على بعث حماسهم.
- توجيهات متعلقة بعقلانية العمل ومنطقيته بحيث توفر للعامل {المعلم} الفهم الكامل لعمله.

ويهدف هذا النوع إلى زيادة فهم العاملين للمؤسسة { المدرسة } ونظامها ولمسؤولياتهم من أجل تحقيق قدرتهم على العمل ولزيادة ارتباطهم وانتمائهم له.

ويمكن أن يتم من خلال المواجهة والتفاعل اللفظي أو التعليمات الخطية أو الشرح والتوقيع والنشرات والتعاميم والتقارير وغيرها، وتتم الأشكال الخمسة من الاتصال من أعلى إلى أسفل السابقة الذكر بوسائط عدة، منها ما هو مكتوب مثل: النشرات والتقارير الفصلية والسنوية، ومنها ما هو شفوي مثل: اللقاءات والاجتماعات والمناقشات العامة التي تشمل مختلف العاملين.

٢. **الاتصال من أسفل إلى أعلى (الاتصال الصاعد)**، ويتضمن عادة إجابة المرؤوسين عما يصلهم من رؤسائهم،أو ما صدر عنهم من ردود أفعال نتيجة قرارات معينة اتخذها الرؤساء، ويشير إلى ما يرسله العاملون إلى مديرهم من تقارير حول أعمالهم ومهامهم ومشاكلهم وعلاقاتهم داخل المدرسة، وتكمن أهمية هذا النوع في إتاحة الفرصة للعاملين للمشاركة في التخطيط واتخاذ القرارات، كما أنه يساعد رجل الإدارة على معرفة مدى تقبل الأفكار الموصلة وتلافي نشوء المشاكل، ولكن ثمة ما يحول دون هذا الاتصال من مثل انعزال المدير وعدم رغبته في هذا الاتصال أو سماع انتقادات أو أخبار سيئة أو خبرات غير ناجحة للعاملين، ويتطلب الاتصال المناسب إلى أعلى أن يكون رجل الإدارة متعاطفا مع النقد متقبلا له وأن يكون مخلصا في جهوده لفهم وجهة نظر الآخرين، ويجب أن يكون صبورا ومنصتا وموضوعيا.

وتساعد الاتصالات الصاعدة في الكشف عن مدى تقبل العاملين للاتصالات الهابطة، كما تيسر قبول الأفكار الجديدة والاقتناع بها وتطبيقها،وتشعر المرؤوس بأهميته ومكانته وبأنه جزء من المؤسسة، بالإضافة إلى أنها تعتبر أداة الإدارة العليا في التعرف على ميول المرؤوسين وحاجاتهم، ويتم هذا النوع من الاتصال بوسائل وأساليب عدة من قبيل اجتماعات التشاور والتوجيه واللقاءات الدورية، وسياسة الباب المفتوح، وأسلوب المظالم.

٣.الاتصال الأفقي (المستعرض)، وهو الاتصال الذي يتم بين موظفي المستوى الواحد بهدف التنسيق بين جهودهم، كاتصال المديرين فيما بينهم أو المشرفين أو رؤساء الأقسام أو المعلمين، ومن المهم في المؤسسات التعليمية أن تتوفر قنوات الاتصال بين المدرسين الذين يقومون بتدريس نفس المادة، أو بتدريس نفس الصفوف وكذلك بين مدراء المدارس بعضهم بعضا، فالاتصال الأفقي يساعد في تدفق المعلومات والأفكار بين الأعضاء العاملين الذين يقومون بمسؤوليات متشابهة سواء أكانوا في مدرسة واحدة أم في مدارس منفصلة كما يساعد أيضا على مزجهم جميعا في مجموعة مترابطة مهنيا واجتماعيا، ويحقق هذا النوع من الاتصال حلا للمشاكل التي قد تنجم في المؤسسة، حيث يوفر اجتماع العاملين تفهما أعمق للمشكلة وبالتالي سهولة حلها، كما يحقق المشاركة في المعلومات وتنسيقا للمهمات والأعمال وفض المنازعات وتكوين علاقات شخصية ودية.

٤. الاتصالات القطرية، وتتم بين رئيس قسم وموظف في قسم آخر،أي أنها تتم بين أفراد من مواقع مختلفة وغير متساوية أو متناظرة، أي أن محتواها لا يتعدى ما يترتب عليها مما هو منصوص عليه في القوانين والأنظمة والتعليمات المعمول بها في المؤسسة، ومن أهم مميزات هذا النوع من الاتصال أنه يؤدي إلى الإسراع في تحقيق الغاية والتقليل من رتابة الأمور وروتينيتها غير المبررة.

ثانيا: الاتصال غير الرسمي

يعرف هذا النوع من الاتصال بأنه الذي يحدث خارج المسارات الرسمية المحددة للاتصال أو إنمائه بأسلوب غير رسمي، ويعرفه بعضهم بأنه ذلك الاتصال الذي لا يخضع لقواعد وإجراءات مثبتة مكتوبة ورسمية كالموجودة في الاتصال الرسمي، ويتم خارج القنوات الرسمية للاتصال، ويحدث في جميع المؤسسات دون التقيد بمراكز المتواصلين ورتبهم وعلاقاتهم الرسمية، ويحدث في كل

الأوقات داخل العمل أو خارجه دون التقيد بشكليات التواصل الرسمي،ويقوم هذا النوع من الاتصال على أساس العلاقات الشخصية والاجتماعية للأعضاء أكثر من كونه على أساس السلطة والمركز مع الانتباه إلى عدم تجاهل ذلك.

وتتركز عملية الاتصال غير الرسمي حول الأهداف الشخصية أكثر من كونها أهدافا للمؤسسة، ويساعد هذا الاتصال على معرفة معلومات وأفكار مهمة قد لا يتعين ذكرها بصورة رسمية، ويساعد أيضا على تنمية الروابط الاجتماعية وأواصر الصداقة والعلاقات الإنسانية الحسنة بين المعلمين أنفسهم أو بينهم وبين المدير فيما يخص المؤسسة المدرسية، ومن ناحية أخرى فإن استخدام الاتصال غير الرسمي يساعد في تحقيق أغراض شخصية،وقد يحمل بعض العاملين على تشويه معلومات هامة عن زملائهم ومديريهم،ويمكن أيضا أن يؤدي إلى وجود تنافس غير شريف وتشاحن بين العاملين.

والاتصال غير الرسمي نوعان، الأول يتفق في أهداف ليست هي أهداف الاتصالات الرسمية، حيث ينبغي على المديرين تشجيعه وتيسير السبل أمامه، أما النوع الثاني فهو ما لا يؤيده المديرون في العادة، بل ويحاول البعض محاربته ظنا منهم أن مثل هذه الاتصالات تعطل انسياب الاتصالات الرسمية،أو تعرقل بلوغها لأهدافها، وإن كان هذا ليس بالضرورة مع كل الاتصالات غير الرسمية.

أهداف الاتصال

لقد اهتم أرسطو بالاتصال، فكان يرى أن دراسة الاتصال {البلاغة } هي البحث عن جميع أوجه أساليب الإقناع المتوافرة؛ بمعنى أن الهدف الرئيسي للاتصال هو الإقناع بأي وسيلة،أي محاولة جذب الآخرين لتأييد وجهة نظر المتحدث، وقد استمرت وجهة النظر هذه عن الهدف من الاتصال حتى أواخر القرن الثامن عشر، ولهذا فإن عملية الاتصال تسعى لتحقيق هدف عام، وهو

التأثير في المستقبل حتى تتحقق المشاركة في الخبرة مع المرسل، إلا أنه يمكن تصنيف أهداف الاتصال إلى [1]:

- **هدف توجيهي**، عندما يتجه الاتصال إلى إكساب المستقبل اتجاهات جديدة، أو تعديل اتجاهات قديمة أو تثبيت اتجاهات قديمة مرغوب فيها.
- **هدف تثقيفي**، يتحقق حينما يتجه الاتصال نحو تبصير المستقبلين وتوعيتهم بأمور تهمهم،بقصد مساعدتهم وزيادة معارفهم واتساع أفقهم لما يدور حولهم من أحداث.
- **هدف تعليمي**،حينما يتجه الاتصال نحو إكساب المستقبل خبرات جديدة أو مهارات أو مفاهيم جديدة.
- **هدف ترفيهي** يهدف إلي التسلية
- **هدف اجتماعي**،حيث يتيح الاتصال الفرصة لزيادة احتكاك الأفراد بعضهم بالبعض الآخر،وبذلك تقوى الصلات الاجتماعية بينهم.

وفي الواقع أن الاتصال قد يجمع بين أكثر من هدف في وقت واحد.

وسائط الاتصال

تشترك أشكال الاتصال وأساليبه في محاولة السيطرة والتحكم في عقل الإنسان وسلوكه، وقد اختلفت الأسماء التي يعبر بها عن أساليب الاتصال وفنونه، فهناك عدة وسائط وأساليب للاتصال في الإدارة التعليمية منها:

- **المجالس التعليمية:** و تلعب دورا هاما في العملية الإدارية عن طريق التنسيق بين الأجهزة المختلفة أو عن طريق المشاركة في عملية اتخاذ القرارات التربوية، وقد تكون هذه المجالس استشارية أو تنفيذية أو عامة أو نوعية، والمجالس الاستشارية مهمتها تقديم المشورة والنصح في

---

[1] وليد غيث، أثر الإتصال الإداري، بتصرف.

الموضوعات المطروحة، وتساهم في أفكارها مساهمة إيجابية في تحديد الشكل الذي سيكون عليه القرار.

- **اللجان التربوية**، واللجنة هي مجموعة من الأفراد المتخصصين تكلف بعمل معين، أو يوكل إليها القيام بمسؤولية محددة، وتمارس نشاطها عادة في صورة اجتماعات دورية وقد تكون هذه اللجان استشارية أو تنفيذية وقد تكون دائمة أو مؤقتة، وتتميز بجماعية القيادة،بحيث لا يتفرد شخص واحد باتخاذ القرار، وتقوم بالتنسيق بين الأجهزة والمستويات الإدارية المختلفة، كما أنها تلقي الضوء على أبعاد المشكلة من وجهات نظر مختلفة مما يمهد السبيل للوصول إلى قرار سليم بشأنها.

- **التقارير:**وتقوم بدور كبير بنقل المعارف والأفكار والمعلومات إلى المستويات الإدارية الأعلى، ويجب أن يراعى عند كتابة التقارير أن تقتصر على المعلومات والبيانات الضرورية، وأن تتسم بالوضوح والبساطة والتحديد.

- ***الإجتماعات المدرسية**: ويكون لهذه الإجتماعات أثرها الفعال إذا ما أحسن تنظيمها وتوجيهها بحيث تؤدي الغرض الحقيقي منها في زيادة الإشراف ومقدرة المدرسين وتحسين البرنامج المدرسي، وفيها تتاح الفرصة للتفكير التعاوني البناء وتناول الأفكار والآراء ووضع الخطط والبرامج.

- **المقابلات**، يستخدم العاملون في مجال الإدارة التعليمية المقابلة في الاتصال أكثر من أي شكل آخر من أشكال الاتصال، فهم يعقدون مقابلات مع الرؤساء ومع الآباء والتلاميذ والمدرسين والعاملين في المدرسة لبحث المشكلات والخطط المختلفة.

الاتصال و الإدارة المدرسية

كان دور الإدارة المدرسية في السابق يقتصر على تنفيذ الجوانب الإدارية وضبط النظام داخل المدرسة،وتنفيذ ما يعهد للمدير من تعليمات، ومع التطورات التي حدثت في ميدان التربية تعددت مجالات عمل مدير المدرسة، وأصبح يمارس مهام كثيرة لتحقيق أهداف المدرسة التي تعتمد على قدرة مدير المدرسة وتفهمه للمسؤوليات والمهام الجسام داخل المدرسة، على أن إدارة المدرسة بحكمة وروية مرهون بالعلاقات الإنسانية الجيدة بين الإدارة والمعلمين والطلاب، فالمدير الفعال يعتبر قائدا تعليميا ومختصا بالعلاقات الإنسانية، ومن أهم معايير اختياره :

- المهارة في العلاقات الإنسانية.
- المهارة في اتخاذ القرارات.
- القدرة على الاتصال.

وبما أنه لا غنى عن الاتصال في أي مجال من مجالات الحياة، فإن علماء التربية يرون أن الاتصال عملية تعليمية تقوم بها المؤسسات الاجتماعية المدرسية وغير المدرسية، فيتحقق التعليم وتتم المشاركة في الأفكار والمهارات والعادات، نتيجة عملية تفاعل بين الأفراد أي عن طريق عملية الاتصال.

وتعتبر التربية عملية اتصال، إذ أنها تتضمن إكساب الفرد مجموعة من الخبرات والمعارف والاتجاهات التي تساعده على التكيف مع البيئة الاجتماعية، إذ أن هذه العملية يتوفر فيها عناصر عملية الاتصال، فالمرسل في التربية هو الشخص (المربي،والأب، والأم، والمدرس) الذي لديه الخبرة والمعرفة والاتجاهات والتي يريد نقلها وتوصيلها للطفل لتتسع معارفه، وتكون لديه اتجاهات معينة، ويصبح الطفل هو المستقبل الذي يقع عليه تأثير المربي لكسب هذه الخبرات، وفي هذه العملية يقوم المرسل بتحويل هذه المعلومات أو الأفكار

إلى رموز معينة سواء أكانت في صورة كلمات منطوقة أم مكتوبة أم في صورة إشارات أم حركات معينة وينقلها للطفل وبذلك يستطيع فهم مضمون هذه الرموز.

وتعتبر المدرسة مؤسسة اجتماعية تربوية تهدف إلى تغذية المجتمع بمخرجات إنسانية تساعد على إدارة عجلة الحياة، وقد أضحت الإدارة المدرسية مجالا خصبا من مجالات التنمية التي يشهدها العالم المعاصر، كما أن القناعة بين الأوساط التربوية أخذت تزداد يوما بعد يوم من أجل تحسين العملية التربوية وتطويرها، وزيادة فعاليتها وقدرتها على تحقيق الأهداف المرسومة لها، وهذه يقررها مستوى الكفاءة والاقتدار لدى القادة الذين يقودون إدارة وتسيير النظام المدرسي، ويستطيعون مواجهة كافة التحديات واتخاذ القرارات الرشيدة القائمة على مرتكزات وأسس منطقية وموضوعية، ويملكون المقدرة على إيجاد البدائل والحلول المبدعة لكل ما يعتريهم من معضلات [1].

ويمكن القول أن مهمة الإداري التربوي الأساسية في مجال التواصل تكمن في بناء شبكة تواصل رسمية قادرة على توفير فرص التفاعل بين العاملين في النظام، وتيسير تزويدهم بالمعلومات التي يحتاجونها في وقت حاجتهم لها، فأفراد النظام يجب أن يكونوا على درجة معقولة من الدراية بنظامهم، وأن يعرفوا أين وكيف يحصلون على المعلومات التي يحتاجونها، كما يجب أن يهتم الإداريون بإيجاد بيئة اتصال فعالة تمكنهم من التفاعل مع البيئة المحلية ومع مختلف الجهات المعنية بالتربية والتعليم، وذلك بهدف تيسير تحقيق أهداف النظام وضمان إنتاجيته وديمومته ورضا العاملين فيه وقناعتهم.

---

[1] ناريمان زيدان، الاتصال الإداري لدى مدير المدارس الثانوية في محافظات نابلس و طولكرم و قلقيلية.. بتصرف.

و تتميز الإدارة المدرسية الناجحة والجيدة بوجود نظام جيد للاتصال، سواء أكان هذا الاتصال خاصا بالعلاقات الداخلية للمدرسة، أم بينها وبين المجتمع المحلي، أم بينها وبين السلطات التعليمية الأعلى، فنجاح إدارة المدرسة يعتمد بدرجة كبيرة على وجود قنوات مفتوحة للاتصال تستطيع من خلالها التحرك السريع والوفاء بما يستلزمه العمل من توصيل المعلومات، أو الحصول عليها، ويرتبط بذلك أيضا أن يكون للمدرسة برنامج جيد للعلاقات العامة تعبر من خلاله عن جهودها ونشاطها، وتتعرف أيضا من خلاله إلى صدى ما تقوم به عند الآخرين.

العوامل المؤدية إلى زيادة فعالية ونجاح عملية الاتصال

يمكن زيادة فعالية الاتصال وذلك بالقضاء على الصعوبات والحواجز التي تؤثر بشكل سلبي على هذه العملية عن طريق القيام بالخطوات التالية:

١. التخطيط الجيد لعملية الاتصال عن طريق تحديد الهدف المنشود من وراء نقل الرسالة من المرسل إلى المستقبل، ثم بترميز الأفكار المراد نقلها بشكل واضح ومفهوم، بمعنى بث الرسالة برموز سهلة وواضحة بشكل يؤدي إلى فهم المقصود منها دون أية مشكلة.
٢. زيادة الثقة والاحترام بين المدير والعاملين معه، فالمدير يجب أن يصغي بإخلاص وبإحساس للآخرين، ويناقش معهم المشاكل التي تواجههم، مما يحسن من إدراكهم لعملية المشاركة في العمل الإداري.
٣. الاختصار واللغة السليمة والتأثير بحيث تؤدي هذه العملية إلى أثر ملحوظ ومحدد، أي أن تكون ذات توجه نحو الأهداف.
٤. تحليل عملية الاتصال ومحاولة الكشف مسبقا عن الصعوبات التي تواجهها وعلاج هذه الصعوبات.

٥. التكرار غير الممل لعملية الاتصال، والاستفادة من ردود الفعل العكسية،للتأكد من فهم تلك العملية.
٦. اختيار وسيلة مناسبة كقناة اتصال لنقل الموضوع إلى المستقبل، فلكل موضوع قناة تلائمه أكثر من غيرها.

معيقات الاتصال

هناك عدة عقبات تقف أمام عملية الاتصال منها:

١. صعوبات ناجمة عن معاني الألفاظ، وتشمل تعدد المعاني للكلمات اللغوية أو تعقيد الصياغة أو عدم منطقية الكلمات، أو جمود اللغة التي تكتب فيها التقارير والقرارات الإدارية.
٢. عدم وجود تخطيط كاف لعملية الاتصال من حيث تحديد الغرض منه وتوقيته، واختيار وسيلة الاتصال المناسبة.
٣. الانتباه الجزئي من قبل المستقبل لمحتوى الرسالة.
٤. المعاني المستنتجة من قبل المستقبل قد تختلف عما قصده المرسل.
٥.عوائق تتعلق بالقيم والعادات والتقاليد واختلافها باختلاف الشعوب والأصول و الانتماءات مما يؤثر على اختلاف المعاني المقصودة.

وحتى يمكن التغلب على معظم معيقات الاتصال، فإنه يمكننا الاستفادة من معطيات عملية التغذية الراجعة التي تمثل مفتاح الاتصال الفعال، حيث أنها تبين للمرسل فيما إذا كانت أفكاره ورسالته والمعاني التي قصد إرسالها قد تم استلامها كما يريد لها أن تصل، فالتغذية الراجعة هي إحدى طرق معالجة تحريف الاتصال وبالتالي تشكل سبيلا هاما للتغلب على معيقات تحقيق اتصال فعال داخل التنظيم.

وبناء على ما سبق فإن الإدارة عملية إنسانية بالدرجة الأولى، تستهدف تحقيق أقصى إشباع ممكن للرغبات الإنسانية، وهي في سعيها الدائب لتحقيق

ذلك ولتحسين حياة الإنسان، تعمل من خلال السلوك الإنساني وتتوقف كفاءتها وفاعليتها إلى حد كبير على مدى ونوعية هذا السلوك، كما أن مدير المدرسة هو محور الإدارة المدرسية، ويتوقف نجاح المدرسة التي يتولى قيادتها على قدراته ومهاراته كقائد يدرك كافة أبعاد العملية الإدارية، ويتفهم كافة الافتراضات المتعلقة بها.

فلعل من أكثر الأمور تحديا في إدارة النظم التربوية المتنامية الحجم والتعقيد هو تأسيس نظام فعال للاتصال والمحافظة على استمرارية فاعليته، فالاتصال من وظائف الإداري الضرورية، وهو المكون الذي يجعل النظام ممكنا، وهو الوسيلة التي يتم عبرها القيام بوظائف الإدارة الأساسية، فالإداريون يمارسون عمليات التخطيط والتنظيم والتنسيق والتوظيف والضبط والتقييم من خلال عملية الاتصال، وإنه يكاد من الصعب ممارسة أي عمل في أي نظام دون أن يكون للاتصال دور فيه أو مؤد إليه.

وأخيرا فإن الاتصال الإداري هو بمثابة القلب النابض وبدونه تتوقف الحياة، ولا عجب في ذلك إذ أن فعالية العملية الإدارية في أي مؤسسة تتحدد بمدى فاعلية وكفاءة قنوات اتصالاته المختلفة،وعملية الاتصال الإداري ذات طبيعة خاصة معقدة ومتشابكة، إذ تتكون من عدة عناصر تتفاعل مع بعضها بحيث يتأثر كل عنصر من عناصرها بالعناصر الأخرى ويؤثر فيها.

الدراسة الحادية عشرة
أزمة الثقة في النظم التربوية العربية[1]

نحو بيئة تربوية صحية و ذات أثر فاعل

لعله من الموضوعية بمكان - إن كنا ننشد الحقيقة - الاعتراف بواقع تربوي وتعليمي مترد بازدياد في نظمنا التربوية العربية في ظل ما تشهده مؤسساتنا التربوية من اهتمام بالقشور وزخرف القول وتنميق أهداف تربوية لا يمكن تحقيق جزء كبير منها في ظل الإمكانات المحدودة.

إن ما تشهده تلك المؤسسات قد أفرز جملة من المشكلات والتحديات التي قد لا يمكن القضاء عليها في المستقبل القريب، وقد لا يختلف اثنان - من المهتمين بالميدان التربوي في العالم العربي - على سوء ما آلت إليه العملية التعليمية من تدهور وانحدار يؤذن بمستقبل مظلم من ناحية جودة مخرجات المؤسسات التربوية من حيث النوع، إذ يعتبر ذلك ابتداء لسلسلة من السلبيات التي تعاني منها المنظمات التربوية، كتدهور العلاقة التي تربط المعلمين بطلبتهم وأولياء أمورهم، ونظرة مجتمعنا العربي من المحيط إلى الخليج نحو بيئة التعليم وشريحة المعلمين؛ الآخذة في المد باتجاه القطب السالب، هذا بالإضافة إلى قرب انحسار الثقة بين المجتمع والمدرسة، ولا أجدني مبالغا إن زعمت أن الشرخ في حائط الثقة أضحى داخل المنظمات التربوية ذاتها، ضاربا بسيفه البتار العلاقات بين الزملاء أنفسهم.

وعليه.. فإن المشكلة في التعامل مع النظم التربوية تكمن في أننا مقصرون كتربويين في تصحيح المناخات المنظمية التربوية، فنحن نطور مناهجنا التعليمية، ونبدد أموالا طائلة في سبيل ذلك، ونشيد أبنية مدرسية نموذجية تتواءم ومتطلبات

---

[1] قراءة في الموقع التربوي العربي... المؤلف.

القرن الحادي والعشرين، ونستخدم أحدث التقنيات (التي ما كنا في يوم من الأيام منتجين لها)، ولكننا نغض الطرف عن تطوير المناخ التربوي والمنظمي السليم الذي يسهم في توظيف مظاهر التقدم والحضارة في العملية التربوية، وليس مستغربا في ظل السبات غير المسبوق من تاريخ أمتنا أن تستدرك النظم التربوية العالمية هذا الأمر، فتضيف إلى جملة وظائفها وأهدافها المتمثلة في البحث العلمي والتدريس وخدمة المجتمع بعدا رابعا استنبطت أهميته من التخطيط العلمي السليم، وقد اصطلح على تسمية هذا البعد أو الهدف بتنمية روح الزمالة.

فالزمالة تهدف إلى إيجاد مناخ تربوي صحي في النظم التربوية، هذا إن اقتنعنا بأن أي نظام تربويا كان أو غير تربوي أشبه ما يكون لـ (سيمفونية) تعزفها أدوات مختلفة، فإن لم يسد التعاون والانسجام بين العاملين في النظم التربوية، وإن لم يتحلوا بروح الزمالة الإيجابية، فإن ذلك سيسهم بلا أدنى شك في هدم النظام وتدميره، فالمطلوب إذا أن تسود الثقة في أجواء النظام التربوي حتى نخرج بمنتج ذي أثر؛ ذلك أن الثقة هي استعداد ورغبة فئات العاملين في المؤسسة أو المدرسة - وعلى مختلف مستوياتهم - ليجعلوا من أنفسهم موضع مساءلة وشفافية مستندين في ذلك على قناعة بأن الآخرين هم موضع كفاءة ويمكن الاعتماد عليهم، بمعنى أن ينطلق العاملون من مسلمات نظرية (Y) في الإدارة والتي تفترض أن الإنسان إيجابي بطبيعته ومحب للعمل ولا يقاوم التغيير، وأنه يعمل بما فيه مصلحة المؤسسة التي يعمل فيها، بالإضافة إلى اعتباره مخلوقا حيويا ونشيطا ويسعى ليكون حرا في عمله ويحتاج إلى حوافز معنوية بدرجة لا تقل أهمية عن تلك المادية.

مجالات الثقة

تتخذ الثقة ثلاثة مجالات رئيسة والتي إن تم توظيفها في البيئة التربوية، فإنها بلا شك ستشكل بيئة مثالية خصبة وقادرة على تثبيت أساسات ودعائم

العملية التربوية في المدارس - إن اقتنعنا واقتنع ذوي السيارات الفارهة من أصحاب القرار في عالمنا العربي - بأن المدارس هي الميدان التجريبي (صندوق سكنر)[1] لنجاح أو فشل نظمنا التربوية، ولا حرج إن تعرضنا لهذه المجالات لتعرف ما ينبغي أن يكون أو ما يمكن أن يكون إن شرعنا بتطبيق هذه المجالات التي ستسهم بشكل أو بآخر في تحسين وتجويد العملية التربوية والتعليمية بشكل لافت، وهذه المجالات هي:

الصدق في القول

ويقصد بذلك الثقة بأن ما يقوله المعلم هو الصدق، ذلك أن المعلم قدوة لغيره سواء أكانوا طلبة أم أولياء أمور أم أفرادا عاديين من المجتمع، فإن كان المعلم قدوة كما نزعم، فإن من أهم صفاته الصدق في القول وإلا لما كان قدوة، والمعلم هو الذي يزرع القيم والمثل العليا في نفوس طلبته - أو هكذا يفترض أن يكون - وهو الذي يفتح لهم أبواب المعرفة التي قد تكون عبارة عن طلاسم وألغاز للكثيرين منهم، أو ليس حريا بنا أن نعامله على أنه صادق في قوله ويمكن الوثوق به، إلا إذا تبين عكس ذلك بالدليل الدامغ ؟!، فهيبة التربية ووقارها ذو علاقة ارتباطية موجبة بهيبة واحترام المعلم.

الصدق في العمل وبذل الجهد

بمعنى الثقة بأن الجهد المبذول من قبل المعلم - أو العامل في الميدان التربوي - هو أقصى ما يستطيع هذا الفرد القيام به، وأن كل عمل يقوم به بمضامينه وحيثياته هو أمر صادق، فالأمر لا يقف عند حد الثقة في القول (إن كنا نبغي

---

[1] سكنر Skinner: عالم نفس أمريكي معاصر، يُعدّ من روّاد المدرسة السلوكية في علم النفس، اشتهر بتجاربه على العديد من الحيوانات من خلال وضعها في صندوق خاص وملاحظة سلوكياتها واستجاباتها للمنبهات وهو ما عُرف بمفهوم الاشتراط في علم النفس.
صندوق سكنر : وهو جهاز الاشتراط الإجرائي الذي ابتكره سكنر وبه أجرى أشهر تجاربه على الحيوانات ومن أهمّها الفأر.

الإصلاح في المناخات التربوية) إذ لابد أن يكون الإصلاح أو الرغبة فيه مجسدة على أرض الواقع، ولا يتم ذلك إلا إذا كان لدينا ثقة بما يبذله المعلم من جهد، واحتراما لقدره ومقدرته على النهوض بالأجيال نحو آفاق رحبة من التطلع والتميز ليس على المستوى المحلي فحسب، وإنما على المستوى العالمي، فنحن - بلا شك - نتطلع إلى إعادة الزمن الجميل من تاريخ أمتنا الناصع وإلى التميز ومنافسة الأمم " المتحضرة " وبلوغ القمة إن شاء الله تعالى.

البعد عن الاستغلال والتحايل

فالثقة تحتم على المرء احترام آراء وقدرات ومنجزات الآخرين، كما تسمح بإبداء الآراء المخالفة لهم، وهذا شيء أساسي لابد من القيام به في النظام التربوي على وجه الخصوص، ذلك أن التعامل مع بشر ويختلف فيه كل فرد عن الآخر من حيث الأفكار والمعتقدات والتوجهات، وعليه فإن التربوي لا يتحايل في سلوكياته إذا أتيحت له الفرص، فهو فرد يحترم نفسه ويحترم الآخرين كما ميدانه الذي ينبغي أن يتسيد كافة الميادين العاملة في المجتمع.

أنواع (ألوان) الثقة

ويمكن للبعض أن يعتبرها مراحل قد يتنقل بينها الفرد فيترك مرحلة أو نوعا لينضم إلى آخر وفق ظروف ومعطيات خاصة تمكنه من ذلك، ويمكن تلخيص هذه الأنواع وفقا لما يحدث في ساح الميدان التربوي بالآتي:

أولا: الثقة المستندة إلى العقوبات أو المثنيات أو المخيفات..

إن من أهم صفات هذا اللون من الثقة هو الهشاشة وسرعة التغير، بل قد يكون وبالا يصعق المؤسسة التربوية ويعيق تقدمها وحيويتها، فالثقة إن لم ترتبط بقناعة الشخص وتوجهاته، فإنها لن تحقق النتائج المتوخاة منها والمتمثلة في تصحيح المناخ التربوي، فهذا النوع من الثقة يقوى ويسود عندما تكون العقوبات واضحة ومعلومة لكل من يكسر هذه الثقة، ولعله من غير المجدي تطبيق هكذا

نوع في مؤسسة أو نظام يمكن التعبير عنه بـ (المؤنسن) بفعل تفاعله مع البشر، فالنظام التربوي يشكل الجسد، أما العلاقات البينية والمناخ السائد بناء عليها فيشكل العمود الفقري لهذا الجسد.. وعليه فإن النظام الذي يحترم منتسبيه ينبغي له الاستناد إلى طريقة فضلى في التعامل معهم من خلال اتفاق يحترم جميع الأطراف المشاركة في العملية التربوية، ولا يضع أحدا موضع اتهام.

ثانيا: الثقة المستندة إلى الدراية

وتعني الثقة بأن من يقوم بعمل ما، يقوم به بناء على دراية فيه، وعليه إقناع الآخرين بذلك، فبعد الدراية يسهم بشدة في تعزيز الثقة بنظمنا التربوية، والتخصص هو وسيلة من وسائل تعزيز الثقة، ولعل هذا اللون من الثقة هو المطلوب للنهوض بنظمنا وتخليصها من أزمتها التي تعيش، فإذا احترم كل منا جهود وآراء الآخر، واعتبره مختصا في عمله واعتبر نفسه كذلك، ونظر إلينا الآخرون بنفس المنظار الموضوعي، فإن الأمر سيسير نحو الأفضل وسنلمس التغيير الذي كنا ننشد.

ثالثا: الثقة المستندة إلى الهوية

وتتوفر هذه الثقة عندما يكون ثمة أفراد يعيشون أهدافا وآمالا ومقاصد واحدة، فالتماثل والهوية الواحدة يعززان الثقة بحل الخلافات، وهنا ينبغي أن يكون الفرد مهما كان مستواه الوظيفي أكثر شمولية وأبعد نظرا في تعامله مع المواقف المختلفة، إذ لا ينبغي له أن يركز هنا على الشخص المقابل له، وإنما عليه النظر إلى نتيجة تعامله معه ودور ذلك في تمتين قواعد البناء التربوي، ورفعة المجتمع الذي ينتمي إليه، ولا يتم ذلك إلا باكتساب الفرد لقناعات وتوجهات تمكنه من التفكير وفق هذا المنظور، بالإضافة إلى توفر الظروف الملائمة للعمل تبعا لذلك، فانظر إلى الأمم التي حققت منجزات فريدة عبر تاريخها، ألم تصفي

كل خلافاتها الداخلية والتفتت إلى الصالح العام للمجتمع والدولة؛ لتنال بذلك مكانة متميزة على سلم التحضر والتقدم ؟!.

وبناء على ما تقدم، يمكن النظر إلى الثقة من منظور التلاميذ والمعلمين والإداريين والنظام التربوي ككل، ولعل مؤشرات الثقة لدى التلاميذ تتمثل في وجوب تحليهم بجملة من الخصائص والمزايا التي تسهم في تجويد العملية التعليمية، ومن هذه المؤشرات: الانتماء، والمسؤولية، والضبط الذاتي، وحب التعلم، أما مؤشرات الثقة لدى المعلمين فتتمثل في وجوب أن يكونوا معنيين بتأهيل أنفسهم والنهل من كل جديد في العلم والمعرفة، ولا يتأتى ذلك إلا من خلال حب هذه المهنة العظيمة، ولا يفوتنا التأكيد هنا على ضرورة أن يكون المعلم إيجابيا ويتحلى بروح المسؤولية تجاه نفسه ومهنته وتلاميذه.

وللإداريين نصيب من تلكم الثقة، إذ تتجلى معالم الثقة لديهم بمؤشرات عدة لعل من أهمها: الموضوعية والانفتاح على الآخر والنزاهة والمهنية والعقلانية، فكل تلك الصفات تشكل لبنات أساسية في بناء الإداري الناجح والقادر على احتواء أكثر المواضيع سخونة وإلحاحا. أما النظام الحاضن لأولئك جميعا فإن مؤشرات الثقة فيه تتمثل في ضرورة اتصافه بمواصفات ومزايا خاصة تتيح للجميع التفاعل ضمنه بلا خوف ولا وجل؛ بما يتيح لهم إنجاح هذا النظام، فلابد للنظام من الانفتاح والشفافية ووضوح الأسس المنظمة للعمل فيه والقادرة على مواجهة المشكلات الداخلية وتحدي الضغوط الخارجية، وهذا ما نستطيع تسميته بالعدل الإيجابي.

خلل الثقة، هل للإصلاح فيه من سبيل ؟!..

إن إصلاح بعد الثقة بعد خرابه وتضرره ليس سهلا، وقد يستغرق وقتا طويلا، ولابد لنا من الإدراك بأن عملية الإصلاح تتخذ اتجاهين، فمن ناحية لابد أن يكون طرفي معادلة الثقة راغبين في استثمار الوقت والجهد المطلوبين لعملية

الإصلاح، ومن ناحية أخرى فإن على كلا الطرفين أن يدركا بأن أي تقدم في النظام التربوي لا يمكن أن ينجح إلا إذا استند على الثقة المتبادلة بين كافة المستويات، وأن هذه الثقة تستحق أن نبذل الجهد المضني للوصول إليها، مع إدراكنا أن إصلاح الثقة يجب أن يبدأ من مستوى أول من أخل بها..

فعلى من سعى بتقويض الثقة أن يعترف أولا بمسؤوليته عن ذلك، وأن يحدد طبيعة الخلل الذي حصل في الثقة، ومن ثم عليه الالتزام بتحجيم مثل هكذا سلوك مع تحمل مسؤولية هذا الالتزام، أما من وقع عليه الضرر أو ما يمكن النظر إليه على أنه (ضحية) فعليه رفض أي سلوك يؤدي إلى حالة اللاثقة، وأن يصفح الصفح الجميل عما مضى، وذلك تزامنا مع قيامه بما يثبت للآخرين بأنه قد نسي الإساءة ووصل إلى مرحلة (اللاحقد) على أحد.

وبعد.. يجب أخذ موضوع الثقة بالاعتبار في تطوير النظم التربوية، فنحن نريد أن تسود الثقة في تلك النظم، فهي متغير أخلاقي وتعتبر أحد أهم مكونات المناخ التربوي الصحي، فإن لم يكن هذا المناخ منطلقا من الثقة المتبادلة فإن عملية التطوير والتغيير سيحكم عليها بالفشل، فلابد من سيادة روح الأسرة الواحدة؛ الأمر الذي يمكن من تأطير شبكة العلاقات بين المعلمين والإدارة والمجتمع، والسير بالجميع نحو المعالي.

الدراسة الثانية عشرة
تقنيات في الإشراف على المعلمين

تطبيقات قبل وأثناء الخدمة[1]

يحتاج المشرفون التربويون بصيرة ومهارة لمساعدة المعلمين في نشاطاتهم وأدائهم مع الطلبة الصغار والكبار، وهناك تقنيات تعليمية متينة ومدروسة يمكن للمشرفين تزويد المعلمين بها للتعامل مع طلبتهم ومن هذه التقنيات: التعزيز، وأسلوب المعلم الكلي، والتحضير والحث على الإبتكار، والتنظيم المنطقي للأفكار (الإغلاق)، والإستجواب، وتأسيس هياكل الإسناد (وجهات النظر المتعددة).

ويمكن إتخاذ هذه التقنيات كدليل لمساعدة المعلمين على التفاعل مع الطلاب، فالهدف من الإشراف التربوي هو التطوير المهني للمعلمين والتأكيد على تحسين الأداء في قاعة الدروس، ولكن - لسوء الحظ - يعطى المعلم في كثير من الحالات توجيهات قليلة حول كيفية التغلب على ضعف معين، وعلى كيفية تحسين الأداء، إذ يبدو أن هذا التحسين يجب أن يكون ذاتيا، فالمعلم لديه بضعة مصادر للتحسين باستثناء أسلوب التجربة والخطأ، فهذا النوع من التعليم قد يؤدي إلى البراعة أو الكارثة، فالتعليم عملية معقدة جدا تتعامل مع العديد من المتغيرات.

لقد أسهمت البحوث على التعلم والتعليم خلال العقود الثلاثة الأخيرة في تقديم عدة تقنيات للتعليم التي قد تستعمل من قبل المعلم للتفاعل مع طلبته وتوجيههم ضمن الموقف التعليمي، وفيما يلي توضيح لبعض الإستراتيجيات

---

[1] دراسة مترجمة بتصرف عن:

Techniques in the supervision of teachers: preservice and inservice applications

التعليمية التي تم تصميمها لمساعدة المعلمين في تحسين أدائهم داخل الغرفة الصفية.

أولا: التعزيز Reinforcement

تشير البحوث بأن تعزيز المعلمين للطلبة أثناء المناقشات في الغرفة الصفية سواء أكانت بطريقة لفظية أم غير لفظية، وبصرف النظر عن صواب إجابات الطلبة، فإن ذلك يسهم في مشاركة الطلاب في أغلب الأحيان بشكل أكثر وأنشط في المناقشات الصفية، ويعتبر التعزيز من أكثر التقنيات التي إن وظفها المعلم في عمله، سيتمكن من تقوية طلابه، وإتاحة الفرصة للحصول على مشاركة جيدة للتلميذ، فعلى سبيل المثال، عندما يجيب التلميذ بإجابة جيدة، قد يقول له المعلم: بالضبط كذلك، مع إيماءة بالرأس وإبتسامة تجاه الطالب كدليل على الرضا، هنا يجمع المعلم بين تعزيز لفظي وتعزيزين غير لفظيين إيجابيين، وينتج مثل هذا المزيج من المعززات تأثيرا متراكما.

ومن الأمثلة على التعزيز غير اللفظي الإيجابي: الإبتسامة في وجه التلميذ، وأن يتحرك المعلم نحو التلميذ، والتواصل البصري مع التلميذ، وكتابة إجابة التلميذ على السبورة من قبل المعلم، أما التعزيز اللفظي الإيجابي فيتضمن إستعمال كلمات وعبارات مثل { جيد، حسنا، ممتاز، صحيح...}، أو أن يعبر المعلم عن سروره بإجابة التلميذ بطريقة أخرى شفهيا، وفي المقابل هناك إستجابات للمعلم تعتبر تعزيزا سلبيا، وقد تؤدي إلى عدم مشاركة التلميذ في التفاعل الصفي، لذا يجب تفاديها ومنها: أن يعبس المعلم في وجه التلميذ، أو أن يبتعد عنه، والإخفاق في البقاء على تواصل بصري مع التلميذ، وأن يقول المعلم للتلميذ [لا، خاطئ، ليس كذلك]، وإظهار تعابير الإنزعاج أو نفاد الصبر.

ثانيا: الأسلوب الكلي للمعلم (السلوك العام)

[Recognizing Attending Behavior]

ومن المعايير المقترحة لتحسين أسلوب المعلم، تشجيع الطلاب على ما يلي:

- الإتصال البصري من قبل الطلاب مع المعلم.
- الإرتباط النشط في فعاليات الحصة من خلال القراءة والكتابة وأخذ الملاحظات.
- المشاركة في النشاط الصفي.

وهذا يعتمد على الأسلوب العام الذي يتبعه المعلم داخل الغرفة الصفية من خلال ما يقوم به من تشجيع لتلاميذه للقيام بالأنشطة المختلفة، وبخلاف ذلك سيبدو الطالب ضجرا من فعاليات الحصة التي تتصف بالرتابة وقلة الوسائل والأساليب التدريسية المتنوعة.

ثالثا: التحضير والإبتكار [Set Induction]

تشير البحوث بأن المعلمين عادة لا يمضون الكثير من الوقت في الإستعداد للنشاط الصفي، وهنا ينبغي على المعلم إبتكار أنشطة لتحقيق أقصى ما يمكن من الدفع لتعلم طلبته وإستثارتهم، كما تشير الأبحاث في هذا الصدد إلى أن النشاطات التي تسبق تعلم مهمة ما، لها تأثير على نتيجة تلك المهمة، ومن هنا يجب أن تكون المجموعات التعليمية متجانسة.

رابعا: التنظيم المنطقي للأفكار [الإغلاق Closure]

بمعنى تقديم الدرس بطريقة تمكن التلاميذ من إدراك تسلسل الأفكار في الدرس، وكذلك إستخدام طرق تدريسية عدة ليفهم الطلبة العلاقة بين المادة النظرية وتطبيقاتها العملية، مع العلم بأن هذه الإستراتيجية لا تتقيد بإتمام الدرس في الحصة، فالمهم هو بلوغ غايات نوعية للدرس، لذا على المعلم الإهتمام بأن

يدرك الطلاب أين هم وإلى أين سيصلوا، ويمكن تسهيل هذه الإستراتيجية من خلال:

أ – أهمية إتمام الدرس أو جزء منه وذلك عن طريق:

- التأكد من رسوخ المفاهيم والعناصر التي تم تغطيتها قبل الإنتقال إلى فكرة أخرى في الدرس.
- الربط بين بداية الدرس (القاعدة) ونهايته.
- إستعراض النقاط الرئيسة لكل جزء من الدرس على حدة، وإستخدامها كخلاصة لهذا الجزء.
- إستعراض النقاط الرئيسة في كافة أنحاء الدرس.

ب – إستعراض المعلومات البديهية والمعروفة عن الدرس وإتخاذها أساسا للدرس، والبدء في شرح المادة من خلال التسلسل في الإنتقال من المادة المعروفة إلى الجديدة.

ج- إتاحة الفرصة للطلبة لعرض ما تعلموه.

د- إتاحة الفرصة للطلبة لتطوير المادة وتأليفها بطريقة جديدة.

خامسا: الإستجواب [Questioning]

تعتبر الأسئلة أمرا مهما في عملية التعلم، ويمكن تصنيف الأسئلة إلى أربعة أصناف هي:

- الأسئلة الإستهلالية: وهذه الأسئلة تستخرج إستجابة أولية من الطالب، فعندما يجيب الطالب يقوم المعلم بتفحص الإجابة ويقرر بناء عليها كيف سيبدأ مع طلبته.
- أسئلة التقصي [الأسئلة السابرة]: وتبين مدى إلمام الطالب ببعض الحقائق ومدى تذكره لها.

- ☒ الأسـئلة عاليـة المسـتوى: وتسـاعد عـلى معرفـة الطريقـة التـي تجعـل الطـلاب يبنـون المقارنـات والإستدلالات والتقييمات وكيفية طرح الأفكار.
- ☒ الأسئلة المتباعدة: ليس لها إجابة صحيحة أو خاطئة، وعادة لا يشـعر الطـلاب بالراحـة تجـاه هـذه الأسئلة

سادسا: تأسيس هياكل الإسناد / وجهات النظر المتعددة

[Establishing Appropriate Frames Of Reference]

إن فهم الطالب لمادة الدرس يمكن تنظيمه من خلال عدة وجهات نظر ملائمة، فإستعمال وجهـات نظـر عـدة يـؤدي إلى تعميق وتوسيع الفهم لمجال معين أكثر منه في حال (وجهة النظـر الواحـدة)، ويسـتطيع المعلمـون أن يتـدربوا ليصبحوا معلمين أكثر قوة في التعليم من خلال المقدرة على التمييز بين العديد من وجهات النظر ومن ثم تقديمها عمليا.

الدراسة الثالثة عشرة
العولمة والتعليم [1]

كلمة يكاد لا يمر يوم إلا وتتناقلها ألسنتنا أو نسمع بها فيما نستمع إليه في الكثير من مناحي الحياة، إذ لا تكاد نشرة إخبارية أو محاضرة أو نقاش ما أو موقع للإنترنت يخلو من هذه الكلمة، فقد تدخلت العولمة في كل شئ واصبحت ذات علاقة إرتباطية بكافة العلوم والآداب ولا أجدني مبالغا إن قلت الأديان، فقد كان إنتشارها كفيلا بإطلاق مسميات كالإنفتاح العالمي والقرية الصغيرة وغيرها من المسميات والظواهر الدالة على التقارب والإنفتاح بين دول العالم.

وقد أحدثت العولمة إنفجارا معرفيا هائلا تطلب ضرورة السعي له ومواكبته نظرا للكم الهائل للمعرفة بفعل الإنفتاح بين الدول في كافة التخصصات، كما أحدثت تطورا تكنولوجيا عظيما أدى إلى إعتماد شتى مجالات الحياة على التكنولوجيا والأجهزة الحديثة لديمومة عملها ونمائها، لذا أصبح من الضروري أن يتمتع إنسان القرن الحادي والعشرين بمهارات ومعارف جديدة ومتجددة وقادرة على مجاراة كل جديد من مفرزات العولمة.

وفي معرض الحديث عن العولمة، لا بد من تعرف ما تعنيه هذه الكلمة فهي تعني بإختصار **تلك العملية التي إتصلت من خلالها شعوب الأرض ببعضها في كافة مجالات الحياة السياسية والإقتصادية والثقافية والتكنولوجية وحتى التربوية والإجتماعية**، ولعل العولمة تعتبر من أعظم منتجات النظام الرأسمالي التوسعي الذي لم يعد يكتفي بما يسيطر عليه وفق مصالحه بما يحقق له السطوة والتوسع ويجذب إليه عقول وقلوب سكان المعمورة، فقد تمثلت العولمة في سيطرة الفكر الرأسمالي الغربي على مجتمعات العالم كافة - حتى الإشتراكية منها - وذلك في صور الإنفتاح الثقافي والإقتصادي على أساس تغييب الدين والعادات والتقاليد

[1] المصدر: نجوى يوسف جمال الدين، في اجتماعيات التربية، بتصرف.

وفلسفات المجتمعات بحجة الإنفتاح على العالم والإستفادة من الآخرين والإطلاع على جديدهم، فتراجعت مكانة الدولة لتحل محلها ثقافة السوق بمعنى أن للجميع الحق في عرض ما لديه وإطلاع العالم عليه، فظهرت كنتيجة لذلك الشركات المتعددة الجنسيات، والمنظمات النسائية، والمؤتمرات العالمية، والمنتديات والهيئات الدولية....إلخ.

الثقافة العربية بين العولمة والعالمية

من الطبيعي وفي ظل الضعف الواضح والوهن المستفحل في جسد أمتنا العربية ذات الأمجاد العريقة، أن تكون مجرد مستقبل سلبي للأفكار (التقدمية) والثقافات المتنوعة وأنماط السلوك والتعامل الزاحفة إلينا في مد لم يشهد التاريخ له مثيلا، ليحدث شرخا عميقا في مجتمعاتنا لن يبرأ بسهولة ما دامت الإستكانة والإستسلام عنوانا لتعاملاتنا مع الغرب القادم بالعولمة والنظام العالمي الجديد.

لقد بلغ هذا الإستسلام أوجه في تطبيق أمة العرب لرغبات وآمال أرباب العولمة، والتي أدت إلى البعد عن أصولنا وحضارتنا والتنكر لماضينا المجيد وتقطيع أوصال المجتمع العربي من خلال الرضى والقبول بلا جدال بالمسميات والمفاهيم والآراء المعولمة (المؤمركة) فسادت حياتنا، وأضحت أمرا واقعا معاشا لا سبيل إلى مجرد التفكير برفضه، وقد إستعمل أصحاب هذه العولمة عدة وسائل إستطاعت تحقيق ما يصبون إليه، فهذا هو مصطلح الشرق الأوسط وشمال إفريقيا قد أصبح واقعا معاشا بعد أن كنا نتباهى بإنتمائنا إلى وطننا العربي الكبير، فقد جاءت الأفكار الغربية لتغيب اسم فلسطين الحبيبة عن الوجود وتحل محلها الكيان الصهيوني (غير الشرعي)، بل ونعتت قضية فلسطين بأنها قضية الشرق الأوسط فأبعدت بذلك أي صفة عربية أو إسلامية عن هذه القضية، ومن المصطلحات الأخرى التي فرضت علينا: الشراكة الأوروبية المتوسطية، والإرهاب، وحقوق المرأة، وحقوق الطفل، والإصلاح، وغيرها من المفاهيم الحديثة.

ومن وسائل العولمة التي أثرت على مجتمعنا العربي نشر أنظمة الفكر والتعليم ومصطلحاتها، فصار واضحا للجميع إنتشار المؤسسات التعليمية المطبقة للنظام الغربي في عقر دارنا ولم يقف الأمر عند هذا الحد، بل وتتسابق المؤسسات التعليمية العربية إلى التدريس (باللغة العالمية الأولى) وتفخر بهذا، الأمر الذي أدى بشريحة واسعة من أبناء جلدتنا إلى التنكر لأصلهم و الإنتماء إلى ثقافة الآخرين وتربية أبنائهم على ذلك، والأدهى من ذلك أنهم جعلوها نمط حياتهم السائد فلا يتصرفون إلا وفق هذه الثقافة أو تلك.

هذا ولا يخفى على أحد ما تقوم به الأفلام والمسلسلات والأغنيات الأجنبية وبخاصة الأمريكية منها، من دور خطير في تفتيت جسد الأمة إذ طغت الأفكار التي جاءت بها الوسائل السابقة على عقول الشباب العرب، فكثيرا ما تشاهد الشاب العربي أو الفتاة العربية يتبجحون بإعجابهم وعشقهم للنجم (الأمريكي على سبيل المثال) ويتخذونه قدوة لهم، ولا يجدون غضاضة في الإستهزاء والإستخفاف بالشخصيات العريقة لدينا فلا يقيمون وزنا لسيدنا عمر بن الخطاب رضي الله عنه أو صلاح الدين الأيوبي أو غيرهما من الشخصيات التي تستحق أن تكون قدوة لنا.

العولمة والإسلام

يضم القرآن الكريم العديد من الآيات التي تبين أن الإسلام لم يأت لفئة بعينها من البشر، بل كان ولا يزال صالحا لكل زمان ومكان، ويخدم البشرية جمعاء ويحتوي جميع الناس والديانات والأفكار والعقائد والعلوم، فهو دين عالمي شامل منزه عن الزلات والنواقص، وقد جاء نبي النور والرحمة محمد صلى الله عليه وسلم بشيرا ونذيرا للعالمين لا لأمة العرب وحسب.

وعليه فإن الإسلام لا يجد غضاضة في أخذ المفيد للمجتمع المسلم من المجتمعات الأخرى ولو كانت كافرة، فهو دين يسعى للتيسير على الناس وتسهيل

سبل حياتهم وتطويرها، لكنه يصطدم مع العولمة، إذ يرفض أن يعيش المسلمون منقادين أذلاء وراء الحضارات الأخرى وسيطرة الأخيرة عليهم لأجيال متعاقبة، وخضوعهم لتعليمات وأنظمة الأجنبي.

وما يهمنا في هذه الزاوية من القراءة هو أن الإسلام يضم فيما يضم نظاما تربويا فريدا يحث الفرد على طلب العلم في أي مكان تطلع عليه الشمس، بل ويعتبر ذلك نوعا من الجهاد في سبيل الله، وقد أسهم هذا النظام في إيجاد علماء أفذاذ ينتمون إلى الحضارة الإسلامية من عرب وفرس وروم وغيرهم من أبناء البلاد المفتوحة، فكان الإسلام في إمتداده عبر العالم يضم الناس إليه طواعية إذ لا إكراه في الدين، فنتج عن ذلك دخول الناس في دين الله أفواجا وخدمته في شتى صنوف العلوم والآداب.

وبذلك يختلف الإسلام مع العولمة الغربية إختلافا لا لبس فيه، يتمثل في أن الأخيرة تسعى لإحتواء الآخرين وإبعادهم عن أفكارهم التي نشأوا عليها، وإجبارهم على الأخذ بقيم الحضارة الغربية المادية الفاسدة الزائلة لا محالة يوما ما، ويمكن أن نخلص إلى نتيجة مفادها أن الإسلام دين العالمية لا دين العولمة، بمعنى أنه دين الجميع يتساوى فيه العربي والأوروبي والأمريكي وغيرهم، ولكن درجة التقوى هي الفيصل والفرقان بينهم، إنه دين ينادي بالإفادة والإستفادة في جو مفعم بالتعاون والمحبة في دين الله، رافضا كل الأصوات المنادية بطغيان فئة على أخرى وإجبارها على إتباع منهجها بالإكراه أو الترهيب، فاستحق بذلك أن يكون خاتمة الديانات السماوية وأشملها وأكثرها إنتشارا بين بني آدم حتى قيام الساعة.

دور التربية في مواجهة العولمة

يعتمد نجاح أي دولة في العالم منذ الأزل وحتى يومنا هذا،على مقدرة النظام التربوي القائم فيها على تخريج أفواج تلقت تربية سليمة ووظفتها في

ميادين الحياة المختلفة، فصلاح المجتمع نابع من صلاح النظام التربوي فيه المتمسك بالمبادئ والأسس القويمة وتوفر الفلسفة الواضحة التي تسهم في رسم صورة واضحة للطريق التربوي السليم، ومن هنا وفي ظل الآثار الخطيرة التي أفرزتها العولمة الغربية على مجتمعنا العربي والإسلامي، أصبح لزاما على نظمنا التربوية إعتماد الأسس القويمة للعب دور مؤثر في تربية الأفراد ليكون بمقدورهم التصدي للمد الغربي المصمم على تدمير حضارتنا وديننا وعاداتنا وتقاليدنا، ومن هذه الأسس الواجب تطبيقها في التربية العربية إعتماد الشريعة الإسلامية السمحة في تربية النشئ التربية الصحيحة وفق عقائد هذا الدين الحنيف وتعميق إنتماء الأفراد إليه من خلال تعليمهم أركان الإيمان والإسلام وتطبيقاتها في الحياة اليومية، وتعريفهم بأسس ومبادئ الإسلام في المجالات كافة من سلوك وتعامل مع الآخرين.

ومن الضروري أن يقوم بهذه المهمة الجليلة كافة شرائح ومؤسسات المجتمع من الأسرة والمدرسة والمسجد والدولة بكافة مؤسساتها، الأمر الذي يحكم زمام الأمور، فينشأ الأفراد في جو ملتزم بإيصال التعاليم السمحة وتحقيق تربية ذات أثر، ولا يخفى ما للمعلم من أثر خطير في تشكيل سلوك الفرد، فالواجب هنا إعداد وتربية المعلم بطريقة تتواءم وتطورات العصر بما يتفق والشريعة الإسلامية، الأمر الذي سيكون له أبلغ الأثر في تحقيق الأهداف التربوية

الدراسة الرابعة عشرة
الاتجاهات الحديثة في مجال التجديد التربوي [1]

تعتبر كلمة التجديد تعبيرا مثيرا للجدل،فلا يزال معناها شائكا ويحتمل تفسيرات عدة، بمعنى أنه يكتنفها بعض الغموض فعي تخضع لمبدأ النسبية إذ أن التجديد والتطوير في بلد فقير ويسير على خطى التنمية، قد يعد في بلد آخر متقدم شيا قد عفا عليه الزمن وصار ضربا من الماضي، هذا بالإضافة إلى الإختلاف في إعتبار التجديد كنتيجة، أو إعتباره آليات ووسائل تؤدي إلى نتائج مرغوبة، فهناك تشابك وتداخل في معنى هذا المصطلح الأمر الذي يؤدي إلى الخلط والتشعب في إستخدامه.

معنى التجديد التربوي وماهيته

التجديد التربوي قديم قدم النظم التربوية، فمنذ وجدت تلك النظم وهي تطور وتجدد في الأساليب والوسائل المتبعة لديها، وكان ذلك قبل ما يقرب من خمسة قرون، وقد كان التجديد يعني في البداية تغيير شيء إلى شيء جديد، ثم أصبح يعني إدخال شيء جديد، وبعد ذلك تطور ليعني إحداث تغيير في شيء قائم، وقد إرتبطت مصطلحات عدة بمعنى التجديد وتداخلت معه لتشكل بعضا من مقوماته وصفاته ومن هذه المصطلحات:

- ✓ إختراع Invention
- ✓ تغيير Change
- ✓ إصلاح Reform
- ✓ إعادة البناء Reconstruction
- ✓ إعادة التشكيل Restructuring

---

[1] المصدر: نجوى يوسف جمال الدين، في اجتماعيات التربية، بتصرف.

وبذلك نستطيع الخروج بتعريف مناسب للتجديد التربوي بإعتباره: **رفد العملية التربوية بكل جديد ومفيد من أفكار وسياسات تربوية ومناهج وبرامج بحيث تحدث تقدما ملحوظا في سير العملية التربوية وكفاءة مخرجاتها**، هذا ويعتمد التجديد التربوي على توفر الإمكانات المادية والتخطيط السليم لإدخال الجديد والمتطور إلى النظام التربوي بهدف إصلاحه وتحديثه، بالإضافة إلى كفاءة العاملين في ذلك النظام وإستعدادهم ومدى جاهزيتهم للتطبيق، الأمر الذي يؤدي في النهاية إلى الحصول على النتائج المتوخاة من تلك العملية.

دور اليونسكو في التجديد التربوي

تبذل منظمة اليونسكو منذسبعينات القرن الماضي جهودا لنشر الوعي لدى دول العالم وبخاصة النامية منها بضرورة الإتجاه نحوالتجديد والتطوير والإصلاح في نظمها التربوية، سواء من حيث تقديم القروض أو الهبات أو إقامة المؤتمرات الدولية والإقليمية من أجل التنمية والتحديث وبخاصة في المجال التربوي، وكان أن أقيمت في الوطن العربي عدة ندوات ومؤتمرات للتنمية في الدول العربية للتجديد التربوي ومن الأمثلة عليها:

- الإجتماع الإقليمي للخبراء في الدوحة بقطر عام ١٩٧٩ م.
- ندوة التجديد التربوي في مصر عام ١٩٨٨.
- ورشة العمل الإقليمية حول المفاهيم والأساليب الحديثة في التخطيط التربوي في القاهرة عام ١٩٩١
-

هذا بالإضافة إلى شبكات التجديد التربوي في الدول والأقاليم المختلفة.

عولمة التعليم

ترتبط العولمة إرتباطا وثيقا بعمليات التجديد التربوي، فلعلها السبب وراء الصيحات المتكررة بضرورة إصلاح التعليم لإنتاج جيل ذا صفة عالمية قادر على التكيف مع المستجدات والتطورات المستقبلية، فقد أدت العولمة نظرا لتقريبها بين

ثقافات العالم إلى إفراز ثقافة عالمية مسيطرة على المجتمعات كافة مخلفة وراءها الحدود القومية والدينية في مسعى منها لتذويب الثقافات كافة في بوتقة واحدة كما أراد لها أرباب العولمة.

وفي المجال التربوي تسعى دول كثيرة سيما المتقدمة منها إلى إنشاء أنظمة تعليمية عالمية، إذ تستقطب من خلالها أعدادا كبيرة من الطلبة من كافة أنحاء العالم، فظهر ما يعرف بالبرامج الدولية للطلاب، ومشروعات التعاون بين الجامعات، والجامعة الإفتراضية وغيرها من المسميات.

فهذه أستراليا مثلا تقف اليوم على خطى ثابتة في مجال تدويل التعليم العالي، فقد إنتهجت مسارا مؤداه تشجيع دراسة الأجانب داخل أراضيها إضافة إلى تبنيها سياسة خاصة بالهجرة إليها، إذ تعتبر ذلك تنوعا مفيدا ومجديا ونافعا لها، وقد سارت اليابان على هذا النهج فقد إهتمت في مسعاها للإصلاح التعليمي بتكوين المواطن الياباني العالمي، إذ يجب أن يكون ملما بلغة أجنبية واحدة على الأقل ولديه معلومات أساسية عن الثقافات الأخرى وإحترامه لها، هذا إلى جانب تنمية مقدراته الفردية وإحترامه لمجتمعه وثقافته اليابانية، كما يسهم النظام التربوي الياباني في إيجاد الأجيال المشجعة للسلام والمسهمة في تطوير التعليم بالدول النامية ومساندة قضايا البيئة، فكان نتيجة لذلك قيام اليابان بإنشاء البرامج الدراسية الدولية،ودعم الطلاب الأجانب إضافة إلى إنشاء فروع للجامعات الأجنبية في اليابان وفروع للجامعات اليابانية في الخارج.

أما فيما يخص مجتمعنا العربي فإن تطبيق عولمة التعليم محفوف بالمخاطر في ظل الوضع المزري الذي وصلت إليه هذه الأمة العريقة، فعولمة التعليم بذلك تشكل سلاحا ذو حدين إن لم نحسن إستخدامها وتوظيفها، فحري بالأمة العربية تدويل التعليم لديها والإنفتاح على ثقافات الآخرين لا الإنقياد لها كواقع الحال الذي نعيشه اليوم، فبات الأمر مما لا يمكن إحتماله، بل الواجب الإفادة

والإستفادة مما لدينا من موروث ضخم في العلوم والآداب والعقول المفكرة، والأخذ من الحضارات الأخرى بما يتماشى وفلسفتنا العربية الإسلامية، وتوظيف ذلك في نظمنا التربوية، والسعي نحو حجز مكان يليق بتاريخنا وحضارتنا على الساحة الدولية وذلك بنشر ما لدينا من ثقافة للآخرين وإطلاعهم عليها، وهنا يبرز دور مؤسسات التعليم العالي في القيام بهذه المهمة، ولكن ومع الأسف فإنها مع كثرتها غثاء كغثاء السيل، و الله المستعان.

اللامركزية في الإدارة التربوية

تعنى اللامركزية بالإهتمام بتطبيق القرارات في المستويات الإدارية العليا إستنادا إلى المعلومات الصاعدة من المستويات الدنيا، بمعنى أنها تفويض للسلطة من المستويات العليا للمستويات الأدنى وذلك إنطلاقا من أن الأفراد في المستوى الإجرائي أكثر دراية بمشكلاتهم وإحتياجاتهم.

وتسهم اللامركزية في زيادة الكفاءة والسيطرة والمرونة في العملية التربوية،الأمر الذي يحقق بعض الإرتياح على المستوى الإجرائي وينشط العمل بشكل يؤدي إلى نتائج أفضل من تطبيق المركزية التي تحدد نشاطات وأعمال الأفراد وفق اللوائح والتعليمات، كما تؤدي اللامركزية في الإدارة التربوية إلى تشارك أطراف عدة في صنع وإتخاذ القرار، إذ يشارك في ذلك الإداريون والعاملون وأولياء الأمور، الأمر الذي يسهم في إتخاذ قرار مسؤول يراعى فيه تحقيق مصالح الجميع بما يحقق النفع والفائدة للعملية التربوية ككل.

وتسعى كثير من دول العالم إلى تطبيق اللامركزية في الإدارة وبخاصة التربوية منها، من خلال تفويض السلطات إلى الإدارات المحلية أو المدرسية في كثير من الشؤون كتعيين الموظفين وتمويل التعليم والإشراف على المناهج وغيرها من الإجراءات.

ففي إنجلترا مثلا تتمتع المدارس بإستقلالية كبيرة في مجالات كتمويل المدارس وتعيين المعلمين ووضع الموازنات وإجراء الأبحاث وإجراءات التحديث والتطوير، وكذلك فيالولايات المتحدة، فقد أسهمت الوثيقة المشهورة [أمريكا عام ٢٠٠٠ إستراتيجية للتربية] في الإصلاح والتطوير للنظام التربوي هناك، ولعل من أهم ما يميز بعد اللامركزية في الإدارة التربوية في الولايات المتحدة أن إتخاذ القرارات الهامة يكون محصلة إشتراك المدراء والمدرسين والآباء، هذا إلى جانب منح مدراء المدارس المرونة الكافية للقيام بعملهم على خير وجه.

وكنتيجة فإن تطبيق اللامركزية في الإدارة التربوية يسهم إسهاما فاعلا في البعد عن الإنصياع التام للأوامر والنواهي دون تفكير بمدى نفعها أو عدمه، بل وتؤدي إلى إخراج المواهب المكبوتة لدى الإداريين والعاملين في المستويات الإجرائية، فإعطاؤهم قدرا من المرونة في تعاملاتهم يزيد من توجهاتهم نحو الإهتمام بصغائر الأمور وعظائمها شاعرين بذلك أن كل ما يحصل يهمهم وبمقدورهم الإسهام فيه، هذا إلى جانب الأخذ بالآراء والتعليقات التي تصدر عن المشاركين في إدارة النظام والتي تخدم النظام ككل وتحقق المصلحة والفائدة للجميع.

الدراسة الخامسة عشرة
التعلم التعاوني[1]

لقد فضل الله تبارك وتعالى الإنسان على سائر المخلوقات في الأرض، وبث فيه من الخصائص والسمات ما يفوق تلك الموجودة لدى غيره من مخلوقات الله، فميزه بالعقل المتفتح المستنير، والمقدرة على التفكير والتحليل، واستبيان الأمور بطريقة نافعة، ولكن مع ذلك تبقى قدرات هذا الإنسان الجسدية والعقلية محدودة ومنقوصة بحيث لا تقوى على تلبية جميع ما يطمح الفرد إلى تحقيقه، فبرزت الحاجة هنا إلى ضرورة تعاونه مع الآخرين من أبناء جنسه لتحقيق أهدافه وأهدافهم.

وهذه الرغبة لتحقيق الأهداف والرغبات من خلال التعاون والعمل الكفء ليست مقصورة فقط على الإنسان الفرد، لكنها أيضا تمتد إلى المجموعات في أي مجتمع كان. وحين ينتظم عقد مجموعة من الأفراد من أجل تحقيق هدف معين فإنه يصبح من الضروري عندئذ أن تكون هناك إدارة تعمل على تهيئة الظروف، وتنظم الجهود من أجل الوصول إلى الأهداف المشتركة المطلوبة، وهذه الجهود تتمثل في قيام المعلم بدوره التربوي المهني في تنسيق الأنشطة الصفية وغير الصفية المختلفة لمجموعة الطلاب، من خلال ممارسة استراتيجية التعلم التعاوني داخل هذه المجموعات، وقد استخدم كل مجتمع إنساني المجموعات لتحقيق أهدافه.

ويعتبر التعلم التعاوني أحد البدائل للعمل الصفي الجماعي، ويمكن تطبيقه لكل الأعمار وجميع المستويات، فلا شك أن عملية جمع عدد كبير من التلاميذ وتعليمهم في آن واحد يعتبر ترشيدا في الوقت والجهد والنفقات، ولكن هذا يكون على حساب مراعاة الفروق الفردية التي يتم تجاهلها رغم وجودها في

---

[1] المصدر: مجلة المعلم، بتصرف.

الذكاء والميول والاستعداد والقدرة على التعبير والخلفيات الاجتماعية والثقافية، ومن الجدير بالذكر أن هناك الكثير من الدراسات التي تشير إلى أن الطلبة على اختلاف قدراتهم يصبحون أكثر اهتماما بمهماتهم التعليمية إذا كانت المجموعات متفاعلة مع بعضها البعض، كما أن اتجاهاتهم نحو المدرسة والنظام يصبح أكثر إيجابية.

مفهوم التعلم التعاوني

التعلم التعاوني عبارة عن محتوى حر من طرق تنظيم التفاعل الاجتماعي داخل الصف أو خارجه بحيث تتحقق العملية التربوية على أكمل وجه، ويتخذ التعلم التعاوني شكل الجلسة الدائرية للطلبة وأسلوب الحوار والنقاش لتحقيق النتاجات التعلمية / التعليمية بحيث يتعلمون معا دون إتكالية مطلقة على المعلم أو على بعض الأفراد منهم، ويمكن القول بأن المرتكزات الأساسية للتعلم التعاوني هي:

- التفاعل الإيجابي المتبادل بين أعضاء كل مجموعة والذي يتمثل في النقاش بين أعضاء كل مجموعة.
- المحاسبية الذاتية: وهي تعني أن كل فرد مسئول عن تعلمه للمحتوى.
- المهارات الاجتماعية، والتي تعد من الأمور المهمة في عمل المجموعات الناجحة.

إن طريقة التعلم التعاوني تختلف عن طريقة التعلم الزمري التي يكون أعضاء المجموعة فيها متجانسين في تحصيلهم الأكاديمي، كما أن المسئولية الفردية تنعدم فيها، فالفرد مسئول عن نفسه فقط في عملية يحكمها قائد واحد، كما أن من أهم الفروق بينهما أن المهارات الاجتماعية بين الطلبة يفترض تواجدها ويتم تجاهلها في نفس الوقت، إضافة إلى أنه لا تتوفر بهذه الطريقة معالجة أو تقويم للمجموعة وعملها من قبل أفرادها، كذلك يختلف التعلم التعاوني عن التعلم

المفرد أن الأخير لا تتوفر فيه مسألة التفاعل الإيجابي المتبادل كما تنعدم فيه مسألة التواصل الاجتماعي.

فوائد التعلم التعاوني

بعد عرض ما سبق عن مفهوم التعلم التعاوني، يمكن استخلاص بعض النتائج التي تعتبر بحق فوائد عملية لهذا النوع من التعلم ومن هذه الفوائد للطلبة وللعملية التعليمية على حد سواء ما يلي:

- تمكين الطالب من تبادل الأفكار مع زملائه وتوجيه الأسئلة بشكل حر، الأمر الذي يسهم في فهم الأفكار بسلاسة، بالإضافة إلى إسهامه في التواصل الإجتماعي والتعبير عن الشعور.
- التخفيف من أجواء التوتر التي قد تؤثر على استيعاب الطالب نتيجة الدور السلطوي للمعلم.
- استعراض وجهات نظر مختلفة حول موضوع معين أو طريقة حل معينة
- تطوير مهارات التعاون والمهارات الاجتماعية، الأمر الذي يهيئ الطلبة للعمل في أطر تعاونية في عدة وظائف في حياتهم المستقبلية.
- توفير فرصة طلب الطالب للمساعدة من أفراد المجموعة أو من المعلم في أي وقت يحتاج لها.

الشروط الواجب توفرها لتطبيق أسلوب التعلم التعاوني:

يعتقد البعض أن مجرد تقسيم الطلبة في مجموعات متجانسة داخل الصف وتكليفها بمهمات معينة أو جلوس الطلبة بجانب بعضهم البعض على الطاولة نفسها ليتحدثوا مع بعضهم في أثناء قيامهم بإنجاز تعييناتهم الفردية هو التعلم التعاوني، إلا أن هذه العملية تحكمها شروط أساسية من الضروري توافرها وهي:

- الطلاب يتعلمون في مجموعات صغيرة من ٢-٦ طلاب في المجموعة الواحدة، والبعض يعتقد أن العدد ٤ هو الأمثل لعدد الطلبة في المجموعة، ومن الجدير بالذكر هنا أنه يفضل في البداية أن يكون العدد المجموعة في البداية أقل ما يمكن، ثم يمكن أن يتزايد.

- المهمات التعليمية المكلف بها الطلبة يجب أن تصمم على أساس أن يعتمد الطلبة في إنجازها على بعضهم البعض وعلى المجموعة بشكل عام.

- البيئة التعلمية تقدم لأفراد المجموعة فرص متكافئة للتفاعل مع بعضهم البعض حسب المهمات، وتشجعهم على التواصل وتبادل الآراء بطرق مختلفة.

- على كل فرد من أفراد المجموعة مسؤولية المساهمة في عمل المجموعة، كما أن الأفراد مسئولين على تقدم العملية التعليمية في المجموعة.

دور المعلم في الصف أثناء العمل التعاوني

إن الطريقة التي يتعامل فيها المعلم مع الطلبة أثناء العمل في المجموعات تؤثر على التفاعل بين الطلبة وبالتالي على تعلمهم وتبادلهم للمعرفة، إن دور المعلم يكون مساعد للطلبة ومجيب للأسئلة في حالة عدم استطاعة أفراد المجموعة الإجابة على أسئلة يوجهها أحد أفراد المجموعة.ويمكن تلخيص دور المعلم بالنقاط التالية:

- تعليم المهارات التعاونية للطلبة.
- تكوين المجموعات.
- تحديد دور كل طالب في المجموعة.
- تقديم التوجيه والإرشادات لعمل المجموعات.
- دعم وتقوية التعاون بين الأفراد.

- التفاعل مع المجموعات بطرق مختلفة مثل المراقبة وفحص الحلول وإعطاء تلميحات للحل وتوجيه الأسئلة للطلبة وتزويدهم بالتغذية الراجعة.
- تقويم عمل المجموعات واتخاذ القرار بشأن تغيير أدوار بعض أفراد المجموعة.

إن عدم تطبيق مثل هذا النوع من التعليم في مدارسنا، يعود إلى جملة أسباب يشترك في المسؤولية عنها كل من المربين وأولياء الأمور والنظام التعليمي ككل، ومن هذه الأسباب:

١. عدم وضوح العناصر التي تجعل عمل المجموعات عملا ناجحا، فمعظم المربين لا يعرفون الفرق بين مجموعات التعلم التعاوني ومجموعات العمل التقليدي.
٢. عدم إدراك المربين أن العمل المعزول هو نظام غير طبيعي في العالم، وأن الشخص الواحد لا يستطيع أن يبني سكنا له بمفرده.
٣. عدم تحمل المسئولية في فكرة التطوير لدى مجموعة المتعلمين، وبالتالي تصل إلى عدم تحمل المعلمين مسئولية تعليم الطلاب لأقرانهم داخل الفصل وخارجه.
٤. هيمن على عقول المربين فكرة أن عمل اللجان والمجموعات غير ناجح، وبالتالي يرددون قول القائل: إذا أردت أن تعيق موضوعا في العالم العربي فإن ذلك يكون بإحالته إلى لجان لدراسته.
5. الرهبة وعدم توافر العزيمة، بالنسبة للعديد من المربين، في استخدام المجموعات التعليمية التعاونية.

الدراسة السادسة عشرة
التوقعات قصيرة المدى في النظام التربوي[1]

تسير معظم الدول اليوم في اتجاهها نحو إصلاح التعليم المدرسي، إلى صياغة خطط وسياسات قصيرة ومتوسطة المدى يتراوح إطارها الزمني من (٥ – ١٠) سنوات، وذلك بالاشتراك بين المنظرين { الأكاديميين المؤهلين تأهيلا عاليا }، والمطبقين المتميزين والمبدعين في الجانب الإجرائي، لاختيار الأنسب والأنجع للعملية التعليمية وتطورها، ويشكل هذا الإجراء نقطة بداية مساعدة على طريق تطبيق الإصلاحات والإسهام في نجاحها، الأمر الذي يؤدي إلى مجابهة بعض المشاكل الأساسية في النظام التعليمي.

إلا أن البعض يرون بضرورة الإبقاء على معظم الأنظمة والقوانين التي تسير عليها العملية التعليمية منذ عقود، فمن وجهة نظرهم يمكن تحقيق أفضل النتائج والوصول إلى الأهداف المرجوة بإتباع الأساليب التقليدية، وفي هذا الصدد يشير [جيرستنار و زملاؤه ١٩٩٤] إلى "أن المدارس تستطيع أن تتجاهل الإمكانات الثورية للتقنية في صيانة هيكلها التنظيمي، بقصد حفظ القوانين التقليدية التي تحكم أعداد الطلاب في كل صف، ونوع المدرسة، والإبقاء على المنهج التقليدي، وتعليم الأساليب المتبعة منذ أوائل القرن.... "

ويرى [جيرستنار] أيضا أنه:

".... وعلى خلاف الأعمال التجارية التي تستدعي وبشكل دوري الاستجابة للتقنيات الجديدة والمتطلبات الجديدة للأسواق أو تقادم المنتجات، فإنه في المجال التربوي لا توجد قوى خارجية تطالب بتغيير التعليم.... "

---

[1] مترجمة من الكتاب: the for leadership school 21 st dentury : للمؤلف: brent بتصرف.

ويؤكد أيضا بأن الضعف الكبير في هذه الإصلاحات يتمثل في أنها تتوقف عند باب الغرفة الصفية، وأنها لا تعطي الغرفة الصفية إهتماما كبيرا، وهي التي تعد - بلا شك - جوهر العملية التعليمية.

ويتوقع رواد الإصلاح المدرسي، الحصول على فوائد وحسنات عند تطبيق هذه الإجراءات، ويتوقع هؤلاء تطبيق الإجراءات التالية ضمن الإصلاحات الجديدة:

أولا: تحديد إطار جديد في الإدارة المحلية ضمن إطار محدد مركزيا للمنهج والمعايير والمسؤولية، لكن مع الأخذ بعين الاعتبار الاختلافات الحاصلة، والتي تعكس الترتيبات الدستورية والتقاليد التاريخية والقيم الثقافية وعقيدة كل أمة، وسيسمح هذا الإطار للإصلاحات الحاسمة في التعلم والتعليم بأن تصبح محط الاهتمام، وبخاصة في أسلوب الإدارة المحلية المتمثل " بالسبب المباشر وأسلوب التأثير ".

لقد أدت الإدارة المحلية أداء حسنا، وحظيت بالنجاح بالرغم من المعارضة التي واجهتها والشك في نجاحها في البداية، فقد أحدثت تغييرات هامة إلى درجة أن أكثر المدارس التي طبقت هذا النمط من الإدارة لا ترغب بالعودة إلى الترتيبات السابقة، وقد نالت هذه القضية إهتماما عظيما في بريطانيا، فقد أقرت حكومة المحافظين في عهد [جون ميجور و مارغريت تاتشر] ميزات ومبادئ الإصلاح في المدارس، فيما قابله حزب العمال بالرفض، ولكن مع نجاح الترتيبات الجديدة وموافقة المجتمع على الإدارة المحلية، امتد ذلك الإصلاح واستمر حتى في عهد حكومة العماليين.

ثانيا: اتخاذ قرارات وإجراءات في بعض الأمور العالقة وغير المحلولة.

فمع النجاح المبدئي في الإصلاحات الأساسية، إلا أن هناك قضايا لا زالت عالقة وبحاجة للبت فيها من مثل:

- تخصيص موارد إضافية لبعض المدارس.

- تحديد المدارس التي ستتلقى الدعم.
- الترتيبات الإقليمية والمركزية الأكثر ملاءمة للإدارة المحلية.

ثالثا: تنشيط المرحلة القادمة لإصلاح المدرسة بسبب التقدم التقني

إن استعداد المدارس لتبني تقنيات تعليمية جديدة تستوعب المعرفة وتنقلها بطريقة عصرية ومدهشة، سيزيد من هيبة وروعة الإصلاحات وكذلك زيادة المقدرة على التأمل والتحدي لدى الطلبة، فكل هذا يمكن تحقيقه من خلال تقنيات عصرية كالحاسوب والإنترنت.

رابعا: إقرار صورة تنظيمية جديدة للمدارس

فقبل إدخال التكنولوجيا المتطورة لترقية إمكانية المدارس، يجب بناء المدارس على نحو مؤسسي، وللأمانة فلقد تغيرت المدارس (الغربية خصوصا) قليلا عن ذي قبل، فأصبح هناك قاعات خاصة للأغراض التعليمية المتعددة، بحيث تسهل على التلاميذ تلقي المعلومات في جو مدرسي مريح، وبوجود معلمين يتمتعون بدعم ومساندة إدارية، واحتراف بعضهم في مهنته، هذا إلى جانب الارتقاء البسيط في مستوى التقنية المستخدمة.

خامسا: أن تصبح النظرة إلى التعليم على أنه مهنة

فالتقدم في التقنية، والصورة التنظيمية الجديدة للمدارس، والمرافق الموضوعة في خدمة الطلبة والمعلمين، ستكون جميعها عوامل رئيسة بالإضافة إلى عوامل كثيرة أخرى في إيجاد مدرسة عصرية وحديثة مخطط لها بطرق سليمة، وسيسهم ذلك في اعتبار أن التعليم مهنة مهمة وحيوية، وهذا يتطلب:

- وضع سياسة لتمهين المعلمين، وتقديم التدريب الممتاز والدائم لهم، ومما يسهم في نجاح هذه السياسة تزويد المدارس بتشكيلة من المعلمين المساعدين أو معلمي الدوام الجزئي.

- تزويد المعلمين بالمهارات اللازمة لترغيب التلاميذ باستثمار وقتهم للتعليم والإفادة منه
- العمل على تقليل الحدود والحواجز بين المدرسة والعالم الخارجي.

سادسا: تخصيص جوائز مغرية للمنتجين في المدارس

فمن أجل إعادة تنظيم المدارس والقضاء على البيروقراطية، وإيجاد تنظيمات فعالة وكفؤة، وأسلوب عمل مهني مستمر، لا بد من التخطيط لمكافآت على الأداء قد يكون من أشكالها رواتب إضافية.

إن فحص الأداء والمكافأة عليه يسهم في اشتراك الجميع في الحصول على مكاسب ليس على نطاق تحسن الأداء المدرسي فحسب، بل في أمور أوسع وأكبر على المدى البعيد.

سابعا: نقل مفهوم الإدارة الذاتية من المؤسسة إلى الفرد

بهذه الخطوة يستشعر الفرد بالرقابة الذاتية على نفسه، فيحرص على الانتباه في عمله والإخلاص له ومحاولة تطويره، وبهذا الأسلوب فإن المعلم يقوم بالتعليم والدعم للطلاب، ويتفانى في عمله كما لو أن له نصيبا في المؤسسة، خلافا للأسلوب التقليدي المنادي بالسير وراء القائد (المدير)، والاهتمام بالمصلحة الشخصية.

إن القيادي في فريق المهنيين الذين يتقنون استخدام التكنولوجيا، والماهرين في فنون التعليم، سيجد نفسه مطبقا لمهارات احترافية ومهنية ضخمة إلى درجة أنه يمكن تشبيهه _ أثناء تعامله مع العملية الإدارية - بجراح ماهر.

ثامنا: توسيع دور القائد التربوي

فدور القائد التربوي سيكون أكبر وأغنى في السنوات القادمة، الأمر الذي سيحسن من طرق حل مشاكل برنامج التعليم، وتقديم نماذج التعليم الرفيع، ففي المدرسة الابتدائية مثلا يجب على المدير بناء فريق لتخطيط إستراتيجيات في كافة

أنحاء المدرسة، كما عليه أن يكون قادرا على توجيه مجلس المدرسة ووضع الأولويات لتخصيص الموارد.

وبعد فإن القائد التربوي و قبل كل شيء مرب مختص، ومؤهلا تأهيلا عاليا، وممارس للعملية التربوية في الميدان لمدة كافية من الزمن، فينبغي أن تتوفر لديه صفات عامة وخاصة تساعده مع فريق العمل في وضع تصميم الخطة الشاملة وهي القدرة على تكوين الصورة الكلية، وتحسين العمل المشترك، وصياغة النظريات صياغة متماسكة تعطي لكل رأي نصيبه من توضيح المشكلة، والاعتماد على التفكير العلمي الكمي والكيفي من خلال ما هو موجود بالفعل والترجمة الكمية والكيفية للأهداف المنشودة، كما عليه أن يتصل بشكل دائم بالعاملين بحيث لا يصبح جهاز التخطيط مركزيا، وتقبل النقد بصدر رحب ودراسة وتقويم خطته على ضوء ذلك، والأخذ بالتفكير التجريبي وإدراك العوامل الأساسية الراهنة المؤثرة في العالم الذي يعيش فيه، وتوفر خبرة ذاتية أولية في نظام المعلومات ومعرفة واعية بالمعلومات، والحكمة في اختيار البدائل الأنسب للتعامل مع ما يستجد من أمور.

الدراسة السابعة عشرة
الإتجاهات الشاملة والتوقعات العالمية لإصلاح المدارس [1]

يقوم المهتمون بالعملية التعليمية حول العالم بجملة إصلاحات في التعليم المدرسي، وتأخذ هذه الإصلاحات - نظرا لتشابهها في بعض الإجراءات والتطبيقات - شكل الإتجاهات الشاملة، **ويقصد بالإتجاه الشامل ذلك التغيير الإجتماعي الرئيسي الذي يحدث في الجوانب التربوية وغيرها من جوانب الحياة، ويتصف هذا التغيير بالثبات والصبغة الدولية**، إذ قد تراه في أغلب الأمم فيصبح بذلك عرفا سائدا فيها، فبعض الأساليب التعليمية كانت ولا تزال متبعة في العديد من الأمم ولفترات طويلة من المن فاعتبرت بذلك إتجاهات شاملة.

لقد إلتفت كل من [كالدويل و سبينكز] إلى التطورات الحاصلة حول العالم، وتطلعا إلى تفعيل دورالقيادة والإدارة الذاتية في المدارس، فاقترحا تطبيق عدة أمور تعتبر من وجهة نظرهما إتجاهات شاملة قد تفيد في توسيع إنتشار الإدارة الذاتية والقيام ببعض الإصلاحات في العملية التعليمية، فكانت هذه الإتجاهات المقترحة على النحو الآتي:

- الإهتمام بالإعتبارات القومية والعالمية بشكل أكبر، خصوصا فيما يتعلق بالمنهج ونظام التعليم الذييهتم بالحاجات الوطنية ضمن إقتصاد عالمي.
- التركيز على الدورالهام للسلطات المركزية فيما يتعلق بصياغة الأهداف، ووضع الأولويات وبناء هيكليات المسؤولية.
- أن تصبح المدارس الحكومية ذات إدارة ذاتية، وذلك بدفعها نحو تفعيل نظام المدرسة الإنتاجية، مما يقلل العبء الواقع على كاهل الدولة في تلبية متطلبات المدارس وبالتالي الحيلولة دون تفتيت الميزانيات.

---

[1] مترجمة من الكتاب: the for leadership school 21 st dentury : للمؤلف: brent بتصرف.

- الإهتمام بإيصال التعليم الفاخر والعالي النوعية لكل فرد، وذلك بأن يقوم التعليم بتزويد الأفراد بالمهارات والإمكانات التي تساعدهم على التفكير الإبداعي.
- إدخال التكنولوجيا المتطورة في التعليم، بحيث يستطيع كل فرد الحصول على التعليم بطريقة سلسة وممتعة أينما كان سواء في البيت أو العمل... .
- أن يتسم التعليم بالصبغة الدائمة - طوال الحياة - بحيث يمكن للفرد من خلاله إكتساب المقدرة على حل المشكلات والتفكير الإبداعي.
- التركيز على أن يتمتع المنهج بمستوى عال من المرونة، وأن يتضمن مواضيعا كالفنون وإفراغ مساحة ما للقضايا الروحانية.

إشراك المرأة في مناصب قيادية وعليا في التعليم.

- تعزيز المشاركة والتفاعل بين المدرسة من جهة والمجتمع وأهالي الطلبة من جهة أخرى،فهؤلاء لهم دور حيوي ونافع لمخرجات أفضل.
- تشجيع القادرين على تقديم الدعم والمساعدة للمدارس.

لقد تنبه العالم المتقدم إلى فوائد تشكيل الإدارة الذاتية للمدارس المعتمدة على مناهج محددة مركزيا، فقد أصبح هذا النمط شائعا الآن في هذه الدول بناء على معايير وهياكل محددة، و لنشر هذا النمط و زيادة قوته، قامت الكثير من الدول بنشر نجاحات المدارس وإنجازاتها على مستوى الدولة، فهذا الإجراء من شأنه الإفادة في جعل المدارس تقيم أوضاعها وواقعها ومقارنته بمثيلاتها، الأمر الذي يشجعها على وضع سياسات خاصة بها لتحسين نتائجها ومنافسة مثيلاتها، ويجدر التلميح هنا إلى أن هذه المدارس تعتبر أكثر قوة ومرونة من غيرها - تلك السائرة على التقاليد المستقرة - ومما سيزيد من قوتها إعتمادها على سياسات إستراتيجية للقيادة، وإستعمال تقنية معلومات عصرية وحديثة جدا.

كما تشجع هذه المدارس التعلم الدائم، وتهتم برضى الأفراد خلال العمل المنتج، فهي بذلك تحاول إخراج العاملين من حياتهم الثابتة (الروتينية) التي يهتمون من خلالها بالذهاب من البيت إلى العمل وبالعكس، فتسعى بدلا من لك إلى إثراء حياتهم بالنجاح والإنجاز والإثارة والإطلاع على كل جديد.

وهناك إهتمام متزايد لإخراج طالب عالي الجودة من خلال الإهتمام بإكسابه المهارات والأفكار المختلفة للوصول إلى الأهداف المرجوة، فإخفاق الطالب سيكون مكلفا جدا سواء للمدرسة أم المجتمع أم العائلة، إذا تسعى هذه المدارس إلى عصرنة عملها بحيث يتواءم مع تطورات العصر.

تسير المبادئ العشرة السابقة نحو التحقيق في كثير من الأماكن، إلا أن بعضها لم يطبق في أماكن أخرى، فتولي النساء لمناصب قيادية لم يأخذ حظا وافرا، مع أن تجارب تولي النساء لهكذا مناصب في المؤسسات التربوية، يشير إلى أن أساليبهن تميل لأن تكون أكثر ملائمة مع نوع المنظمة، وفي هذا الصدد تشير الدراسات إلى أن لدى النساء ميزة عن الرجال من حيث أن الرجال لديهم سلوكا إستبداديا تقليديا في المهام الإدارية.

لقد إنتقلت المنظمات من نمط الإدارة التي تتحكم بالمؤسسة، إلى نمط قيادي يظهر الأفضل بين الأشخاص ويستجيب بسرعة للتغيير، وها ما لا يرغبه الكثير من الأفراد والمجموعات، فهم يريدون شخصية أبوية لحل مشكلاتهم، ولكن الأمر يحتاج إلى أسلوب إداري ديمقراطي يستدعي إحترام الناس وتشجيع الإستقلال الذاتي والإدارة الذاتية.

وهناك مشكلة أخرى في تطبيق الإتجاهات الشاملة في بعض المناطق فيما يخص المهارات والمواضيع الروحانية، لذا فإن الإعتراف بقلة الترابط قد تؤدي إلى إصلاح المنهج، وهذا ما إتبعته العديد من الدول والتي خططت بشكل شامل

للدراسة الإبتدائية والثانوية، فأفرزت حيزا هاما من العملية التعليمية للمهارات التي تسهم في تطور التلاميذ.

لكن إن نظرنا إلى أسباب تهميش هذه المهارات، فإنها قد تعود إلى سببين رئيسين هما:
- قلة التمويل من الحكومة (أزمة تمويل التعليم العام).
- عدم قدرة الآباء على دفع نفقات التعليم الخاص.

تقوم الدول الغربية بإقتطاع نسبة ما من الناتج المحلي الإجمالي، أو بأخذ نسبة من المصاريف الوطنية الكلية،لتمويل التعليم، إلا أن نقصا متزايدا من الأموال العامة يظهر مقارنة بالحاجات العامة،إذا علمنا أن الإتجاهات الشاملة تسعى للتعليم الممتاز للجميع، وإدخال تقنية المعلومات في العملية التعليمية، والاهتمام بالتعلم الدائم، فهذه الأمور مكلفة للغاية، وتحتاج إلى ميزانية مرتفعة ودعما كبيرا.

وهناك أمور تسهم في زيادة تعقيد الموقف فيما يخص الميزانية المخصصة للتعليم، ومن هذه الأمور:
- ☑ الرعاية الصحية.
- ☑ تطبيق القانون.
- ☑ التنقل العام.
- ☑ مقاومة المواطنين لزيادة الضرائب التي تجبى لدعم الخدمات العامة التي تزداد كلفتها لأسباب منها كلفة التقنية المستخدمة لتلبية تطلعات المجتمع.

وعليه فإن إعادة هيكلة المالية العامة ودعم المدارس ستؤدي إلى النجاح في إعادة هندسة المدارس وتحسين مخرجاتها، لذا فقد تنبأ [كالدويل و سبينكز] بأزمة تمويل لا محالة إن لم يتم الإصلاح المتمثل بتطوير التعليم المدرسي وإعادة هيكلة المالية العامة.

الدراسة الثامنة عشرة

إدارة الوقت في العمل الإداري والفني في المدرسة [1]

قيل قديما الوقت كالسيف إن لم تقطعه قطعك، تعتبر هذه المقولة إشارة هامة إلى قيمة الوقت في حياتنا، فإنجازنا لأي مهمة تتطلب وقتا ما، وفي طل التطورات التي يشهدها عالمنا المعاصر، وتعدد المهام والواجبات لدينا، ظهرت أهمية الوقت وأضحت بحاجة إلى التنظيم والترتيب لاستيعاب إتمام جميع الأعمال في أقصر وقت ممكن وبفعالية، ومن الجوانب الأخرى لأهمية الوقت أن هناك أعمالا تتطلب لإتمامها بدقة وإتقان جزءا يسيرا من الوقت فيكون لا بد من إتمامه في دقائق قليلة وربما في بضع ثوان كالمسابقات الرياضية وبعض العمليات الجراحية وغيرها.

وما يهمنا هنا هو كيف سيستطيع الإداري في المؤسسة التربوية القيام بمهامه الإدارية المتعددة وإنجاز قسم كبير منها بإتقان وفي أقل وقت ممكن، فعلى الإداري استغلال الإمكانيات والمقدرات والمواهب المتوفرة وتنظيم الوقت وتقسيمه للمهام المختلفة الموكلة إليه لإتمامها بشكل فعال.

وبناء على ما سبق نتوصل إلى تعريف لإدارة الوقت بأنها المقدرة على تنظيم الوقت المتاح لإتمام الأعمال المختلفة بسرعة وكفاءة، والتقليل من الوقت الضائع waste time قدر المكان، وفق خطة زمنية لإنجاز المهام الإدارية والتعليمية، ولكن يتجنب الإداري هذا الوقت الضائع وسيثمر وقته المتاح لخدمة عمله، عليه أن يحسن توزيع الوقت على الأعمال المختلفة بأن يخصص لكل عمل وقتا معينا يتناسب مع ما يتطلبه من جهد، وبالتالي يقلل من نسبة الهدر في وقت العمل.

---

[1] المرجع: السيد سلامة الخميسي، قراءات في الإدارة المدرسية، (١٢٩- ١٤٣) بتصرف.

لقد أدت التطورات المتلاحقة في ميادين الحياة المختلفة إلى زيادة الاهتمام بإدارة الوقت، فمعظم الأعمال التي تستغرق وقتا طويلا لإنجازها أصبحت تنفذ بدقائق معدودة بفعل التطور التقني وتقدم وسائل الاتصال، الأمر الذي أدي إلى ازدياد المهام والأعمال الممكن تنفيذها في اليوم الواحد، وبالتالي فهي تحتاج إلى مهارة في تنظيم الوقت خلال اليوم لإتمامها على أكمل وجه.

مبادئ إدارة الوقت في النظم التربوية:

إن النجاح في إدارة الوقت في النظم التربوية يمثل السمة الرئيسية لنجاح العمل الإداري، وتجنبه لمضيعات الوقت وبالتالي التقليل من الوقت الضائع، وعليه فإن إداري الوقت بطريقة ناجحة لا بد وأن تتوفر فيها المبادئ الآتية:

أولا : التخطيط الفعال للوقت وذلك بتحديد الأهداف بوضوح وتحقيقها بالإجراءات التنفيذية المناسبة ضمن معايير وجولة زمنية واضحة، مع العلم بضرورة عدم إغفال مبدأ المرونة في هذا الجانب لاستيعاب المستجدات التي قد تحدث حينئذ قد يضطر الإداري إلى المفاضلة بين أولويات والقيام بتعديلات بسيطة على أهدافه.

ثانيا : تنظيم العمل والأنشطة في النظام التربوي وتقسيمه بين العاملين وفهم الصلاحيات التي تخول لهم القيام بالمهمات وذلك بهدف إنجازها بفعالية وفي أقصر وقت ممكن والابتعاد عن الروتين الذي يستنزف وقتا كبيرا في العمل الإداري.

ثالثا : الإشراف وتوجيه الأفراد حول كيفية تنفيذ الأعمال والأنشطة الموكولة إليهم، بمعنى القيام بالرقابة الإدارية لإلزام العاملين بتنفيذ المهام وفق الزمن المحدد، ويكون الإشراف وفق خطة وجدول زمني محدد.

رابعا : اتخاذ القرار المناسب بشأن مشكلة ما أو نشاط ما بوقت يتناسب وطبيعة هذه المشكلة وكذلك حسب نمط الإدارة المتبعة، وهناك القرار الإستراتيجي والقرار التنفيذي والقرار التكتيكي، فعلى الإداري أن يتخذ القرار بطريقة تتناسب وحجم المشكلة أو النشاط للوصول إلى الصائب بإذن الله.

مضيعات الوقت

تعاني الكثير من النظم التربوية وبخاصة نظمنا العربية من أمور تسهم في ضياع الوقت المخصص للعمل ومن هذه الأعمال:

- الاتصالات الهاتفية الشخصية والتي لا تخدم العمل التربوي.
- الزيارات الشخصية وغير المتوقعين والضيافة وغيرها.
- الاجتماعات الطارئة.
- الفوضى داخل النظام التربوي وعدم الالتزام بالضوابط والتعليمات.
- التردد والتأجيل لبعض الأعمال والأنشطة.
- التنقلات المستمرة والإجازات العارضة وغير العارضة.
- التخبط وعدم تنظيم الأعمال بدقة.

استراتيجيات إدارة الوقت

ينبغي لكل إداري ومسؤول إتباع الطريقة العملية في إدارته للوقت والتغلب على المشاكل والمعيقات في العمل التربوي إذ أن عليه إتباع الخطوات التالية في الإدارة:

- تحديد الأهداف بوضوح.
- ترتيب المهام وتنظيمها وتقسيمها ومتابعتها والإشراف عليها.
- تجنب تأجيل عمل اليوم إلى الغد.
- تنظيم الوقت وتقسيمه لتنفيذ الأعمال.

- تفويض السلطات والصلاحيات في بعض الأعمال إلى المختصين بالقيام بها.
- التخطيط اليومي للأعمال.

الدراسة التاسعة عشرة

نموذج مقترح للتربية المستقبلية في الوطن العربي[1]

تعتبر التربية وسيلة هامة لتعديل سلوك الفرد ليتواءم وفلسفة المجتمع الذي يعيش فيه، ومعتقداته وعاداته وتقاليده، فقد كانت تهدف التربية فيما مضى إلى إيجاد الفرد الصالح الذي يخدم مجتمعه ويفيده ويحافظ على هويته وتراثه وثقافته من الإنهيار والزوال.

وما لبثت التربية - مع التقدم والتطور في الوسائل والطرق والتقنيات - أن أصبحت تهدف بشكل أساسي لإيجاد الإنسان الصالح وأقول الإنسان لأن التربية لم تعد تكتف بخدمة الفرد في نطاق مجتمعه الضيق بل تتوقع منه أن يكون فردا عالميا ذا مقدرة على التعامل مع الناس من كافة الأمم والدول، فيحقق بذلك فائدة شخصية له، وفائدة لمجتمعه بأن يطرحه على الساحة العالمية وبالتالي يحقق له مكاسب جمة على هذا الصعيد.

ويعتبر هذا الإنسان نتاجا للعملية التربوية التي تلقاها، والتي تتضمن المناهج والمؤثرات التربوية إضافة إلى الأفكار والعقائد والأسس التي تقوم عليها المجتمعات، وفي المقابل تعتبر التربية عملية فطرية تبدأ مع الفرد منذ ولادته، لكن الإختلاف يحصل فيما بعد إعتمادا على وسائل وأدوات التربية التي يتلقاها، وفي هذا يقول رسولنا الأكرم محمد صلى الله عليه وسلم: «كل مولود يولد على الفطرة، فأبواه إما يهودانه أو ينصرانه أو يمجسانه»، كما تطرق العديد من الشعراء العرب إلى هذا الموضوع فقال أحدهم:

وينشأ ناشئ الفتيان فينا   على ما كان علمه أبوه.

---

[1] المؤلف.

هذا وسأعرض فيما يلي بعض المحاور التي تخدم الغرض من هذه القراءة، والتي قد توصلنا إلى نتيجة مقنعة بنموذج لتربية مستقبلية في الوطن العربي الكبير.

أولا: التربية عملية فطرية

إضافة إلى ما سبق الحديث عنه من أن التربية أمر يلازم الإنسان منذ ولادته، فإن الأساليب والأدوات والوسائل المتطورة والهائلة تسهم في تطور الطريقة التربوية ومن هذه الأساليب والوسائل: المناهج الحديثة والمدارس والمعاهد والجامعات والصحافة والتلفاز والإنترنت وغيرها من التقنيات المتقدمة، مع بقاء الأهداف التربوية على حالها متمثلة بالرفاه والصلاح والإستقامة والمقدرة على حل المشكلات وتحقيق الذات.

وفي الوطن العربي، تشترك الغالبية الساحقة منا بدين واحد ولغة واحدة وعادات وتقاليد متقاربة، فحري بنا ونحن على هذه الحالة توحيد مناهجنا وتربيتنا لنصبح أمة قوية ونعيد المجد والعز الذي إفتقدناه منذ زمن، فلا شك بأن ما أوصلنا إلى الحالة المزرية التي نعيش هو التضاد في تفكيرنا وسلوكنا ونماذج تربيتنا، مع أننا خلقنا على الفطرة السليمة.

ثانيا: تحديد الأهداف ودعمها بسياسات عليا

تسعى أي أمة من الأمم نحو اللحاق بركب الحضارة والمحافظة على تراثها جيلا بعد جيل، إضافة إلى تحقيق العز والمجد لأبنائها، إلا أنني أستطيع إستثناء الأمة العربية من بين هذه الأمم، فقد عجزت أمتنا عن بلوغ أي من هذه المساعي لعدم توفر الإرادة المتمثلة بسياسات عليا تنظم وتحدد الأهداف بوضوح لتحقيق مصلحة الأمة ورقيها وسيادتها.

لقد طغى على النظم التربوية العربية ظاهرة الفصل بين الدين والواقع، إذ ينقسم التعليم لدينا إلى نوعين رئيسين هما: التعليم الديني والتعليم الدنيوي، فالأول يخرج أفرادا مختلفين تماما عن خريجي التعليم الدنيوي من حيث المظهر

والجوهر وأنماط السلوك المتبعة في المجتمع، إضافة إلى الفجوة العميقة بينهما في الأفكار والمعتقدات وطرق التفكير.

ومن الآثار السلبية للنظم التربوية العربية أيضا إهتمامها بالخريجين من حيث الكم لا الكيف، فما أكثر المهندسين والأطباء والكيميائيين والصناعيين والتربويين، لكنهم وللأسف مع كثرتهم غثاء كغثاء السيل لم تجن منهم الأمة أي فائدة تذكر، فأغلبهم قد تعلموا من أجل نيل الشهادات الجامعية لا من أجل العلم أو توظيفه في حياتهم والتجديد فيه، فانعكس ذلك على الميادين العملية في ظل غياب سياسة عليا تنظم عمل التخصصات المختلفة.

فلعل تخريج الآلاف من المهندسين والفنيين والصناعيين يعتبر أمرا غير ذي فائدة، إن لم تتوفر سياسة عليا للإنتاج، كما أن الإهتمام بتعليم آلاف الفتيات ومن ثم زجهن في الدوائر والمؤسسات، دون قيامهن بأي خدمة تذكر للمجتمع، بل على العكس يستنزفن مقدرات وأموال الأمة على شكل رواتب شهرية، هذا غيض من فيض الأمثلة على كثير من الإختصاصات والميادين التي أسهم ضعفها في إنهيار وضع الأمة.

يقع اللوم هنا بلا شك على السياسات العليا للأمة التي تفتقد إلى الوضوح والتناغمية والتوحيد، فلكل مجتمع عربي سياساته الخاصة التي تحمي مصالحه وتخدمها، لذا يجد الفرد نفسه مضطرا للتكيف مع السائد في مجتمعه، وينصب إهتمامه على الشهادة والوظيفة، أما القواعد والخطوط العريضة العليا للتعليم فهي إما غير موجودة أو أنها موجودة ولكنها تطبق بصورة مغايرة لتوجهات الأمة.

ثالثا: الأهداف المتوخاة من التربية والتعليم

تسهم التربية والتعليم في تحقيق جملة من الأهداف النافعة للفرد والمجتمع على حد سواء، فمن مقاصد التربية تحقيق أكبر قدر من الرفاه للفرد والمجتمع

والمقصود به ليس الرفاه المادي فحسب وإنما الرفاه الفكري والأخلاقي، كما تسهم التربية بما تتضمنه من تعديل لسلوك الفرد في حل المشكلات بالطرق العلمية والمنطقية السليمة، وتسهم أيضا في إيجاد الوسائل الملائمة للتغلب على الأخطار والمعوقات في الأمور المختلفة، وبإختصار فإن التربية سبيل للبقاء وللحفاظ على كيان المجتمع ووجوده.

السياسات التربوية العليا الواجب إقرارها للأمة العربية

الإسلام ضمان للتميز والإبداع

إرتبط عز العرب منذ القدم بالإسلام، فكانت جل إنتصاراتهم وتقدمهم في سائر المجالات العسكرية منها والمدنية بفضل هذا الدين وتمسكهم به، فلم يسجل التاريخ إنجازا هاما للعرب قبل الإسلام، ولكن مقدراتهم بدأت بالظهور بعد إنضوائهم تحت لواء الإسلام.

كما كان للإسلام دور مفصلي في بعث الهمم في نفوس أبنائه للتصدي للمخاطر والكوارث التي لحقت بهم، فقد أسهم الوازع الديني لدى المسلمين في التصدي للغزو المغولي الذي كاد يعصف بالدولة الإسلامية ويزيلها من الوجود، وفي العصر الحديث كانت عودة بعض العرب إلى دينهم سبيلا لردع الإستعمار البريطاني والفرنسي والإيطالي عن الوطن العربي.

إن فصل هذه الأمة عن دينها يعني قتلها، فمنزلة الإسلام من الأمة كمنزلة الروح من الجسد لا يمكن الإستغناء عنه، فما أحوج الأنظمة التربوية العربية للعودة إلى رشدها وتوظيف الشريعة الإسلامية في كافة مناهجها.

الوحدة العربية

تسعى دول العالم قاطبة إلى التكتل والتجمع في مسعى لتحقيق الوحدة فيما بينها، وقد لا يكون بينها روابط مشتركة كاللغة أو الدين أو غيرهما، لكن صالحها وصالح مجتمعاتها يتطلب ذلك، فقد قامت الكثير من الدول بتذليل

العقبات التي تعترضها ووصلت إلى ما تصبوا إليه وتوحدت في الكثير من المجالات.

فما أحوجنا – نحن أمة العرب - إلى التأسي بتلك الدول من نواحي العمل والتفكير الذي يسير بطريقة سليمة، فقد حددت تلك الدول مصالحها وعملت وتعمل على تحقيقها، فكيف بنا ونحن نمتلك المقومات والمقدرات والأواصر المشتركة والتاريخية لا نحقق ما حققوه.

علينا أن نعترف بأنه لا يمكن لنا تحقيق ما نصبوا إليه ونحن فرادى، بل لا بد من التكاتف والتوحد وإلغاء الحواجز الإستعمارية بيننا ليساعد بعضنا بعضا، وجميعنا يعرف القصة المشهورة عن الرجل العجوز وأبناءه حيث أوصاهم بالتكاتف والتعاون لحل مشكلاتهم ومثل لهم بالعصي مجتمعة ومتفرقة، فحري بنا أن نضع هذه القصة نصب أعيننا والسير على قواعدها لنحقق الصلاح والفلاح لنا وللأجيال القادمة من بعدنا.

- **الإستفادة من تجارب الأمم والحضارات، وعدم الإكتفاء بالاستهلاك**

إعتمدت الحضارة العربية الإسلامية الزاهرة على سابقاتها من يونانية ورومانية وهندية وغيرها من الحضارات البائدة، فاستفادت منها وأخذت عنها الكثير وطورت عليه بجهود علمائنا العرب والمسلمين، إذ لا حرج في أن نأخذ من علوم الآخرين ما يفيدنا ولكن لا ينبغي أن نقف عند هذا الحد بل علينا التطوير والتحديث، وفي ظل إستذكارنا لأمجاد أسلافنا ومنجزاتهم الهائلة، نصطدم بالواقع المرير والمؤلم الذي يمثل بؤسنا وهواننا على الناس، فقد شل تفكيرنا وأضحينا نعتمد على الآخرين في تأمين طعامنا وشرابنا ولباسنا ومركبنا وتعليمنا، مع أننا ننتمي إلى أعظم حضارة عرفها التاريخ، وندين لأشمل وأوضح ديانة أنزلت على الناس، تلك الديانة التي لا ترى حرجا في أن يقدم الفرد على كسب العلوم الدنيوية والإبداع فيها، ومن هنا يمكننا توظيف ذلك في الميدان التربوي بأن

نستفيد من القواعد والأسس لدى الأمم الأخرى والتي تتواءم وعقيدتنا والتطوير عليها بما يناسب فلسفة مجتمعنا الإسلامي ويحقق النفع للجميع بإذن الله.

❑ **عدم الإنجراف وراء الحضارات الأخرى بمفاسدها ومادياتها وتقليد مجتمعاتها بشكل أعمى**

نفخر نحن أمة العرب بإنتمائنا إلى حضارة عريقة ذات جذور ضاربة في التاريخ، وهي صالحة لكل زمان ومكان، وتحمل مقومات التكيف مع المعطيات والتغيرات عبر الزمن وذلك لإرتباطها الوثيق بالدين الإسلامي الحنيف، فأهم ما يميز حضارتنا الإسلامية هو عنصر الأخلاق، وهي بهذا العنصر تتميز عن الحضارات القائمة الآن والتي تسودها قيم المادية والإباحية والإنحلال في كافة المجالات والفساد في مناحي الحياة المختلفة، الأمر الذي يؤذن بقرب هلاك تلكم الحضارات بإذن الله.

فالأمة العربية لديها من المقومات والأسس ما يمكنها من إعادة تنظيم صفوفها وتربية أفرادها على القيم الحضارية الخيرة التي جاء بها الدين الإسلامي، لا الإنجراف وراء الحضارات الغربية بكل ما فيها من دمار وهلاك لا يتماشى مع معتقداتنا وأفكارنا وفلسفتنا مع العلم بأنه لا حرج في أن نأخذ المفيد منها وتوظيفه في حياتنا ونظمنا التربوية كأمور مكملة لتعاليم الدين الحنيف.

❑ **تطبيق مناهج إسلامية**

يتلقى الفرد العربي اليوم العلوم المختلفة ضمن مناهج محددة بصبغة غربية، أي كما حددها علماء الغرب من أوروبيين وأمريكيين وغيرهم، ويبرز لنا خلال تعلمنا في مختلف المراحل والعلوم التركيزعلى العلماء المعاصرين الذين أسهموا في تلك العلوم على أنهم كبار المربين أو العلماء الذين غيروا مجرى التاريخ أو أسسوا للحضارة الإنسانية، ومن الملفت للنظر أن المعنيين بالتربية في الوطن العربي - من معلمين لكافة المراحل أو من هم في موقع المسؤولية - يعظمون

شأن هؤلاء وينظرون إلى نظرياتهم بشئ من القداسة، فجعلوا من بعضهم آباء لمدارس أو مذاهب أو أفكارا.

ولم يلتفت هؤلاء المربون - إلا من رحم ربي- من قريب أو من بعيد إلى إنجازات العلماء العرب والمسلمين في خدمة الحضارة الإسلامية والحضارة الإنسانية، فقد كان لهم السبق على غيرهم في كثير من المجالات العلمية والأدبية، كيف لا وبين أيديهم أعظم كتاب أنزل على بني البشر، فنهلوا من علومه وآدابه ما يفوق في جودته علوم { جان جاك روسو، وكارل ماركس، وهاربرت سبنسر، وغيرهم }.

فحري بنا في هذا الزمن التأسي بطبع أجدادنا الأوائل الذين سادوا العالم بمشرقه ومغربه حين إعتمدوا الدين الإسلامي منهج حياة وتعامل، ووظفوه في سائر شؤون حياتهم، فكانت لهم الريادة والتميز على باقي الأمم، فقاموا بتربية أبنائهم على خير وجه، وخرجوا للعالم فاتحين موحدين، فاستقوا بذلك العزة والمجد التليد.

أهداف لا بد من تحقيقها للوصول إلى تربية عربية ذات أثر

على النظم التربوية التربوية العربية أن تخرج الأفراد الصالحين الذين يشكلون في مجموعهم مجتمعات صالحة، وبالتالي أمة صالحة خيرة تؤثر في الأمم الأخرى وتكون قدوة لها في سائر ميادين الحياة ولعل هذا لا يتحقق إلا بالعمل الجاد لتحقيق أهداف إجرائية من خلال مناهجها ومن هذه الأهداف:

- تربية النشئ على تعاليم الإيمان وأركانه الأساسية في ميادين الحياة.
- تعزيز قيم التعاون والتراحم والمودة بين الأفراد من خلال المؤسسات التربوية.
- العمل على توحيد الإتجاهات والمشاعر إستنادا إلى وحدة الدين واللغة والمصير.

- تربية الأفراد على أنهم جميعا يعيشون في خندق واحد وأن لا فضل لأحدهم على الآخر والتخلص من التحيزات الطائفية.
- رعاية الأفراد على كافة الأصعدة ضمن الإمكانات المتاحة، والإهتمام بالناحية الدينية والجسمية والعاطفية لديهم.

وما يهمنا في هذه الزاوية هو أن الإسلام يضم فيما يضم نظاما تربويا فريدا
يحث الفرد على طلب العلم في أي مكان تطلع عليه الشمس، بل ويعتبر ذلك نوعا من الجهاد في سبيل الله، وقد أسهم هذا النظام في إيجاد علماء أفذاذ ينتمون إلى الحضارة الإسلامية من عرب وفرس وروم وغيرهم من أبناء البلاد المفتوحة، فكان الإسلام في إمتداده عبر العالم يضم الناس إليه طواعية إذ لا إكراه في الدين، فنتج عن ذلك دخول الناس في دين الله أفواجا وخدمته في شتى صنوف العلوم والآداب.

وبذلك يختلف الإسلام مع العولمة الغربية إختلافا لا لبس فيه، يتمثل في أن الأخيرة تسعى لإحتواء الآخرين وإبعادهم عن أفكارهم التي نشأوا عليها، وإجبارهم على الأخذ بقيم الحضارة الغربية المادية الفاسدة الزائلة لا محالة يوما ما، ويمكن أن نخلص إلى نتيجة مفادها أن الإسلام دين العالمية لا دين العولمة، بمعنى أنه دين الجميع يتساوى فيه العربي والأوروبي والأمريكي وغيرهم، ولكن درجة التقوى هي الفيصل والفرقان بينهم، إنه دين ينادي بالإفادة والإستفادة في جو مفعم بالتعاون والمحبة في دين الله، رافضا كل الأصوات المنادية بطغيان فئة على أخرى وإجبارها على إتباع منهجها بالإكراه أو الترهيب، فاستحق بذلك أن يكون خاتمة الديانات السماوية وأشملها وأكثرها إنتشارا بين بني آدم حتى قيام الساعة.

نحو تربية عربية مستقبلية ذات أثر فعال وإيجابي

من الملاحظ منذ دخول القرن الحادي و العشرين، تجري عملية عولمة لكل شأن اقتصادي واجتماعي وتربوي وثقافي و أخلاقي و في إطار هذه العولمة المؤمركة نجدنا مطالبين كعرب أن نعيد النظر بما لدينا من نماذج و نظريات و طرق و مناهج و نجري لها تعديلات أمريكية (حضارية)، من باب (حكم القوي).

علينا في الوطن العربي إعادة تحصين الأجيال العربية الطالعة إزاء التراجع العالمي الذي حصل لنماذج الحضارة الاشتراكية فعلى التربية المستقبلية أن تتصف بالخصائص الرئيسية التالية:

* الانفتاح على ثورات العصر { المعلومات،الاتصالات، التقنية و الإعلام} بشخصية ثقافية مؤهلة تحس و تتقن التعامل مع أدوات العصر الراهن ومؤهلة اختصاصيا و تربويا و تقنيا.
* الاهتمام اكثر بالإدارة التربوية التي أصبحت علما لـه فلسفته و أساليبه و ممارساته و التي هي أساس أي تطوير للتعليم، و إعادة النظر بواقع الإدارة التربوية و عدم تسمية أي مدير إذا لم يكن مؤهلا جامعيا و تربويا و تقنيا بدءا من مرحلة رياض الأطفال و انتهاء بأعلى مراحل التعليم.
* يجب أن تتصف التربية العربية الحالية و المستقبلية بالفردية و الجماعية و التفاعلية و تؤمن التفاعل المستمر.
* يجب أن تتصف التربية العربية بالتوفيقية بين حاجات الفرد و مطالب المجتمع.
* يجب أن تتصف التربية العربية.. بالعملية، التعبيرية، التواصلية، الابتكارية، الإنتاجية، الاستكشافية، التعاونية،التشاركية،الأخلاقية، المنفتحة.

إذا علينا تأسيس نظام تربوي يهتدي بالإسلام و يعترف بالتعلم على أساس الأداء الحقيقي الفعلي المتكرر فليس المهم كيف نعلم الفرد وأين نعلمه بل المهم ماذا نعلمه و نوعية اتقانه للتعلم و حتى نستطيع ذلك لا بد من إعادة النظر برأس العملية التربوية و سر نجاحها [المعلم] بحيث نعرف كيف نختاره و نعده و نؤهله و نرفع مستوى حياته و معيشته حتى يتفرغ للتعلم مدى الحياة و للتعليم مدى الحياة، عندئذ نستطيع مواجهة العولمة و تفعيل التنمية و البقاء في القرن الحادي و العشرين بهوية وتجربة.

الدراسة العشرون

تربية المعلم لمجتمع ديموقراطي [1]

بالرغم من أننا نسمع في أغلب الأحيان بأن كل شئ قد تغير منذ هجمات الحادي عشر من أيلول، إلا أنني أختلف مع هذا الرأي، فمن ناحية غايات الولايات المتحدة الأمريكية من التعليم يمكن ملاحظة أنه لا يوجد تغير حقيقي في ذلك، فالولايات المتحدة الأمريكية تملك تاريخا طويلا يتسم بعدم دعم الديمقراطية في المدارس، بل تسعى للإحتفاظ بالطلبة وتصنيفهم وتلقينهم ليكونوا عمالا ومستهلكين طيعين { فكر عصرالصناعة}.

وهذا أمر يثير القلق، فمن الواضح خلال العقود القليلة الماضية أن التعليم كان منافيا للديموقراطية، وبالتالي كان يعتبر نموذج تدريب ضيقا وقاصرا، فمنذ زمن إدارة [ريغين] وبشكل خاص منذ نشر تقرير{ أمة في خطر} عام ١٩٨٤ م، قامت مدارس أمريكية بقضاء إحتياجات مؤسسات الأعمال والحكومة والجيش بشكل علني.

يؤكد { داني ويل } بأن برنامج العمل لتعليم وجهات نظر التدريس العام يؤهل للأدوار التي تحلل العلاقات الجارية لمصلحة الجميع، ويذهب { رون ميلر } إلى أبعد من ذلك معتبرا أن الكتابة والتدريس العصري نموذج مدمر للبناء الإجتماعي وبالتالي مدمر للقيم الإنسانية والمثل الديموقراطية، لا سيما وأن الأمة تشن حملة لتوحيد التعليم والتعلم، ففي ظل المراقبة الحكومية المتزايدة ونقص الأحاديث العامة وتدخل الشركات المباشر في التعليم، فرض ذلك على الطلبة

---

[1] Teacher education for a democratic society childhood education, 2003' brien, leigh m.

الإنقياد والتوافق مع قواعد الآخرين، لذا يجب وضع الأولويات للتركيز على التعليم للديموقراطية.

وأكثر من ذلك فإننا بحاجة إلى تعليم يركز على تهيئة الطلاب ليكونوا مواطنين نشطين متكاملين في مجتمع ديمقراطي، لذا فإن أفكار { جون ديوي } والتي مر على معظمها أكثر من مائة عام تفيد في تأسيس معلم مرب يتابع هذه الأهداف، فتطبيق أفكار ديوي تعين على التعاون والرعاية لأطفال المرحلة الإبتدائية، وإذا كنا كمربيين مهتمين بتطوير الفرد الديمقراطي، علينا أن نأخذ بأفكار { جون ديوي }.

بسبب الإتصالات الحاصلة مع المجتمع الأوسع، فإن الدور النشط للمعلم والعلاقة بين العملية والقناعة بها والناتج الحاصل منها، يسهم بلا شك في تعزيز وجهة نظر التعليم كوسط ومركز للحياة الديمقراطية، وسيكون هذا التوجه حاسما وناجحا إذا أصبحت مخرجات هذا التعليم (الطلبة الحاليون) مسؤولون عن دعم وتطوير القيم الديمقراطية لدى طلابهم في المستقبل، وساعدوا في إيجاد جيل لبق وديمقراطي.

ويقول ديوي أنه فقط وبتوظيف الصدق مع تنمية الأفراد بشكل كامل وجعله سلوكا فيهم سيخلق ذلك صفة متأصلة في المجتمع وهي أن يكون هذا المجتمع صادقا مع نفسه، كما يعتقد ديوي بأن أهمية التعليم تكمن في المقدرة على السماح للفرد بالنظر بشكل متفحص للإعتقادات المقبولة سابقا على ضوء التجارب الجديدة.

إن إحدى أفكار ديوي الشهيرة هي إعتقاده بأن الفرد الحسن التعليم يمكن له أن يسهم بفعالية في خدمة مجتمعه الأكبر، فلا بد أن يركز المعلمون في عملهم على بعض الأمور من مثل تزويد طلابهم بنماذج مفيدة ومثيرة للمنافسة، فالمعلمون على كل المستويات يجب أن يفكروا بإحداث ممارسات ديمقراطية في

قاعات دروسهم، كما عليهم كمواطنين ديمقراطيين معالجة السياقات الإجتماعية والإقتصادية والسياسية، بمعنى أن يصبحوا نشطاء إجتماعيين

وعلى النقيض من ذلك فإن إعطاء الطلبة مهارات للتوافق مع العمل فقط، يعتبر تصرفا لا أخلاقيا، وضيقا في الأفق لأننا بذلك نناقض حقهم في الحرية والديمقراطية، ففي النظام التعليمي الديمقراطي الحقيقي، يكون للجميع حقوقا وحريات ومسؤوليات.

مميزات التعليم الديمقراطي

- المحادثة والتعاون.
- الحلول الوسط.
- الصراع البناء.
- إتخاذ القرارات بطريقة تشاركية.

فالمواطنون الديمقراطيون يجب أن تكون لديهم المقدرة على صناعة القرارات المطلعة وتحليل المواقف الإجتماعية، وإحداث التغيير، والمقدرة على المناقشة ووضع الأطر لمناقشاتهم.

ويزعم ديوي بأن تطبيق بعض المكونات التربوية المهمة تدعم تطوير الشخصية الديمقراطية، وهذا يتضمن:

- منهج ممركز حول الطالب وأساسه الفاعلية.
- تطوير إمكانيات وشخصيات الطلبة.
- التفاعل الإجتماعي.
- التعلم التعاوني
- تشجيع الطلبة على الإستفسار والتحقيق والبحث.

هذا ويحتاج كل المتعلمون لبناء فهمهم الخاص بالسياق، لذا على المعلم أن يجهز التجارب والهياكل المتعددة لدعم الفئات المختلفة من الطلبة، إذ يجب أن

نحاول معرفة إهتمامات وميول وعواطف الطلبة، إضافة إلى مواطن القوة والضعف لديهم، فمثلا يمكن أن ندعم نمو طلابنا ومعاملتهم بإنصاف حسب مقدراتهم العقلية.

إن تنويع وجهات نظر وتجارب الطلبة يكسب الصفوف طلابا ذوي مقدرة على رؤية أنفسهم ضمن سياق وجهات النظر الإجتماعية، وبالتالي يكون بمقدورهم إعادة بناء أنفسهم في ظل مجتمع معقد في أغلب الأحيان، أما إذا لم يستطيعوا تغيير أنفسهم أو عالمهم فإنهم بذلك يصبحون عبيدا لتاريخهم وعاداتهم.

ونعود إلى ديوي الذي إعتقد بأن الخلافات لكي تكون صحية وتربوية فعلا، لا بد من تحفيز إتصال القيم وتوضيح الإعتقادات والمواقف المختلفة، وفي المقابل فإن المستوى العالي من الإتفاق بين المشاركين ووجود بيئة مريحة جدا ليست بالأمر المفيد، ذلك لأن الناس في هذه المواقف لا يتعبون أنفسهم بالإستفسار الحر (التساؤل) وهذا هو أساس مجتمع ديوي الديمقراطي .

إن هذا النوع من البيئة يؤدي إلى أفق ضيق، والذي يواجهه ديوي بافتراض التنويع كسمة حاسمة وتجربة تربوية حقيقية، وهذا يستند على المربي في إيجاد بيئات تربوية متنوعة تستدعي تحقيقا إجتماعيا حاسما، على الرغم من أن العديد من الناس يرون إعادة تنظيم العالم أمرا مرفوضا.

ويشير {بروزيو} بأن إعتقاداتنا مهما كانت قوتها لا بد أن تكون قابلة للفحص والتحقق منها، لقد أراد ديوي إقناع معاصريه بأن المطلب التاريخي لليقين قد ضلل، لذا علينا عدم قبول إجابات طلابنا القصيرة وغير المعبرة، فيجب أن تكون عميقة دالة على تفكير واع ومبدع، وهذا يتطلب حسب كلام ديوي (عناء التفكير) أو تطبيق لغة أكثر معاصرة أو أعمال ثقافية صعبة.

كما علينا أن نكافح من اجل تفكير مختلف وشامل ويدور حول الأمور المهمة، بالإضافة إلى أنه ينبغي أن يستمع كل منا للآخر، وإذا كان ديوي على حق فإن مسؤولية التعليم تقع على الجميع بحيث يفيد كل منا الآخر، ومن ثم على المربين أن يكونوا بالضرورة شجعانا وتربويين ومنفتحين.

على المعلم المربي أن يساعد على إيجاد وتطوير ترتيبات وإتجاهات ومهارات تمكن الطلاب ليكونوا عوامل تغيير أخلاقية، وعلى المعلم أيضا أن يكون مطلعا ولديه فطنة سياسية ومقدرة على إقناع الآخرين لإحداث التغيير الإجتماعي، وعليه أن يكون ذا فعالية ذهنية دائمة وقائدا ومديرا في تشكيل الرأي العام.

ولكي يتمكن المربي المعلم من الترويج لمثل هذه الرؤية في التعليم يجب الدفاع عن المعلمين والوقوف ضد السياسات المجحفة بحقهم والتي تمنع تطويرهم وتخفض نوعية التعليم، لذا علينا فهم الغرض من التعليم، ولكن قد لا نستطيع الوصول إلى فهم حازم ومهيمن، إلا أنه يجب تثقيف الطلاب لرؤية العوالم التي يعيشون فيها على حقيقتها، وليكون بمقدورهم التصرف عندما يكون التغيير ضروريا.

هذا هو جوهر التدريس الديمقراطي والأساس للحياة الديمقراطية، فهذا الغرض التربوي يدعوا إلى نظرة للتعليم والتعلم يكون فيها المعلم دعامة أساسية كمعلم مهني ومثقف وراغب وقادر على إتخاذ موقف تجاه أي أمر، كما يدعو إلى صياغة نظرة ممركزة حول الطالب بطريقة إنسانية ومن خلال زيادة الإتصالات وتوطيد العلاقات بالمجتمع الأوسع، فالمعلمون لديهم دور ناشط وحاسم في هذا المجال.

وأخيرا تعتبر هذه القراءة نظرة متعددة الأبعاد للتعليم الذي يدعم تطوير الشخص الديمقراطي والمجتمع الديمقراطي.

خاتمة

منذ أن خلق الله الإنسان على وجه المعمورة، لم يزل يبحث ويطور معارفه في كافة الميادين سواء أكانت اجتماعية، اقتصادية، سياسية وتشريعية، سعيا للوصول بالفرد والمجتمع على حد سواء إلى إشباع حاجاته المتعددة والمتجددة. وارتبط نجاح الإنسان في إشباع حاجاته بقدرته على إدارة الموارد الاقتصادية والبشرية بكفاءة وفعالية لتحقيق أهداف الأفراد والمجتمعات والمنظمات عن طريق الاستخدام الأمثل للموارد المحدودة، من خلال مجموعة من الوظائف الإدارية المتمثلة في التخطيط والتنظيم والتوجيه والرقابة حتى يتحقق الهدف المنشود بأحسن وسيلة ممكنة.

و التربية عملية اجتماعية في مضمونها و جوهرها و أهدافها و وظيفتها و لا يمكن فصلها عن المجتمع و هي تعبر عن حاجة الأفراد و حاجة المجتمع و هي عملية طويلة الأمد واسعة النطاق متشعبة الجوانب متداخلة العناصر تقتضي- توفير الشروط اللازمة لنمو الطفل و الشاب نموا صحيحا سليما، ضمن فلسفة المجتمع.

كما أن التربية دائما بنت العصر الذي تولد فيه و في كل عصر- للتربية خصوصياتها الاجتماعية و الدينية و السياسي وبشكل عام توجد أنواع من التربية: منها التربية الليبرالية و التربية الاشتراكية و التربية القومية، و من أكثر أنواع التربية انتشارا في العالم اليوم هي التربية النفعية التي أسسها و فلسفها و روج لها الأمريكي { جون ديوي و زملاءه}. و التي تقول بأن التربية هي الحياة نفسها و يجب أن تصمم المواقف التربوية بما يشبه مواقف الحياة نفسها.

ويعتبر أفلاطون من اقدم الذين عنوا بمسائل التربية و كتبوا عنها و ناقشوا مشكلاتها و تحدث عن كيفية تربية المواطن الصالح و كيف يصل الفيلسوف إلى السلطة، و قال: " لن تنجو المدن من الفساد و الشرور إلا إذا أصبح الملوك فلاسفة أو الفلاسفة ملوك "، كما دعا إلى التخصص و الحوار و نحن الآن و بعد ٢٤٠٠ عام

من أفلاطون لم نتعلم الحوار بعد، و شكلت التربية وتكوين الشباب الشغل الشاغل لأفلاطون، فهو يرى بأن التربية من عمل الدولـة و على الدولـة العادلـة أن تشرف عليها.

لقد كان العرب في العصور الوسطى معلمي الشعوب و سادة الدنيا و قد اهتم فلاسفة العرب بمشكلات التربية و من بينهم { ابن سينا و الغزالي و ابن خلدون }، و قد تجلت نظرة العرب للتربية على أنها إعداد للفرد لعمل الدنيا و الآخرة على حد سواء، فهذا ابن خلدون يعتبر الإنسان مفكرا اجتماعيا خاضعا لقوانين الجماعة في علاقته بالآخرين.

و أخذ الأوربيون من العرب العلوم و الفلسفة و التربية التي تقيم لجسم الإنسان و صحته وزنا و تعطي العقل و العاطفة و حرية الفكر قيمة و أهمية كبيرة، فنرى { جان جاك روسو} يطالب بجعل التربية طبيعية بعيدة عن تأثير المجتمع الفاسد و مبنية على فهم و تلبية حاجات الطفولـة، أما { هربرت سبنسر } فقد هاجم المناهج التربوية التي كانت سائدة في زمنه و أكد على المفهوم النفسي للتربية عن طريق جعل التربية قائمة على أسس ثابتة من علم نفس الطفل، في حين لخص الفيلسوف الأمريكي{ جون ديوي } المبادئ التي يقوم عليها مفهوم التربية الحديث فيرى بأن التربية مستمرة و ليست جرعة تعطى مرة واحدة و إلى الأبد بل هي بحاجة إلى الاستمرار لأن العلم لديه دائما شيء جديد يوافينا به، كما أن التربية برأيه ليست مجرد وسيلة للمعرفة بل لتربية المجتمع.

وبناء على ما سبق أرجو أن يكون هذا الكتاب - الذي نال مني الكثير من الجهد والوقت - قد حقق الأهـداف المأمولـة منه في سبر أغوار بعض القضايا ذات الاهتمام في الميدان التربوي، وأسهم في توضيح مفردات تربوية حساسـة ذات علاقـة ارتباطية بالواقع التربوي الذي نعيش، ولا يسعني في خاتمة هذا الكتاب إلا

أن أحمد الله عز و جل على توفيقه لي بإتمام سطور أول كتاب أقوم بتأليفه، وأسأله سبحانه أن يجعله في ميزان حسناتنا يوم العرض عليه إنه نعم المولى ونعم النصير.

وآخر دعوانا أن الحمد لله رب العالمين.

المصادر والمراجع

الكتب العربية

- إبراهيم علي (١٩٩٣)، **الحاجات التدريبية أثناء الخدمة لمعلمي الرياضيات في المرحلة الأساسية العليا في مديرية تربية عمان الأولى**، رسالة جامعية، إشراف هاني عبد الرحمن، عمان، الجامعة الأردنية.
- أحمد محمد الطبيب (١٩٩٩)، **الإدارة التعليمية أصولها وتطبيقاتها المعاصرة**، ليبيا، المكتب الجامعي الحديث ط١.
- السيد سلامة الخميسي (٢٠٠٢)، **قراءات في الإدارة المدرسية**، الإسكندرية، دار الوفاء لدنيا الطباعة والنشر.
- إيزابيل فيفر (١٩٩٣)، **الإشراف التربوي على المعلمين**، ترجمة محمد عيد ديراني، عمان، منشورات الجامعة الأردنية.
- جمال فارس الخضور (١٩٩٦) **أنماط إدارة الصراع لدى مديري المدارس الأساسية في محافظة المفرق في ضوء متغيرات الخبرة والجنس والمؤهل العلمي**، رسالة جامعية، إشراف:كايد سلامة، جامعة اليرموك.
- جودت عطوي (٢٠٠١)، **الإدارة التعليمية والإشراف التربوي أصولها وتطبيقاتها**، عمان، الدار العلمية الدولية ط١.
- حسن الطعاني (٢٠٠٢)، **التدريب: مفهومه وفعالياته**، عمان، دار الشروق للنشر والتوزيع.
- خولة حسين عليوة (١٩٩٥) **تقييم كفاءة العاملين في التخطيط التربوي في الأردن**، رسالة جامعية، إشراف محمد عيد ديراني، عمان، الجامعة الأردنية.
- ريتشارد هال (٢٠٠١) **المنظمات: هياكلها، عملياتها، ومخرجاتها**، ترجمة: سعيد الهاجري، الرياض، مركز البحوث، معهد الإدارة العامة.

- سعد الدين مطاوع (١٩٨٩)، **مستقبل النظام العالمي وتجارب تطوير التعليم**، عمان: منتدى الفكر العربي.
- سعيد ياسين عامر وعلي محمد عبد الوهاب (١٩٩٤) **الفكر المعاصر في التنظيم والإدارة**، القاهرة، مركز وايد سيرفيس للإستشارات والتطوير الإداري.
- عبد الرحمن المشيقح (٢٠٠٢)، **رؤى في تأهيل معلم القرن الجديد**، الرياض ط١.
- محمد جاسم محمد (٢٠٠٤) **سيكولوجية الإدارة التعليمية وأفاق التطور العام**، عمان، مكتبة دار الثقافة.
- محمد قاسم القريوتي (٢٠٠٠) **السلوك التنظيمي: دراسة السلوك الإنساني الفردي والجماعي في المنظمات المختلفة**، عمان، دار الشروق.
- محمد قاسم القريوتي، **مبادئ الإدارة: النظريات، العمليات، الوظائف، (عمان، دار وائل، ٢٠٠٤)**
- محمود شوق (١٩٩٥)، **تربية المعلم للقرن الحادي والعشرين**، الرياض، مكتبة العبيكان ط.
- مختار عثمان الصديق (٢٠٠٠)، **تدريب المعلمين عن طريق التعليم المفتوح ، الخرطوم**: المركز القومي للأبحاث.
- مشعل القاضي (١٩٩٨)، **دور التدريب المهني في إعداد القوى العاملة**، القاهرة، مكتبة مدبولي.
- مصطفى القمش (٢٠٠٤)، **إعداد برنامج تدريبي أثناء الخدمة لرفع كفاءة معلمي الأطفال المعوقين عقليا في مجال أساليب التدريس وتقييم فاعليته، رسالة جامعية**، إشراف خولة أحمد يحيى، عمان، الجامعة الأردنية.

- مهدي زويلف، **الإدارة: نظريات ومبادئ** (عمان، دار الفكر، ط ١، ٢٠٠١).
- موسى توفيق المدهون وإبراهيم محمد الجزراوي (١٩٩٥) **تحليل السلوك التنظيمي سيكولوجيا وإداريا للعاملين والجمهور**، عمان، المركز العربي للخدمات الطلابية ط ١ .
- د. ميشيل.إي. هاتيرسللي، د. ليندا ماكجيلت، **الاتصال و الاتصال الإداري: المبادئ والممارسة**، ترجمة: د. سامر جلعوط، دار الرضا للنشر.دمشق ٢٠٠٠.
- ناريمان زيدان، **الاتصال الإداري لدى مديري المدارس الثانوية في محافظات نابلس وطولكرم وقلقيلية...**، جامعة النجاح الوطنية، نابلس / فلسطين.
- نجوى يوسف جمال الدين، **في اجتماعيات التربية**، القاهرة، ٢٠٠٢، ط ١ .
- نزار الأحمد (١٩٩٣)، **أثر برنامج تدريب المعلمين أثناء الخدمة على الممارسات التدريسية الصفية لمعلمي الرياضيات للصف العاشر الأساسي في الأردن**، رسالة جامعية، إشراف هاني عبد الرحمن، عمان، الجامعة الأردنية.
- نواف عطية الليمون (٢٠٠٠). **التخطيط للإحتياجات البشرية والمادية المستقبلية لأقسام التخطيط التربوي في وزارة التربية والتعليم في الأردن**، رسالة جامعية، إشراف رياض ستراك، جامعة بغداد.
- هاني عبد الرحمن الطويل (١٩٩٩) **الإدارة التربوية والسلوك المنظمي**، عمان، دار وائل للطباعة والنشر.
- وليد غيث، **أثر أنماط الاتصال الإداري...على فاعلية الممارسات الإدارية...**،رسالة جامعية،مكتبة الجامعة الأردنية، تموز ١٩٩٦.

- ياسر خالد سلامة، **الإدارة المدرسية الحديثة**، الطبعة الأولى. دار عالم الثقافة للنشر والتوزيع. عـمان ٢٠٠٣.

الكتب الأجنبية

- Ali Mahmood Saleh، Educational Administration 2002.
- School Leadership for the 21st Century 2000 :Brent Davies.

الدوريات

- مجلة النبأ، العدد ٧٥ (شباط ٢٠٠٥)
- مجلة المعلم، العدد ٤٩، أيلول ٢٠٠٠.

مراجع شبكة المعلومات العالمية

- http://www.mcs.gov.sa
- http://www.bab.com
- http://www. Almualem.net
- http://www. annabaa.org
- http://www.almarefah.com
- http:// www.academicleadership.org
- http://www.businessballs.com